河北省社会科学基金项目"长城国家文化公园河北特色旅游演艺
（编号 HB22YS017）

# 河北长城旅游演艺产业研究

高永鹏 著

燕山大学出版社
·秦皇岛·

图书在版编目（CIP）数据

河北长城旅游演艺产业研究 / 高永鹏著. —秦皇岛：燕山大学出版社，2024.6
ISBN 978-7-5761-0622-0

Ⅰ.①河… Ⅱ.①高… Ⅲ.①长城－文化遗产－旅游业－表演艺术－研究－河北 Ⅳ.①F592.722

中国国家版本馆 CIP 数据核字（2023）第 238462 号

## 河北长城旅游演艺产业研究
### HEBEI CHANGCHENG LÜYOU YANYI CHANYE YANJIU

高永鹏　著

| | | | |
|---|---|---|---|
| 出 版 人：陈　玉 | | | |
| 责任编辑：刘馨泽 | | | |
| 责任印制：吴　波 | | 封面设计：方志强 | |
| 出版发行：燕山大学出版社 | | 电　　话：0335-8387555 | |
| 地　　址：河北省秦皇岛市河北大街西段 438 号 | | 邮政编码：066004 | |
| 印　　刷：涿州市般润文化传播有限公司 | | 经　　销：全国新华书店 | |

开　本：710 mm×1000 mm　1/16　　　　印　张：19
版　次：2024 年 6 月第 1 版　　　　　　印　次：2024 年 6 月第 1 次印刷
书　号：ISBN 978-7-5761-0622-0　　　　字　数：320 千字
定　价：76.00 元

**版权所有　侵权必究**
如发生印刷、装订质量问题，读者可与出版社联系调换
联系电话：0335-8387718

# 序

高永鹏的《河北长城旅游演艺产业研究》即将由燕山大学出版社出版发行，首先表示衷心的祝贺。长城不仅是中国的象征，更是中华民族智慧与勤劳的结晶。长城见证了无数的辉煌与沧桑，承载着深厚的文化与历史价值。随着时代的发展，长城不再仅仅是一处历史遗迹，也正逐渐转变为促进地方经济发展、丰富人民精神生活的重要文化资源。

2019年7月，中共中央总书记习近平主持召开中央全面深化改革委员会会议，审议通过了《长城、大运河、长征国家文化公园建设方案》，正式提出建设"国家文化公园"战略。河北长城，作为这一宏伟计划的核心区域，成为长城国家文化公园建设的试点省，将来一定会发展成为全球游客瞩目的旅游目的地。

在现代社会，旅游演艺产业已经成为文化旅游发展的重要组成部分。为了更好地挖掘和发展河北长城的旅游演艺资源，《河北长城旅游演艺产业研究》一书应运而生，旨在深入探讨如何通过旅游演艺的形式，更好地保护、传承并活化利用河北长城这一宝贵文化遗产。

本书从开发理念与原则、资源赋存、评估方法、产业开发模式、品牌运营策略等多个方面系统研究了河北长城旅游演艺产业，并通过个案研究，进一步展示了旅游演艺在河北长城的实际应用与发展潜力。旨在为相关从业者和研究者提供理论指导和实践参考。作者深入挖掘了长城旅游演艺的特色与潜力，提出了一系列可行的开发模式和路径，为河北长城文化的传承与发展贡献了新的思路和方法。本书所呈现的不仅是理论的探讨，更是实践的总结，是对河北长城旅游演艺产业发展的一次全面展示与探索。

发展旅游需要做好演艺，但是很多地方对需求市场的规模并不清楚。任何的演艺活动需要有观众，而旅游景区演艺项目的观众又主要源于游客。一个地方的演艺项目能否成功与这个地方的游客规模成正比关系。同时，其游客过夜比例也要较高，演艺项目才有市场基础，才可能争取实现项目盈利。

当地游客的实际接待量，包括全年的游客量总数、游客过夜比例等都对长城旅游演艺发展至关重要。研究游客类别构成也很重要，观光旅游和休闲度假旅游，对演艺项目的体验需求是不一样的。游客总量主要是指人流量而不是指人次数，更不是把几个景区接待量累计相加，重复性统计除了政绩上好看一点，没有任何意义。

作为一名长期致力于长城研究与保护的学者，我深知长城旅游演艺产业的发展，不仅能够为地方经济注入新的活力，更能促进文化遗产的传承与创新。但如何发展需要理论指导，本书的出版无疑将为河北乃至全国的长城旅游演艺产业的发展提供宝贵的理论支持和实践指导。

在此，我要感谢本书作者高永鹏的辛勤工作和深刻洞察，也要感谢为本书出版付出努力的燕山大学出版社编辑和工作人员。同时，期待广大读者能够通过阅读本书，对河北长城旅游演艺产业有更深入的了解，并对文化遗产的保护与利用有更多的思考。愿本书能够成为广大读者了解、关注和参与长城文化传承与发展的重要起点，为长城文化遗产的活化利用增添新的光彩。

中国长城学会副会长、国家文化公园建设工作专家咨询委员会专家委员

2024 年 3 月

# 前　言

在全球化和数字化的大背景下,中国旅游业的蓬勃发展与文化产业的兴起,孕育了旅游演艺这一新兴的文化旅游形式,它正日益受到公众的关注与喜爱。长城,作为中国乃至全球最宏伟的文化遗产之一,不仅见证了中华民族的历史变迁,也承载了深厚的文化内涵。特别是河北长城,凭借其独特的地理位置和丰富的旅游资源,为旅游演艺的发展提供了优越的条件。

本书的构思与撰写,源自对河北长城这一民族瑰宝的热爱,以及对其旅游演艺产业发展的关注。在如何保护、传承并活化利用这一文化遗产的问题上,我们面临着诸多挑战和机遇,本书便是对这一课题进行深入探讨和系统研究的成果。

本书从旅游演艺的开发理念与原则切入,深入分析了河北长城旅游演艺资源的赋存、评估及产业开发的多元化策略。书中对品牌运营、个案研究以及相关议题的细致剖析,旨在提供一种多维度、系统化的研究视角,为读者勾勒出河北长城旅游演艺产业的全貌,并为该产业的发展提供理论支撑与实践指导。

本书共分为七章,每一章均从独特的视角深入探讨河北长城旅游演艺产业的不同方面:

第一章阐释了旅游演艺的概念与特性,并提出了河北长城旅游演艺的开发理念与原则,强调了对文化遗产的尊重与保护,并探索其在现代社会中的创造性转化,为后续章节的深入分析奠定了基础。

第二章概述了河北长城旅游演艺资源的赋存情况,包括资源的分类、特点及价值,为资源评估和产业开发提供了全面的视角,同时,也为后续的资源评估和产业开发奠定了基础。

第三章讨论了河北长城旅游演艺资源的评估方法。资源评估是旅游演艺产业发展的关键一步，通过对资源评估的意义、原则进行阐释，提出并构建了科学的河北长城旅游演艺资源评估指标体系，为资源的合理开发和利用提供决策支持。

第四章探讨了河北长城旅游演艺产业的开发目标、模式、基本环节及发展路径。本章以"万里长城"为核心，着重于打造独具魅力的演艺品牌，并提供策略指导，阐述如何将河北长城的旅游演艺资源转化为产业发展的动能。

第五章描述了河北长城旅游演艺品牌的运营方式。品牌是旅游演艺产业的灵魂。本章着重于品牌的构建、营销、管理和扩展，探讨了如何通过品牌的力量提升河北长城旅游演艺产业的竞争力和影响力。

第六章对旅游演艺个案进行了研究。通过实景类和沉浸类旅游演艺的个案研究，展示了不同类型旅游演艺项目与河北长城文化遗产的结合方式，提供了实践操作的参考。

第七章聚焦于旅游演艺的相关问题。本章探讨了旅游演艺产业发展中的一些关键问题，包括数字技术的应用、旅游演艺产业的发展路径、旅游演艺传播，以及旅游演艺人才培养等相关问题。

通过系统的研究，期望本书能为河北长城旅游演艺产业的发展提供有益的参考与启示。同时，也期待读者能通过阅读本书，对河北长城的文化遗产有更深刻的理解，共同为促进文化旅游产业的可持续发展贡献力量。

# 目 录

引言 ······················································································· 1

**第一章 河北长城旅游演艺开发理念与原则** ······················· 5
  第一节 旅游演艺相关的概念与特性 ······························ 5
  第二节 河北长城旅游演艺开发理念 ···································· 24
  第三节 河北长城旅游演艺开发原则 ···································· 30

**第二章 河北长城旅游演艺资源赋存** ································· 38
  第一节 河北长城旅游演艺资源赋存概述 ······························ 38
  第二节 河北长城旅游演艺资源分类 ···································· 42
  第三节 河北长城旅游演艺资源特点与价值 ························· 73

**第三章 河北长城旅游演艺资源评估** ································· 78
  第一节 资源评估的意义和原则 ········································· 78
  第二节 评估指标体系的建立 ············································ 80

**第四章 河北长城旅游演艺产业开发** ································· 91
  第一节 产业开发目标 ······················································ 91
  第二节 产业开发模式 ······················································ 92
  第三节 产品开发基本环节 ··············································· 102
  第四节 产业开发路径 ···················································· 143

**第五章 河北长城旅游演艺品牌运营** ······························· 185
  第一节 品牌构建 ··························································· 185

第二节　品牌营销 ·············································· 195
　　第三节　品牌管理 ·············································· 203
　　第四节　品牌扩展 ·············································· 212

**第六章　旅游演艺个案研究** ············································ 221
　　第一节　实景类旅游演艺 ······································ 221
　　第二节　沉浸类旅游演艺 ······································ 243

**第七章　旅游演艺相关问题** ············································ 260
　　第一节　数字技术赋能文旅融合发展研究 ····················· 260
　　第二节　秦皇岛旅游演艺产业发展路径研究 ·················· 265
　　第三节　旅游演艺在高校的文化传播与实践探索 ············· 270
　　第四节　印象系列对秦皇岛市文化旅游产业的启迪 ·········· 275
　　第五节　基于文化旅游视角的地方高校艺术人才培养研究 ···· 280

**参考文献** ······························································ 284

**后记** ·································································· 293

# 引　言

　　一部长城史，大半部中国史。长城是中华民族的代表性符号，对建构国家形象、宣传文化底蕴起到积极的推动作用。2019年8月20日习近平在考察嘉峪关时强调："当今世界，人们提起中国，就会想起万里长城；提起中华文明，也会想起万里长城。长城、长江、黄河等都是中华民族的重要象征，是中华民族精神的重要标志。我们一定要重视历史文化保护传承，保护好中华民族精神生生不息的根脉。"[①] 因此，长城的传承与保护是我们这代人的责任，发展长城旅游演艺就是为了更好地保护长城，传承长城精神，那么要研究长城旅游演艺，必先了解长城。

　　根据《辞海》（第七版）查询，"长"的释义为两端之间的距离大。"城"的释义为城墙。"长城"的释义为比喻坚强雄厚的力量，不可逾越的障碍等。《辞海》对长城的释义为春秋战国时期各国为了相互防御，各在形势险要的地方修筑长城。

　　根据百度百科查询，"长城"（The Great Wall），又称万里长城，是中国古代的军事防御工事，是一道高大、坚固而且连绵不断的长垣，用以限隔敌骑的行动。长城不是一道单纯孤立的城墙，而是以城墙为主体，同大量的城、障、亭、标相结合的防御体系。

　　《长城百科全书》中写道："长城，中国古代巨型军事工程体系，由绵延伸展的一道或多道城墙，一重或多重关堡，以及各种战斗设施、生活设施、报警烽燧、道路网络等组成。是一条以城墙为线，以关隘为支撑点，纵深梯次相

---

[①] 韩子勇，任慧.国家文化公园步道建设的意义、原则与策略：以长城国家文化公园为例[J].西北师大学报（社会科学版），2022，59（5）：23-30.

贯，点线结合的巨型军事工程体系。"①

著名长城专家董耀会对长城的界定为："长城是中国古代由连续性墙体及配套的关隘、城堡、烽燧等构成体系的军事防御工程。"②

本书比较赞同学者董耀会的观点，简洁明了，高度概括。从相关概念我们可以看到，长城具备五个主要特征：第一，长城的体量"长"，体现为万里长城长，连绵不断；第二，长城的历史"长"，从春秋战国开始，有着两千多年的发展史；第三，长城的纵深"大"，相比其他军事防御工程，长城具有较大的纵深空间；第四，长城的配套"多"，是由城墙、关隘、城堡、烽燧等构成；第五，长城的功能为"和"，有军事防御作用，而非进攻使用，寻求的是和平。

新中国成立以来，国家对长城做过三次较大规模的调查工作。第一次是1956年，第二次是1979—1984年，第三次是2006—2012年。其中，第三次是经国务院同意，国家文物局组织长城沿线各地开展的新中国成立以来最为全面、系统的长城资源调查工作。"认定工作基于各省（自治区、直辖市）资源调查成果和已有的研究基础，并根据相关专业机构和专家意见，将春秋战国至明等各时代修筑的长城墙体、敌楼、壕堑、关隘、城堡以及烽火台等相关历史遗存认定为长城资源，将其他具备长城特征的文化遗产纳入《长城保护条例》的保护范畴。"③

2012年，国家文物局完成了长城资源认定工作并发布认定结论。根据认定结论，我国各时代长城资源分布于北京、天津、河北、山西、内蒙古、辽宁、吉林、黑龙江、山东、河南、陕西、甘肃、青海、宁夏、新疆15个省（自治区、直辖市）404个县（市、区）。中国历代长城总长度为21 196.18千米，各类长城资源遗产总数43 721处（座/段），其中墙体10 051段，壕堑1 764段，单体建筑29 510座，关、堡2 211座，其他遗存185处。（详见图0-1）

---

① 中国长城学会. 长城百科全书[M]. 长春：吉林人民出版社，1994：3-10.
② 董耀会. 长城意义、定义及相关概念再认识[J]. 河北地质大学学报，2017，40（1）：128-132，140.
③ 国家文物局. 中国长城保护报告[EB/OL].（2016-11-30）[2023-06-22]. http://www.ncha.gov.cn/art/2016/11/30/art_722_135294.html.

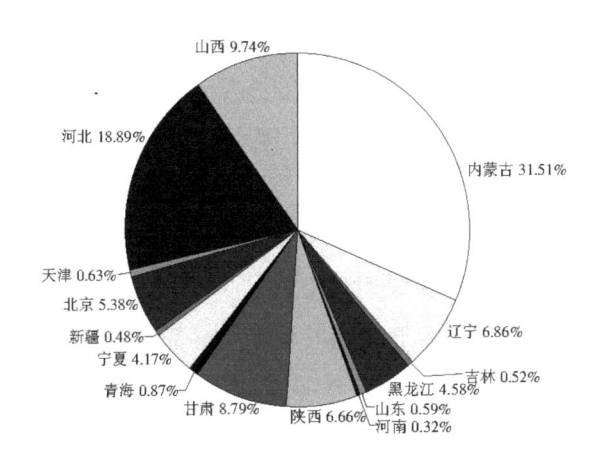

**图 0-1 各省（自治区、直辖市）长城资源比例示意图**[①]

其中，河北省长城长度为 2 304.04 千米，分布于 59 个县（市、区），包括战国、汉、北魏、北齐、唐、金、明等历史时期修筑或使用的长城墙体及附属设施。长城墙体 1 545 段，壕堑 32 段，单体建筑 6 282 座，关、堡 329 座，相关设施 85 处。（详见表 0-1）

表 0-1 河北省长城类型统计表

| 墙体/段 | 壕堑/段 | 单体建筑/座 | 关、堡/座 | 相关设施/处 | 墙壕总长/千米 |
|---|---|---|---|---|---|
| 1 545 | 32 | 6 282 | 329 | 85 | 2 304.04 |

长城不仅是中国也是世界上修建时间最长、工程量最大的一项古代军事防御工程，自西周时期开始，延续不断修筑了 2 000 多年，分布于中国北部和中部的广大土地上，总计长度达 2 万多千米。

中国历史上很多朝代都修建了长城。2012 年经国家文物局长城资源调查结果认定，我国境内现存长城的朝代为春秋战国、秦、汉、南北朝、隋、唐、五代、宋、西夏、辽、金、明、清等。后期经专家讨论，最后合并为 8 个朝代，分别为春秋战国、秦汉、南北朝、隋、唐、五代、辽宋西夏、明。河北省内的长城修建于 7 个朝代，分别为战国、汉、北魏、北齐、唐、金、明。

长城作为中国古代历史上的杰出建筑工程，在两千多年的时间里，见证了中国不同朝代的兴衰和文化的交融。自秦始皇以后，修筑长城成为统治者们

---

[①] 国家文物局. 中国长城保护报告 [EB/OL].（2016-11-30）[2023-06-22].http://www.ncha.gov.cn/art/2016/11/30/art_722_135294.html.

的一项重要政治和军事举措。无论是汉族统治的朝代，还是少数民族统治的朝代，几乎都意识到了长城的重要性，并纷纷投入大量的人力、物力和财力来修筑和维护这座巨大的防线。尽管在清康熙时期停止了大规模的长城修筑，但长城的建设并没有完全终止。

在长城的修筑中，不同的朝代使用了各种不同的名称来称呼这座壮丽的建筑。这些名称多数在同一历史时期互相通用，有些则仅在某个历史时期或某个地域使用。不同名称的使用反映了当时政治、军事和文化的特点，也凸显了长城在中国历史上的多重意义。最常见的名称如长城、方城、堑、长堑、城堑、墙堑、塞、塞垣、塞围、长城塞、长城亭障、长城障塞、壕堑、界壕、边墙、边垣等。

中国具有代表性的长城主要集中在三个时期修筑：春秋战国、秦汉、明。第一，春秋战国时期。这个时期长城是兼并与开疆拓土的产物，中国古代最早修筑长城的就是齐国和楚国，此时长城多以土石或夯土构筑为主。第二，秦汉时期。在这一时期，长城成为游牧文明和农耕文明之间的分界线。秦汉长城由两个部分组成，即秦长城和汉长城。秦长城将燕、赵、秦三国的北部长城联结在一起，形成了著名的万里长城。而汉代长城的起点是辽东，终点则是玉门关，总体上呈现出东西走向的特点。第三，明时期。这个时期长城是防御与封禁的产物。明代特别重视北方防务，形成了九边十三镇的防御格局，明长城资源在今北京、河北等10个省（自治区、直辖市）广泛分布，是目前保存状态最完整且形制类型最为丰富的遗产资源。现存墙壕 5 209 段，单体建筑 17 449 座，关、堡 1 272 座，相关遗存 142 处，长度 8 851.8 千米（包括人工墙体 6 259.6 千米，壕堑 359.7 千米，天然山险等 2 232.5 千米）。其主线东起辽宁虎山，西至甘肃嘉峪关。在东部地区，明长城的建造主要采用石砌包砖、黄土包砖或石砌等材料，而在西部地区，则更多地使用夯土构筑的方式。

长城是中华文明的象征，见证了中华民族从"多元"走向"一体"，伴随了中华民族形成和发展的全过程，呈现了中国古代军事、政治、民族关系、经济的发展脉络，形成了"多元一体"独特的文化脉络与体系。因此，长城需要我们世代传承与保护。

# 第一章 河北长城旅游演艺开发理念与原则

近年来，随着文旅融合深入推进、大众旅游持续发展，长城文化和旅游业态不断涌现融合趋势。长城文化的交流、传播需要以旅游为载体去实现，长城旅游亦需要长城文化为之赋能。以长城国家文化公园建设为契机，长城文化和旅游业正迎来新的发展机遇。如何使长城文化和长城旅游有机结合，旅游演艺或许是一个选择。那么，什么是旅游演艺？我们如何开发长城旅游演艺？本章将进行探讨。

## 第一节 旅游演艺相关的概念与特性

旅游演艺是中国创造的一种新型演出形式，带有明显的中华文化精神特质，它所体现出的天人合一、道法自然、和而不同、厚德载物、生生不息、民本思想，精准地概括了中国文化的人生态度、政治哲学、思维方式，也是中华文明区别于西方文明的明显特征。

旅游演艺的独立存在与否，主要在于是否能够建立起独具特色的基础理论体系，并确立清晰的定义和术语。那么，究竟什么是旅游演艺？它的前世今生又是什么样呢？本节着重讨论旅游演艺最为基础的概念与特性。

### 一、概念界定

**（一）定义**

*1. 旅游演艺的名称演变*

旅游演艺概念的提出，并不是一蹴而就的，而是经过一个发展、演变、融合的过程。

从1998年到2007年，学者根据研究视角、主体的不同，对旅游演艺提出了不同的名称，分别是主题公园文娱表演（徐菊凤，1998）、旅游景点景区文艺演出（杨正泰，2003）、主题公园文艺表演（张永安、苏黎，2003）、舞台表演（景区）（邓锡彬，2003）、旅游演出（诸葛艺婷、崔凤军，2005）、旅游表演（李蕾蕾、张晗、卢嘉杰等，2005）、旅游演艺（李幼常，2007）。2020年以来，旅游演艺又有了新的演进，部分学者称其为文旅演艺（潘天，2020）、文旅演艺剧（肖向荣、武萌，2022）。

2. 旅游演艺的概念梳理

具体来说，徐菊凤（1998）针对主题公园文娱表演提出了"主题活动"的概念，并指出作为高级阶段的主题公园，在其创建之始就应把动态的主题活动作为主体内容考虑进去，而不仅仅是作为静态的观赏的内容。[①]

根据张永安和苏黎（2003）的观点，主题公园文艺表演是在主题公园内展开的一系列艺术表演活动，这些活动由专业演员参与演出，围绕特定主题展开。[②]

邓锡彬（2003）认为，舞台表演是通过宏大的场景、精彩的演出、热烈的气氛以及高科技的光电声等方式包装而形成的大型广场或剧场演出。

诸葛艺婷、崔凤军（2005）指出，旅游演出是旅游业的一种产品形式。它依托于当地旅游资源，利用表演艺术的形式来展现目的地的形象，为游客提供精神服务。在演出行业整体改革的背景下，旅游演出成为演出策划人组织演出并在特定场所供观众（主要是游客）欣赏的一种形式。[③]

陈铭杰（2005）认为，旅游景区的演艺活动是以满足游客利益为出发点的。它通过多种形式的商业化表演和活动，反映了景区的主题和定位，并注重游客的体验和参与。

李蕾蕾、张晗、卢嘉杰等（2005）将各种在主题公园和旅游景区现场上演的表演、节目、仪式、观赏性活动等统称为旅游表演，其目的是吸引游客观看

---

① 徐菊凤.中国主题公园及其文娱表演研讨会综述[J].旅游学刊，1998（5）：18-22.
② 张永安，苏黎.主题公园文艺表演产品层次探究：以深圳华侨城主题公园为例[J].江苏商论，2003（12）：120-122.
③ 诸葛艺婷，崔凤军.我国旅游演出产品精品化策略探讨[J].社会科学家，2005（5）：121-123.

参与。①

李幼常（2007）首次提出"旅游演艺"的概念。他将旅游演艺定义为在旅游景区现场进行的各种表演活动，以及在其他旅游地演出场所内进行的表演活动。这些活动主要展示该地区的历史文化或者民俗风情，旅游者是主要的观众。②

李美莲（2009）认为，从供给的角度来说，旅游演艺是旅游经营者开发并利用演艺事业的作品来反映能够促进旅游发展的文化内容，再经过策划宣传，推向旅游市场，以取得旅游需求满足和经营利益相一致的一种新的旅游产品；从旅游者角度来说，旅游演艺是旅游者花费一定的时间、费用和精力，通过对艺术演出的观看欣赏，从而引申出来的对旅游资源的游览、体验，来满足自己求新、求知、求奇等心理需求的旅游经历。③

汪克会（2010）认为，旅游演艺产品是在旅游景区现场进行的各种表演活动，以及在旅游地其他演出场所内进行的、以表现该地区历史文化或民俗风情为主要内容的、以旅游者为主要欣赏者的表演和演出活动。④

岳燕祥、张辉（2011）认为，从供给的角度来看，演艺旅游是运营商在旅游目的地为满足旅游者观赏和游乐需求而组织安排的各种演出活动；从需求的角度来看，演艺旅游是指旅游者通过观赏目的地的演出，而满足自身对于当地文化、艺术、民俗等的好奇心。⑤

焦世泰（2013）认为，旅游演艺是以特定地域、特定民族的特定文化表演为吸引物，以吸引游客观看和参与为目的，在旅游景区现场上演的各种表演、节目、仪式、观赏性活动。⑥

此外，中国社科院旅游研究中心结合部分学者观点将旅游演艺定义为：旅

---

① 李蕾蕾，张晗，卢嘉杰，等. 旅游表演的文化产业生产模式：深圳华侨城主题公园个案研究 [J]. 旅游科学，2005（6）：44-51.
② 李幼常. 国内旅游演艺研究 [D]. 成都：四川师范大学，2007.
③ 李美莲. 桂林旅游演艺发展研究 [J]. 市场论坛，2009（5）：65-66.
④ 汪克会. 国内旅游演艺产品开发现状探析 [J]. 商业经济，2010（3）：102-103.
⑤ 岳燕祥，张辉. 试论北京市演艺旅游的产业化发展 [J]. 北京社会科学，2011（3）：26-29.
⑥ 焦世泰. 基于因子分析的民族文化旅游演艺产品游客感知评价体系研究：以"印象刘三姐"实景演出为例 [J]. 人文地理，2013（1）：150-154.

游目的地为吸引游客，以多种多样的演出形式，以表现该地区历史文化或民俗风情为主要内容，以异地观众为主要欣赏者的演出活动。

在主流研究中，旅游演艺又有两个分支，一是"实景演出"，二是"文旅演艺"。

第一，实景演出概念。林峰（2006）提出了"郊野剧"的概念，指在自然郊野环境中进行戏剧化演艺活动。该概念以自然山水作为舞台，采用实景道具，并吸引观众和游客的参与，将戏剧化的舞台置于风景区的山水之中，同时将戏剧演出转变为游客共同参与的娱乐体验。李幼常（2007）提出了狭义的实景演艺概念，指的是以自然山水为舞台和背景的演出，即山水实景演出。刘艳兰（2010）在其硕士论文中提出实景演艺的定义：以真实的自然景观和文化遗产景观作为舞台，以大自然作为剧场，从游客的利益出发，反映了公园的主题和市场定位，面向相对稳定的旅游者观众群体，能够为景区带来广泛的经济效益。① 黎学锐（2016）界定了山水实景演出的概念：基于中国传统的"天人合一""道法自然""寄情山水"等理念，以"此山、此水、此人"的艺术原则为核心要素，融合当地自然、历史、民俗等旅游文化资源，由演艺界和商业界的大师组成创作团队，通过各种表演艺术形式展现当地文化特色和精神。②

第二，文旅演艺概念。潘天（2020）认为，文旅演艺指的是以异地游客为主要观演人群的演艺活动，也有专家认为它是以特定地域、特定民族的特定文化表演作为核心，在旅游区域范围内所展示的所有演艺节目、互动演出、节庆活动等。③ 肖向荣、武萌（2022）认为，文旅演艺剧是以当地文化或民俗风情为主要题材，以旅游景点为载体，以旅客为服务对象，集歌、舞、剧为一体的艺术表演形式。④

---

① 刘艳兰. 实景演艺：旅游业态创新及其扩散研究 [D]. 桂林：广西师范大学，2010.
② 黎学锐. 山水实景演出的概念界定 [J]. 歌海，2016，165（1）：48-51.
③ 潘天. 文旅演艺商品发展中科技因素的利弊分析 [J]. 艺术管理（中英文），2020，6（2）：68-72.
④ 肖向荣，武萌. 2021年中国文旅演艺剧网络传播力报告 [M]. 北京：中国国际广播出版社，2022.

**3. 本书对旅游演艺概念的界定**

综上所述，前人对旅游演艺的概貌和演化过程进行了深入研究，研究成果对于旅游演艺的定义和认识作出了重要贡献，通过不断探索和论证，揭示了旅游演艺在不同历史阶段的变迁和发展。但上述论述多从旅游学视角出发，缺少文化学、艺术学等相关学科的体认，在表现内容、手段上有所遗漏，因此，本书站在前人的观点上，并根据旅游演艺的当代演进，综合研究认为旅游演艺是依托当地文脉、人脉、地脉资源，以地域文化或中华民族精神标识为表现内容，在景区、园区、城市、乡村公共空间等旅游（休闲）区域，以消费者为主要服务对象，以高科技声、光、影、数技术为手段，运用多种表演艺术的形式来展现在地形象的精神服务产品，是集娱乐性、体验性、文化性、艺术性与审美性于一体的商业表演活动。

（1）"地域文化"是旅游演艺的表演内容。主要指特定区域内源远流长、独具特色的历史、人文、生态、民俗等文明表现，与至今仍发挥作用的文化传统。

（2）"中华民族精神标识"是旅游演艺的表演内容。主要指中华民族独特的精神象征，它体现了中华民族悠久的历史、灿烂的文化和坚韧的民族性格。当前有些地区旅游演艺结合各种条件，运用从宏观到微观的手段诠释中华民族精神，如长城、长征、大运河、黄河等。

（3）"消费者"是旅游演艺受众群体。主要指异地旅游者和本地休闲者，以往定义更强调异地游客，忽略本地观光人员，本书用经济学中的"消费者"概念统筹旅游休闲群体。

（4）"声光影数"是旅游演艺表现手段。主要指建设运营旅游演艺时所运用的技术手段与设备系统。包括音响系统、灯光系统、多媒体影像系统、机械数控系统与数字技术等。

（5）"表演艺术"主要包括舞蹈、音乐、戏剧、曲艺、杂技、魔术等。

（6）"精神服务产品"是根据市场营销学概念，将旅游演艺划为非物质形式的产品范畴，主要为消费者提供精神服务（审美服务）。

（7）"商业表演"主要是指旅游演艺的市场属性，是以营利为目的的市场经济行为。

## （二）内涵

旅游，是人们利用余暇外出游览时获得的一次休闲体验。演艺，包括音乐、歌舞、戏剧、戏曲、芭蕾、曲艺、杂技等各类型演出艺术。旅游演艺，是将"旅游"与"演艺"相结合的新型旅游产品，兼具"旅游"与"文化"的双重属性，这种双重属性决定了旅游演艺项目必须注重两个效益——经济效益和社会效益。

旅游演艺作为文化和旅游融合发展的重要载体，是新时代中国经济发展的助推器。为了实现"两个效益"的要求，就必须坚持以社会主义核心价值观为引领，通过旅游演艺节目提高观赏者的精神境界和文化素养；坚定文化自信，遵循社会主义市场经济发展规律，创新多模态旅游演艺体验认知体系；坚持以人民为中心的工作导向，遵循文化产品生产传播规律，营造全新的感官体验消费模式，不断推出优质旅游演艺作品，激起大众对真善美的向往和追求，同时对当地传统文化的活化、传承与推广起到促进作用，最终为满足人民日益增长的美好生活需要作出积极贡献。

## （三）历史进程

### 1. 外宾接待宣传阶段（1979—1992 年）

（1）发展背景

党的十一届三中全会以来，以邓小平同志为主要代表的中国共产党人，把党和国家的工作重心转移到经济建设上来，实行改革开放的历史性决策。[①]1978年，邓小平同志发出了"旅游事业大有文章可做，要突出地搞、加快地搞"的号召，随后又相继就发展旅游业作出五次指示，直接推动旅游业成为我国最早对外开放的行业之一。在我国改革开放初期，邓小平、陈云、李先念等党和国家领导人有关发展我国旅游业的旅游经济思想，奠定了我国旅游业发展的方向。

1979 年 11 月，国务院批转了中国旅行游览事业管理局《关于大力发展旅游事业若干问题的报告》，明确指出："各地要加强对旅游事业的领导，各有关部门要密切配合，大力支持，及时解决旅游工作中的问题，为加速发展旅游事业而共同努力。"1981 年，国务院召开的第一次全国旅游工作会议明确指出，

---

① 王雨辰. 中国式现代化对中国现代化难题的解决及其意义 [J]. 贵州大学学报（社会科学版），2023，41（1）：1-10.

旅游事业是一项综合性的经济事业，是国民经济的一个组成部分，是关系到国计民生的一项不可缺少的事业。1981年3月，国务院提出今后一个时期发展旅游事业的方针是积极发展，量力而行，稳步前进。同年10月，国务院下发的《关于加强旅游工作的决定》中指出："旅游事业在我国既是经济事业的一部分，又是外事工作的一部分。我们要从中国的实际出发，逐步走出一条适合国情，日益兴旺发达的中国式的旅游道路，做到政治、经济双丰收。"1985年12月，国务院批准《全国旅游事业发展规划（1986—2000年）》，决定把旅游业作为国家重点支持发展的事业列入国家"七五"计划中。1986年，加快发展旅游业正式纳入国民经济和社会发展的"七五"计划中。同年，经国务院批准的中国第一个旅游全行业组织——中国旅游协会正式成立。

自此，我国的旅游业实现了从事业接待型向经济创汇型的重大转变，形成了新的国民经济增长点。

（2）代表项目

1982年9月，西安市政府按照国家要求，面向入境游客推出《仿唐乐舞》，游客边用餐边看演出，不以营利为目的，主要目的是推介中国文化。此阶段的表演主要在室内剧场进行，外国游客是主要观看对象，演出形式兼具行政式招待和市场演出。因此，大部分学者将《仿唐乐舞》认定为中国旅游演艺的开端。

从名称上我们也可以看到《仿唐乐舞》具备三个特征：仿古、唐代、乐舞。该歌舞剧由苏文和史亚男为总导演，由苏文、陈增堂等担任了总设计师，舞蹈编导有张勇、史亚男等人，整部作品所展现出来的都是唐玄宗李隆基与杨贵妃在唐宫殿里的生活片段。

《仿唐乐舞》一共由十五段音乐和舞蹈组成，其中舞蹈作品共有八部，分别为：《观鸟扑蝉》《柘枝舞》《白纻舞》《踏摇娘》《踏歌》《燃灯舞》《剑器》《面具金刚力士》。这八部舞蹈作品既可以拼凑成一部完整的舞剧作品，又可以进行独立的表演。演出内容是以唐宫梨园弟子为主，通过歌舞的形式向皇帝、各国使节以及四方宾客进行展示，各个乐舞段落通过"教场使"的吟诵报幕相互连接，从而形成一个整体的表演，展示了唐代多姿多彩的乐舞艺术精髓。（详见表1-1）

表 1-1 《仿唐乐舞》主要内容与特色

| 舞段 | 表演内容 | 特色 |
| --- | --- | --- |
| 《观鸟扑蝉》 | 编导将唐章怀太子墓室内一幅表现宫女生活的壁画《观鸟扑蝉图》，通过优美动人的舞蹈，揭示了三位身居深宫的少女孤寂苦闷、身不由己的内心世界 | 以优美舞蹈见长 |
| 《柘枝舞》 | 西域健舞一种，柘枝舞者头戴胡帽，足穿锦靴，在鼓声中出场。快速复杂的舞蹈动作，使舞者身上佩戴的铃铛发出清脆的响声。舞姿变化丰富，既刚健明快，又婀娜俏丽，同时也注重眉目传情 | 铃鼓道具舞蹈，动作矫健 |
| 《白纻舞》 | 主要以长袖的造型和飞舞的动作创造了典雅、飘逸的少女舞蹈形象 | 长袖舞蹈，表现女子轻盈之姿 |
| 《踏摇娘》 | 兴起于民间、流行于民间的滑稽笑乐表演。表演家庭纠纷等日常生活琐事 | 滑稽舞蹈 |
| 《踏歌》 | 舞蹈主要表现了中秋佳节人们在骊山脚下，皇帝跟臣民同聚共庆丰收的欢乐场景 | 乐舞场面绚丽多姿，风格变化万千，充分再现盛唐时期普天同庆的繁荣景象 |
| 《燃灯舞》 | 主要在元宵节表演，以彩灯作道具的舞蹈形式，图案神秘奥妙。舞灯以群舞居多，灯的造型有兽类、植物类及象征类的器物 | 道具舞蹈，以队形、构图变化为主 |
| 《剑器》 | 持剑表演的舞蹈，属于器舞的一种，表演者持剑做出各种动作，剑器与优美的舞姿相辅相成，形成一种别样的美 | 道具舞蹈，舞蹈与剑势融为一体，动势柔中带刚 |
| 《面具金刚力士》 | 全部运用打击乐伴奏，节奏鲜明，气氛热烈，舞姿雄健有力，风格古朴浑厚 | 军旅舞蹈，表现震慑气势 |

作为我国 20 世纪 80 年代第一部"仿古乐舞"，《仿唐乐舞》在总体的设计上非常严谨。演出采用了唐朝宫廷式的舞台场景设计，为观众营造了一种恢宏壮丽的氛围。整个舞剧的表演结构"以点连线"，通过点与点的相互连接，将盛唐时期的乐舞艺术文化呈现得淋漓尽致。从婉转优美的宫廷舞蹈，到热情奔放的民间舞曲，每一种舞蹈都展现了盛唐时期独特的风采和艺术魅力。此外，演出还将音律、舞蹈和诗词巧妙地融合在一起，创造出了一种独特的艺术形式。《仿唐乐舞》作为一部杰出的舞蹈作品，不仅在国内受到了广大观众的热烈欢迎，也赢得了国际的认可。它成了仿唐乐舞传统文化形态的顶峰，展示了中国古代艺术的卓越成就。如今，《仿唐乐舞》仍然在不断上演，它已经成为西安旅游文化产业的一张闪亮名片。越来越多的游客慕名而来，希望亲眼见证这场瑰丽的盛唐乐舞盛宴。这不仅为西安市的文化旅游业注入了新的活力，也为推广中华传统文化作出了重要的贡献。《仿唐乐舞》不仅仅是一场舞蹈演出，更是一次文化的传承与交流，让世界各地的观众感受到了中华文化的博大精深。

**2. 主题公园发展阶段（1992—2002年）**

（1）发展背景

1992年，邓小平发表南方谈话，党的十四大明确提出建立社会主义市场经济体制的目标，中国从此加快了从计划经济向市场经济转变的历史进程。中央关于加快第三产业发展的决定强调，要将旅游业作为第三产业的发展重点。

1993年，国务院办公厅转发国家旅游局《关于积极发展国内旅游业的意见》，对国内旅游工作提出了"搞活市场、正确领导、加强管理、提高质量"的指导方针。

1995年，我国开始实行周末双休制度，为释放潜力巨大的旅游需求创造了新条件。以此为契机，我国旅游业迈入了以培育产业为重点的新阶段，旅游市场日渐发育，生产要素全面发展，多元化的市场主体不断涌现，形成了加速发展的新局面。

1996年，国家"九五"发展计划明确指出："积极开发和充分利用旅游资源，加快国际旅游业和国内旅游业的发展。"

显然，这十年间，为了促进地方经济和社会的全面发展，拓展就业机会，促进地方文化事业繁荣，国家提出将旅游业打造成为新的经济增长点和扩大内需的重要手段。在这个旅游业发展的年代，我国主题公园内的旅游演艺产品崭露头角。

（2）代表项目

1993年，无锡影视城在景区内先后推出《皇帝上朝》《贵妃册封》《三英战吕布》《刘备招亲》《火烧赤壁》《义取高唐州》等规模不大的旅游演艺节目；1995年，深圳华侨城旗下的深圳锦绣中华·民俗村（中国第一个主题公园）推出《中华百艺盛会》；1995年，深圳世界之窗的"欧洲之夜"演艺活动被学者公认为是国内定时大型广场露天演艺的开端；2000年，宋城景区出品的大型实景真人演出《宋城千古情》上映；2003年，宋城大剧院创作推出了阵容强大的剧院版《宋城千古情》。由于产品主题鲜明、内容丰富、形式多样，这些节目一炮打响。这个阶段的旅游演艺产业开始面向国内外普通游客，实行市场化运作。

1991年，锦绣中华·民俗村民族艺术团成功创办，开企业办团之先河，四年后在国内率先推出首台大型旅游演艺节目——《中华百艺盛会》。1995年7月8日，《中华百艺盛会》以民俗文化为主线，采用板块式节目结构（包括快速变换的节奏、多样的节目组合和强劲的舞台效果），配合灯光、音响，在中心广场上采取歌舞杂技表演与彩车队列大游行相结合的花会形式，展现了中国丰富多彩的民间杂技及民俗文化，参加演出人数达 500 人，包括工程费用在内的总投资达 800 万元，气氛欢快、热烈、隆重。[①]《中华百艺盛会》被誉为"广场艺术的精品"，演出历时 7 年多，演出 2 988 场，观众超过 500 万人次。随后中国民俗文化村又创编了大型民族服饰晚会《七色花》《四季回旋曲》、大型土风歌舞晚会《蓝太阳》、大型民族歌舞晚会《八面来风》等。

1995 年 12 月，深圳世界之窗为迎接"双旦"，园区对欧风街进行改造，推出以"欧洲之夜"为主题的大型跨年演艺活动，每晚自 17：00 至 24：00 在欧风街表演 18 项丰富多彩的节目，世界广场也在艺术游行之后推出以"圣诞夜"为主题的歌舞晚会，投入演员 400 多人。两大活动的推出，均立足于景区文脉，深层挖掘景区内涵。作为以弘扬世界文化精华为主题的大型文化旅游景区，世界之窗的成功不仅在于恢宏的景观建筑、优美的自然风光，还在于它异彩纷呈的世界歌舞表演、大型广场艺术和民俗节庆活动。华侨城作为中国大陆主题公园密集地，借助主题公园的平台、客源市场和旅游收入，开创了以大型晚会式、巡游式、歌舞史诗形式旅游表演为核心的、融合多种艺术门类的旅游演艺产品体系。[②]

2000 年，宋城景区为了进一步丰富宋城景区的文化内涵，兑现宋城"给我一天，还你千年"的诺言，由黄巧灵先生任总导演，宋城景区自主创作，倾力推出了一台大型实景真人演出——《宋城千古情》。《宋城千古情》的创作推出，与宋城景区的"文化之魂"表里交融，相得益彰，用更生动的舞台语言向观众表达千年历史，正是这种景区和演艺相结合的先进运作模式，为《宋城千古情》今后的飞速发展奠定了坚实的市场基础。

3. 山水实景萌发阶段（2002—2012 年）

（1）发展背景

随着改革开放的不断深入，进入 21 世纪后，社会主义市场经济体制不断

---

[①] 罗曼丽. 国内大型旅游演艺产品开发现状研究 [J]. 黑龙江教育学院学报，2010，29（12）：200-202.

[②] 李蕾蕾，张晗，卢嘉杰，等. 旅游表演的文化产业生产模式：深圳华侨城主题公园个案研究 [J]. 旅游科学，2005（6）：44-51.

完善。旅游产业体系也得到了进一步壮大和完善。作为国民经济的重要产业，旅游业在保持经济增长、扩大内需和调整产业结构等方面发挥了重要作用。

2001年4月，国务院印发《关于进一步加快旅游业发展的通知》，明确要求树立大旅游观念，进一步发挥旅游业作为国民经济新的增长点的作用，并提出发展旅游业有利于加强社会主义精神文明建设。

2003年，我国经济进入了新一轮的上升周期，随着经济发展和消费水平提升，旅游业跨入黄金发展期。在各种因素的共同作用下，国内旅游尤其是黄金周旅游呈现"井喷"现象。

2009年8月，文化部和国家旅游局联合印发《关于促进文化与旅游结合发展的指导意见》，提出"文化是旅游的灵魂，旅游是文化的重要载体"，首次明确文化和旅游的关系。2009年12月，国务院印发《关于加快发展旅游业的意见》，明确提出要把旅游业培育成为国民经济的战略性支柱产业和人民群众更加满意的现代服务业。提到利用文化资源开发旅游产品，发展旅游业。大力推进旅游与文化等相关产业和行业融合，培育新的旅游增长点。

2011年10月，中国共产党第十七届中央委员会第六次全体会议审议通过了《中共中央关于深化文化体制改革推动社会主义文化大发展大繁荣若干重大问题的决定》（简称《决定》），《决定》提出"推动文化产业与旅游、体育等产业融合发展""积极发展文化旅游，促进非物质文化遗产保护传承与旅游相结合"等要求。

2012年12月，国务院印发《关于进一步做好旅游等开发建设活动中文物保护工作的意见》，虽然事关旅游开发建设，但落脚点是在文物保护。

这一阶段，国务院将每年的5月19日确定为"中国旅游日"，每年"旅游日"前后，各地推出上万条旅游惠民便民举措。旅游发展带动了农民增收致富，带动大量贫困人口脱贫，促进了社会就业，促进了生态保护，很多地方的绿水青山、冰天雪地通过发展旅游业转化为"金山银山"。在这个旅游业发展的年代，我国山水实景演出旅游演艺产品崭露头角。

（2）代表项目

2004年，随着《印象·刘三姐》实景演出的成功，这种类型的旅游演艺开始在全国范围内迅速扩展。同时，还涌现出多种旅游演出形式，并且专业团队负责开发运营，初步形成了几个旅游演艺品牌。

广西桂林阳朔的"锦绣漓江·刘三姐歌圩"景区是一个典型的实景主题山歌大型公园,有世界上最大的山水实景剧场,实现了山水实景、经典文化与高科技的完美结合,也是全世界第一个全新概念的"山水实景主题"民族文化旅游景区,在其上演的《印象·刘三姐》堪称世界级的文化旅游项目,它集漓江山水风情、广西少数民族文化及中国精英艺术家创作之大成。①

《印象·刘三姐》是全球第一部大型山水实景演出。它由广西壮族自治区文化厅立项、广维文华旅游文化产业有限公司出品。"它以世界级的风景区——阳朔山水为舞台,以优美的壮族刘三姐民歌为素材,以著名导演张艺谋、王潮歌、樊跃和著名策划人梅帅元等为艺术指导,以广维集团为投资者和管理者。"② 运用文化产业的方式进行运作,以生态保护的举措为保障,推动了社会主义新农村的建设,形成了一个具有良好文化产业效益的"锦绣漓江风景区"。该剧于2003年10月1日试演,2004年3月20日正式公演。

《印象·刘三姐》由七部分构成,第一部分《序幕·山水传说》,第二部分《红色印象·对歌》,第三部分《绿色印象·家园》,第四部分《金色印象·渔火》,第五部分《蓝色印象·情歌》,第六部分《银色印象·盛典》,第七部分《尾声·天地唱颂》。(详见表1-2)

表1-2 《印象·刘三姐》演出节目介绍

| 节目 | 演出定位 | 经典场景 |
| --- | --- | --- |
| 《序幕·山水传说》 | 演出的缘起篇 | 山水舞台点亮,刘三姐乘竹筏而来 |
| 《红色印象·对歌》 | 演出的风情篇 | 对歌、红绸 |
| 《绿色印象·家园》 | 演出的生活篇 | 侗族大歌(侗族少女原声献唱) |
| 《金色印象·渔火》 | 演出的爱情篇 | 月牙精灵舞蹈、沐浴、嫁娶 |
| 《蓝色印象·情歌》 | 演出的夜幕篇 | 漓江渔火 |
| 《银色印象·盛典》 | 演出的华彩篇 | 银珞舞 |
| 《尾声·天地唱颂》 | 演出的谢幕篇 | 全体演员谢幕(渔民演员来自猫仔村、兴坪村、田家河村、木山村、木山榨村等周边五个自然村) |

《印象·刘三姐》的成功,引发了国内实景演艺热潮,使旅游演艺走向大

---

① 陆军.实景主题:民族文化旅游开发的创新模式:以桂林阳朔"锦绣漓江·刘三姐歌圩"为例[J].旅游学刊,2006(3):37-43.
② 高尚学,王敦.艺术传播与艺术的产业化发展关系研究:以广西审美文化为例[J].广西职业技术学院学报,2010,3(6):83-86.

众化、品牌化、产业化，形成了山水系、印象系、宋城系等多个演艺派系。

**4. 沉浸实景体验阶段（2012—至今）**

（1）发展背景

党的十八大以来，以习近平同志为核心的党中央紧紧抓住改革开放这面旗帜，推动了新一轮改革浪潮的涌动。主要领域改革主体框架基本确立，重要领域和关键环节改革取得突破性进展，中国改革开放迈上了新台阶。

2013年4月，全国人民代表大会常务委员会审议通过《中华人民共和国旅游法》，明确将旅游业发展纳入国民经济和社会发展规划。

2014年2月，国务院印发《关于推进文化创意和设计服务与相关产业融合发展的若干意见》，提出"提升旅游发展文化内涵"，"用文化创意和设计提升乡村旅游和休闲农业发展水平"。8月，国务院印发《关于促进旅游业改革发展的若干意见》，提到文化旅游开发和旅游文化建设相关内容。[1]

2015年8月，国务院办公厅印发《关于进一步扩大旅游文化体育健康养老教育培训等领域消费的意见》，在标题中把旅游和文化放在了一起，内容中提出"支持实体书店融入文化旅游"等举措。[2]

2016年3月，国务院印发《关于进一步加强文物工作的指导意见》，提出"发挥文物资源在壮大旅游业中的重要作用"。5月，国务院办公厅转发文化部等部门《关于推动文化文物单位文化创意产品开发的若干意见》，提出"支持文化资源与创意设计、旅游等相关产业跨界融合，提升文化旅游产品和服务的设计水平"。12月，国务院印发《"十三五"旅游业发展规划》，这是国务院首次印发的五年旅游业发展规划，提出了大量关于文化旅游发展和旅游文化建设的内容。[3]

2017年3月，国务院办公厅转发文化部等部门《中国传统工艺振兴计划》，提出"推动传统工艺与旅游市场的结合""将传统工艺展示、传习基础设施建设纳入'十三五'时期文化旅游提升工程"等。5月，中共中央办公厅、国务

---

[1] 范周. 文旅融合的理论与实践 [J]. 人民论坛·学术前沿，2019（11）：43-49.
[2] 刘思琪. 文化旅游型城镇规划建设研究 [D]. 兰州：兰州大学，2021.
[3] 赵鑫. 新时代视域下河南省旅游业转型升级发展研究 [J]. 中州大学学报，2020，37（1）：32-36.

院办公厅印发《国家"十三五"时期文化发展改革规划纲要》，提出"发展文化旅游，扩大休闲娱乐消费"①。

2018年3月，国务院办公厅印发《关于促进全域旅游发展的指导意见》，强调旅游与文化的融合发展，并将丰富文化内涵作为提升旅游产品品质的重要内容。10月，中共中央办公厅、国务院办公厅印发《关于加强文物保护利用改革的若干意见》，提出"促进文物保护和旅游发展之间的互动关系"。12月，文化和旅游部印发《国家级文化生态保护区管理办法》，提出"文旅融合发展在推动文化生态保护、非遗资源保护的重要作用和措施"②。

2019年1月，文化和旅游部、国家文物局印发《长城保护总体规划》，提出"要求各地深入挖掘历史文化内涵，提炼长城作为世界文化遗产的突出普遍价值，加强重要点段展示阐释，充分利用现代科技手段宣传长城文化、长城精神，使长城成为坚定文化自信的重要载体"。4月，文化和旅游部办公厅印发《公共数字文化工程融合创新发展实施方案》，提出"推动公共数字文化工程全面融合发展，提升工程的覆盖面和实效性，更好地发挥工程对现代公共文化服务体系的支撑作用"。8月，国务院办公厅印发《关于进一步激发文化和旅游消费潜力的意见》，提出"顺应文化和旅游消费提质转型升级新趋势，深化文化和旅游领域供给侧结构性改革，从供需两端发力，不断激发文化和旅游消费潜力"③。

2020年3月，文化和旅游部印发《关于促进旅游演艺发展的指导意见》，提出"推进旅游演艺转型升级、提质增效，立足于旅游演艺作为文化和旅游融合发展的重要载体，对旅游演艺这一业态的科学发展作出了全面系统的引导和规划"。

2021年6月，文化和旅游部印发《"十四五"文化和旅游发展规划》，提

---

① 黄永林.党的十八大以来我国文化产业政策引导成效及未来方向[J].人民论坛·学术前沿，2022（19）：72-82.

② 黄月玲，刘梓汐.基于可视化分析的民族文化旅游产业化研究综述[J].广西民族研究，2021（6）：172-180.

③ 刘中华，焦基鹏.元宇宙赋能数字非遗的场域架构、关键技术与伦理反思[J].浙江大学学报（人文社会科学版），2023，53（1）：19-29.

出"着力推进文化铸魂、发挥文化赋能作用，着力推进旅游为民、发挥旅游带动作用，着力推进文旅融合、努力实现创新发展"。

2021年12月，国务院印发《"十四五"旅游业发展规划》，提出"坚持文化和旅游融合发展，加快推进旅游业供给侧结构性改革，繁荣发展大众旅游，创新推动全域旅游，着力推动旅游业高质量发展，积极推进旅游业进一步融入国家战略体系"。

2022年4月，国务院办公厅印发《关于进一步释放消费潜力促进消费持续恢复的意见》，提出"加强文化、旅游等消费跨界融合，推动旅游演艺创新发展，鼓励景区结合实际延长开放时间"。

国家对文化的重视，为文化旅游业的发展提供了良好的社会、经济、文化环境，为文旅行业的跨越式发展提供了新的契机。在这个旅游业发展的年代，我国沉浸式旅游演艺产品崭露头角。

（2）代表项目

《又见平遥》是北方第一部情景体验式实景演出，由平遥县九成文化旅游投资有限责任公司和北京观印象艺术发展有限公司共同出资注册的平遥印象文化发展有限公司投资建设，项目总投资3亿元人民币，项目分三大板块，一是以《又见平遥》剧场为主的演出区，二是以停车场为主的旅游服务功能配套区，三是以主题步行街为主的文化旅游展示区。项目分三期完成。

该部实景演出由王潮歌导演。《又见平遥》以平遥古城、晋商文化为背景，讲述了一个关于血脉传承、生生不息的故事。该剧于2013年2月8日正式公演。

该剧讲述的是清朝末年，平遥一家票号在俄国的分号遭遇意外，王掌柜一家被杀，仅剩一个七岁的儿子幸免于难。票号东家赵易硕为了保住王家"血脉"，抵尽家产换得30万两白银，聘了同兴公镖局的232名镖师远赴俄国护送王家少爷回国。七年之后，赵东家和镖师全部死在途中，只有王家少爷平安回到平遥。

《又见平遥》由六部分构成，第一部分《镖师洗浴》，第二部分《百姓生活》，第三部分《灵魂回城》，第四部分《赵家娶妻》，第五部分《赵家败落》，第六部分《祭祖·面秀》。（详见表1-3）

表 1-3 《又见平遥》演出节目介绍

| 序号 | 演出内容 | 经典场景 |
| --- | --- | --- |
| 第一部分 | 《镖师洗浴》 | 送别镖师出征，沐浴舞 |
| 第二部分 | 《百姓生活》 | 白描清朝日常市井生活 |
| 第三部分 | 《灵魂回城》 | 亡灵舞 |
| 第四部分 | 《赵家娶妻》 | 选妻舞 |
| 第五部分 | 《赵家败落》 | 跨时空戏剧对白 |
| 第六部分 | 《祭祖·面秀》 | 红绸舞 |

《又见平遥》从 2013 年首演到 2023 年 5 月，10 年间已累计演出 6 700 余场，观演人数 450 万人次，连续七年跻身全国最受游客喜爱的旅游演艺项目十强。2017 年、2018 年，连续两年演出收入过亿元；2020 年，被评为"中国十大独立剧场演艺"之首；2023 年 1 月，上榜 2019—2022 年文化演艺型景区 TOP10。

## 二、旅游演艺的基本特性

### （一）主要特征

旅游演艺的主要特征包括八项，分别是文化性、异地性、周期性、娱乐性、交互性、艺术性、观赏性、衍生性。

#### 1. 文化性

文化性是旅游演艺的关键属性。旅游演艺是文化和旅游融合发展的重要载体，从剧院演出到实景演出，再到沉浸式互动演出，丰富创新的表现形式为广大游客提供了历史文化、红色文化和时尚文化等多元文化体验。以文塑旅、以旅彰文是时代要求，也是文化参与旅游的初心、指归。

#### 2. 异地性

异地性是旅游演艺的空间属性。旅游演艺是从旅游表演、旅游演出发展而来的，从旅游者的视角出发，其主要功能就是为游客展示地域风情的艺术表演，因此，旅游演艺必须具有异地性的特质，才能吸引游客观看。反过来，观看演出的大部分观众，也是"异地"而来的游客，是为了体验当地给"异客"建构"原真性"的旅游表演。让游客通过"凝视主体"和"凝视对象"之间社会权力关系的操作与展演，体验"异地性"。

#### 3. 周期性

周期性是旅游演艺的时间属性。旅游演艺产品与一般公共文化演艺产品最大的区别就是周期性，一般公共文化产品只进行几场演出，或者巡演，演出场次较少。而旅游演艺则是定时、长期的演出产品。其原因在于旅游演艺前期投入较大，固定成品相对较高，而且移动性较弱，后期人员维护成本较高，因此需要固定的、长期的演出来保障项目的运行，从而获得营业性收益。

4. 娱乐性

娱乐性是旅游演艺的核心属性。旅游演艺是为旅游者提供休闲娱乐的精神文化产品，其本质就是为大众提供消遣服务的旅游表演产品。我国已全面进入大众旅游时代，旅游演艺应发挥"乐民"的作用，建构亿万人民迈向共同富裕道路上具有时代特征的幸福产业、阳光产业、快乐产业。让人民在快乐当中体验生活的纯真，感受生命的美好。

5. 交互性

交互性是旅游演艺的时代属性。大众旅游时代，人民已经不满足原来的"走马观花""上车睡觉，下车拍照"模式，开始想要通过"体验"来融入当地社会，去感受、理解，最终参与、认同当地人文风情、风俗习惯。"沉浸式交互体验突破了演员、观众和舞台之间的界限，观众不再被局限在座位上，而是可以在场景中自由地参与剧情发展。观众和演员合二为一共同推动故事发展，更加强调互动和参与。"[①] 以王潮歌为代表的旅游演艺导演，通过《只有峨眉山》《只有爱》《只有河南》《只有红楼梦》等旅游演艺作品，不断建构"交互演艺"的多重模态呈现方式。

6. 艺术性

艺术性是旅游演艺的内在属性。当今社会是一个多元社会，人的消费场景不断被颠覆，其不变的核心就是艺术性，艺术即审美，是人认识世界、改造世界的高级产物，艺术是一种精神创造，它带给人的同样是一种精神产物，而这种精神产物却带有"净化"特性，人通过艺术提高审美，而艺术通过人得到升华，因此，旅游演艺在满足娱乐性的同时，必须坚持艺术性，以此来实现思想精深、艺术精湛、制作精良的时代作品。

---

① 刘丽珺，张继焦. 新古典"结构-功能论"视角下文化遗产在文旅演艺中的构建关系 [J]. 广西民族大学学报（哲学社会科学版），2022，44（6）：128-136.

7. 观赏性

观赏性是旅游演艺的外在属性。旅游演艺是视觉艺术，游客进入旅游演艺"场域"第一个直观的印象，就是来自视觉冲击的，以视觉为主体，带动其他知觉协同参与，从视觉输入转变为记忆存储。另外，观赏性还强调演艺故事明了，层次明晰，节奏明快，主题明确，易于理解，让观众可观、可赏。

8. 衍生性

衍生性是旅游演艺的产业属性。旅游演艺要形成以演艺产品为核心的产业链，打通上下游产业集群，通过核心产业、支持产业、配套产业、衍生产业，打造旅游演艺业产业链。衍生性的核心要求就是创新，和文化结合就产生了文创产品，因此，要坚持创新机制，完善品牌矩阵搭建，衍生符合旅游演艺规模化、品牌化、市场化的出版物、工艺品、音像制品、纪念品、潮流玩具等相关产品。

## （二）类型划分

根据研究视角的不同，可将旅游演艺按以下七种方式进行划分。

1. 按规模

旅游演艺按规模体量可以分为大型、中型与小型。大型旅游演艺主要体现在场地空间大，涉及协调部门广泛，演出人数在100人以上，一般多见于室外实景演出；中型旅游演艺主要体现在场地适中，演出场次相对集中，需区域性协调，演出人数在50~100人左右，一般多见于室内实景演出；小型旅游演艺主要体现在场地相对灵活，演出机动性强，演出人数在50人以下，一般多见于沉浸式演出、景区快闪和"点阵式"配合主景观的演出。

2. 按属性

旅游演艺按属性可以分为山水实景式旅游演艺、沉浸式旅游演艺、交互式旅游演艺。山水实景式旅游演艺主要以"此山、此水、此人"艺术原则为核心要素，以当地自然、历史、民俗等旅游文化资源为主要内容，通过各种表演艺术形式展现当地文化特色及文化精神的演出活动。[①]《印象·刘三姐》就属于山水实景式旅游演艺。沉浸式旅游演艺主要通过环境氛围营造及演职人员表演还

---

① 黎学锐. 山水实景演出的概念界定[J]. 歌海，2016（1）：48-51.

原故事真实场景，为游客打造"另一个时空"。《又见平遥》属于沉浸式旅游演艺。交互式旅游演艺则通过全景式的视、触、听、嗅觉交互体验，从多方位、全角度调动参与者的注意力来建立和创造一种前所未有的参与感和联系感，使游客有一种"身临其境"的感觉。《知音号》属于交互式旅游演艺。

3. 按题材

旅游演艺按题材可分为自然题材、历史题材、民间传说题材、传统文化题材、革命文化题材等。自然题材主要依托优美的自然风光，展示当地独特的自然条件，如贵州雷山县《西江盛典》依托大塘景区原始苗寨风貌和周边的自然景观，全景再现了苗族儿女在祖先蚩尤带领下的迁徙史、发展史，是一台气势磅礴的苗族文化盛宴。历史题材主要依托丰厚的文化底蕴，展示当地独特的人文景观，如陕西西安《长恨歌》以白居易传世名篇《长恨歌》为蓝本，将历史故事与实景演出相结合讲述唐明皇与杨贵妃的感情故事。民间传说题材主要指人物传说、历史事件传说和地方风物传说三个类别，如湖南张家界《天门狐仙·新刘海砍樵》以湖南家喻户晓的民间故事和花鼓戏《刘海砍樵》为依托，运用高科技手段进行了艺术再创造，讲述了一个悲伤与欢乐、笑容与泪水交加的曲折动人的故事。传统文化题材和革命文化题材都是中华文化的重要组成部分，这部分题材的数量也是最多的，如《禅宗少林·音乐大典》《浪淘沙·北戴河》《井岗·井岗》《长征第一渡》等。

4. 按艺术门类

旅游演艺按艺术门类可以分为舞蹈型旅游演艺、戏剧型旅游演艺、音乐剧型旅游演艺。舞蹈型旅游演艺主要指以舞蹈为本体，其他表演艺术形式辅助进行表演的形式，如贵州丹寨《锦绣丹寨》、云南丽江《印象丽江》等。戏剧型旅游演艺主要以戏剧为主体，运用戏剧结构进行实景演出，演员的台词、戏剧表演较多，如河南郑州《只有河南·戏剧幻城》、河北廊坊《只有红楼梦》。音乐剧型旅游演艺主要以歌、舞、剧融合为主体，汲取世界丰富的音乐文化元素和肢体表现形式，是用唱、跳来演绎故事的一种艺术形式，如湖南张家界《天门狐仙·新刘海砍樵》。

5. 按移动性

旅游演艺按移动性可分为驻场式、巡演式、驻场加巡演式。驻场式主要指长期固定的演出场所，目前绝大多数旅游演艺都是驻场式。巡演式通常采用巡回演出的形式来展示当地风情，如以杨丽萍为代表的《云南映像》，新疆歌剧舞剧院的《掀起你的盖头来——新疆是个好地方》。驻场加巡演式是采用驻场式与巡演式结合的方法，如《又见国乐》《风中少林》等。

### 6. 按场地类型

旅游演艺按场地类型可分为室外演出和室内演出两种形式。室外演出包含山水实景演出（如《鼎盛王朝·康熙大典》）、主题公园广场演出（如《宋城千古情》景区快闪）、历史人文街区演出、城市综合体演出等。室内演出包含专业剧场演出（如《又见平遥》）、宴饮场所演出（如《仿唐乐舞》）、沉浸体验演出（如《长安十二时辰》）。

### 7. 按演出主体

旅游演艺按演出主体可分为演员型和科技型两种形式。演员型旅游演艺是以演员表演为主体，其他科技形式配合完成演出，目前绝大部分旅游演艺都是以演员表演为主体。科技型旅游演艺是以展示科技手段为主要形式，演员数量较少，通过"点阵式"配合主景观演出，主要通过视觉震撼、超现实体验刺激观众，如《拈花湾·禅行》。

## 第二节 河北长城旅游演艺开发理念

在开发河北长城旅游演艺项目时，我们要先找准定位，厘清建设开发思路。要按照党中央关于长城重大文化工程建设的要求，读懂吃透《长城、大运河、长征国家文化公园建设方案》的文件内涵。

### 一、国家对长城文化建设的定位

2019年7月24日，习近平主持召开中央全面深化改革委员会第九次会议，审议通过了《长城、大运河、长征国家文化公园建设方案》（以下简称《方案》），正式提出建设"国家文化公园"战略。2019年9月30日，中共中央办公厅、国务院办公厅印发了《方案》，并发出通知，要求各地区各部门结合实际认真贯彻落实。① 这个文件的通过，标志着国家文化公园建设正式启动。国家建设长城文化公园是一项重大的文化工程，是党中央推动新时代文物和文化资源保护传承利用的战略决策。因此，在开发河北长城旅游演艺项目时，我们首先要了解中央的指导思想，而后确定河北省长城旅游演艺的开发理念。

（一）指导思想

《方案》明确指出，国家文化公园建设以习近平新时代中国特色社会主义思想为指导，全面贯彻党的十九大精神，以长城、大运河、长征沿线一系列主题明确、内涵清晰、影响突出的文物和文化资源为主干，生动呈现中华文化的独特创造、价值理念和鲜明特色，促进科学保护、世代传承、合理利用，积极拓展思路、创新方法、完善机制，做大做强中华文化重要标志。

（二）《方案》解读

从《方案》的指导思想上，我们可以解读出以下几点信息。

第一，国家文化公园是在党的领导下进行的国家级的文化工程。长城国家文化公园建设是中央推动新时代文物和文化资源保护传承利用的战略性决策部署，《国家"十三五"时期文化发展改革规划纲要》（以下简称《纲要》）提出："我国将依托长城、大运河、黄帝陵、孔府、卢沟桥等重大历史文化遗产，规划建设一批国家文化公园，形成中华文化的重要标识。"《纲要》还提出："坚持把社会效益放在首位、经济效益和社会效益相统一，全面推进文化发展改革，全面完成文化小康建设各项任务，建设社会主义文化强国，更好构筑中国精神、中国价值、中国力量、中国贡献，为实现'两个一百年'奋斗目标、实现中华民族伟大复兴的中国梦奠定更加坚实的思想文化基础。"党的十九大报告明确指出："文化是一个国家、一个民族的灵魂""坚定文化自信，推动社会主义文化繁荣兴盛""推动文化事业和文化产业发展""加强文物保护利用和文化遗产保护传承"。总之，这些文件的出台正是国家文化公园建设的指导思想源泉。

第二，坚持文物和文化资源的主体性。《方案》指出，以长城沿线一系列主题明确、内涵清晰、影响突出的文物和文化资源为主干。长城国家文化公

---

① 中国政府网.中共中央办公厅、国务院办公厅印发《长城、大运河、长征国家文化公园建设方案》[EB/OL].（2019-12-05）[2023-06-22].http：//www.gov.cn/zhengce/2019-12/05/content_5458839.htm.

园建设，核心吸引物应该是长城遗存（物质）和长城文化（非物质）。长城历经2 000多年，延绵数万里，时空跨度长，分布范围广，是我国乃至世界体量最大、分布最广的具有线性特征的军事防御体系遗产。

2012年国家文物局完成了长城资源认定，根据认定，我国长城墙壕遗存总长度21 196.18千米，各类长城资源遗存总数43 721处（段/座），其中墙体10 051段，壕堑/界壕1 764段，单体建筑29 510座，关、堡2 211座，其他遗存185处。① 这么大体量、静态的长城遗址需要我们甄别出具有代表性的主干部分；长城沿线还分布着数量巨大的文化遗产，长城沿线404个县共拥有世界文化遗产7项，国家非物质文化遗产366项，国家历史文化名城14座，国家历史文化名镇27座，全国重点文物保护单位910处。此外，长城沿线还保存有大量的长城村落，保留了许多与长城有关的名人轶事、民俗节庆等。这么大体量、活态的长城文化资源，同样需要我们甄别出具有代表性的主干部分。

对于长城主体，我们如何寻找"主题明确、内涵清晰、影响突出"的长城资源，笔者认为应该探寻长城所携带着的深厚中华文化基因，这种基因可以理解为一种精神。那就是由"长城精神"所代表的团结统一、众志成城的爱国精神，坚韧不屈、自强不息的民族精神，守望和平、开放包容的时代精神。这种精神恰恰就是中华民族的精神。

第三，对长城遗存和长城文化资源进行创造性转化和创新性发展。《方案》提出，要生动呈现中华文化的独特创造、价值理念和鲜明特色。长城文化带自东向西分布着辽东文化、燕赵文化、三晋文化、关中文化、陇右文化，这些文化是中华文化的重要组成部分，要想生动呈现中华文化的独特性、价值性、特色性，最优的办法就是文旅融合。以文塑旅，以旅彰文，将长城遗存和长城文化资源与旅游结合在一起进行创造性转化和创新性发展，让文物与文化"活"起来。

2013年12月，习近平在中共中央政治局第十二次集体学习时强调，要系统梳理传统文化资源，让收藏在禁宫里的文物、陈列在广阔大地上的遗产、书写在古籍里的文字都活起来。这是总书记第一次提出文物"活"起来的观点。

---

① 国家文物局. 中国长城保护报告[EB/OL].（2016-11-30）[2023-06-22]. http://www.ncha.gov.cn/art/2016/11/30/art_722_135294.html.

2014年3月,习近平在巴黎联合国教科文组织总部发表演讲时再次提出,中国人民在实现中国梦的进程中,将按照时代的新进步,推动中华文明创造性转化和创新性发展,激活其生命力,把跨越时空、超越国度、富有永恒魅力、具有当代价值的文化精神弘扬起来,让收藏在博物馆里的文物、陈列在广阔大地上的遗产、书写在古籍里的文字都活起来,让中华文明同世界各国人民创造的丰富多彩的文明一道,为人类提供正确的精神指引和强大的精神动力。

长城是中华民族的精神象征,影响和塑造着中国人的思维方式、审美意识和情感表达。推动长城国家文化公园建设,就是让文物说话、让历史说话、让文化说话。用文旅融合的方式生动呈现中华文化的独特创造、价值理念和鲜明特色,推动中华优秀传统文化的创造性转化和创新性发展。

第四,科学保护与开发,塑造国家形象。《方案》提出,促进科学保护、世代传承、合理利用,积极拓展思路、创新方法、完善机制,做大做强中华文化重要标志。科学保护与开发长城的根本目的,就是为了塑造新时代国家形象,让长城成为中华文化的重要标志。

国家形象作为一个国家综合实力的集中体现,表征着一个国家在国际社会的地位和作用,影响着国家的安全和发展。[1]掌握了国家形象的制造权,有利于拥有国际社会的话语权,掌握国际竞争的主动权,就可以较小的成本取得最大的利益。新时代的中国需要什么国家形象呢?本书认为应从安全、经济、政治、文化、生态几个维度进行考量,应把中国塑造成爱好和平、维护和平的安全形象,塑造成科学发展、共同发展的经济形象,塑造成民主、法治、平等、负责任的政治形象,塑造成开放、繁荣、多样、包容的文化形象,塑造成人与自然和谐、山青水绿的生态形象。长城形象是国家形象的有力组成部分,长城就是中华文化的重要标志。换言之,长城所代表的长城文化价值与长城精神内涵,彰显着中华文化所代表国家形象的持久影响力、感召力和生命力。

（三）归纳总结

综上所述,"明思想—抓主干—用方法—促转化—塑形象"是长城国家文化公园建设指导思想的核心。长城国家文化公园的建设是一项重大的国家文化

---

[1] 康绍邦.塑造符合国情和时代特征的国家形象[J].学习月刊,2010(25):46.

工程，也是中央在推动新时代文物资源保护、传承和利用方面的战略性决策部署。《方案》通过对长城文化遗产的保护和开发，运用多维方法与手段，对长城遗存和长城文化资源进行创造性转化和创新性发展，形成一个国家公共文化活动空间，从而将长城打造成中华文化的重要标志，最终强化"中华优秀传统文化的持久影响力、革命文化的强大感召力、社会主义先进文化的强大生命力"[①]。

## 二、河北长城旅游演艺开发理念

根据国家指导《方案》，河北长城旅游演艺开发理念主要包含五个方面，分别是：第一，以传承中华文化为导向；第二，以保护文化遗产为底线；第三，以深化长城精神为核心；第四，以增强交互体验为重点；第五，以创新演艺形式为目标，具体内容如下。

### （一）以传承中华文化为导向

近代大儒钱穆先生说过："所谓对其本国历史略有所知者，尤必附随一种对本国以往历史之温情与敬意。"在传承中华文化过程中，首要的任务是深入挖掘和阐发"讲仁爱、重民本、守诚信、崇正义、尚和合、求大同"等中华优秀传统文化资源。其次，深度挖掘河北长城文物和文化资源的内在精髓，充分展现中华民族伟大的创新、奋斗、团结和梦想精神，以彰显新时代的光彩。再次，坚定不移地推进社会主义先进文化的发展方向，对河北长城现有的文化遗产资源进行系统整合，特别是对历史区域中关键、独特的文化遗产进行重点挖掘和开发，挖掘能够呈现时代记忆的历史文化信息，可以帮助人们更好地了解国家历史、重温过去、增强文化自信。

### （二）以保护文化遗产为底线

中华文明源远流长，孕育着丰富的线性文化遗产。但目前我国的历史文化遗产保护仅关注单体文化遗产、历史街区和历史文化名城等有限范围，缺少区域化国家遗产的保护架构。为此，我们需要采取创新性的措施建立国家文化公园，以重大历史文化遗产——长城为核心，坚持"保护为主、抢救第一、合理利用、加

---

[①] 人民网.探索新时代文物和文化资源保护传承利用新路[EB/OL].(2019-12-06)[2023-06-22]. http://politics.people.com.cn/n1/2019/1206/c1001-31492633.html.

强管理"的方针,全面保护国家文化遗产及其周边环境,从而实现文化遗产的可持续发展,让这些宝贵的文化遗产得以在现代社会中焕发新的生机和活力。旅游演艺生产要在严格执行《中华人民共和国文物保护法》等有关法律法规、认真履行《保护世界文化和自然遗产公约》的基础之上,突出活化传承和合理利用。

### (三)以深化长城精神为核心

长城所携带着的深厚中华文化基因,已成为中华民族的精神象征,影响和塑造着中国人的思维方式、审美意识和情感表达。在长城两万余公里的弧形文化带上,自东向西分布着辽东文化、燕赵文化、三晋文化、关中文化、陇右文化。[①]透过这些文化,我们能看到长城精神背后所包含的"团结统一、众志成城的爱国精神;坚韧不屈、自强不息的民族精神;守望和平、开放包容的时代精神"。当前,我们对长城精神进行梳理,提炼和挖掘长城文化的核心价值,从当代的视角去审视长城的历史,深入理解长城精神,并关注长城文化在新时代的语境下所进行的创造性转化和创新性发展。换言之,长城、长城精神和长城文化是中华民族的精神象征和中国文化的标志。作为旅游演艺产业的重要内容,其需要不断向世界传达中华文明的核心价值。同时,我们也需要世代坚守、传承和保护这一文化遗产。

### (四)以增强交互体验为重点

随着我国社会发展水平的不断提高以及大众旅游文化市场的深入拓展,文化旅游已成为当下社会经济必不可少的文化消费之一,旅游的目的不再局限于简单的旅游观光,而是更加重视旅游体验、文化需求和记忆认同等深层次需求。因此,在开发长城旅游演艺时,要摆脱传统"你演我看"的单向传播模式,可利用动捕技术、全息投影、VR(虚拟现实)、AR(增强现实)、MR(混合现实)、XR(扩展现实)等制造沉浸感,增强交互体验的应用,让沉浸模式通过双向互动让游客更好地感受文化内涵,强化旅游的体验和记忆,用游客喜欢的互动方式,彰显出长城的底蕴和特色,让人们在休闲娱乐的同时也能共享科技发展成果。另外,互动体验是新时代观演新方式,国家也大力支持"虚拟现实、增强现实等技术在文化领域的应用,支持文化文物单位、景区景点等运

---

① 王玉玉,谷卿,刘先福. 长城文化论纲 [J]. 艺术学研究,2021(1):20-32.

用文化资源开发沉浸式体验项目，开发沉浸式旅游演艺、沉浸式娱乐体验产品等"①。

### （五）以创新演艺形式为目标

党的二十大报告指出，我国社会所面临的主要矛盾是人民日益增长的美好生活需要和不平衡不充分的发展之间的矛盾。这种判断不仅为国家未来长期的战略规划提供了重要的基础，也为我国文化建设和文化产业的发展提供了理论支持和逻辑基础。随着我国经济进入了新常态，文化产业发展中出现了一系列新的问题和矛盾，其中最突出的问题是"供需错位"。要解决这一问题，需从供给端入手，创新出更高质量的文化产品和服务，以满足人民日益增长的精神文化需求。同样，旅游演艺改革创新的最终目的，就是为了突出长城文化资源的创造性转化和创新性发展，以中国长城元素为选材和以百姓生活为视角的旅游演艺作品的创作生产为基础，打造中华文化重大标志。因此，我们既要强化全球视野、中国高度、时代眼光，又要破除制约性瓶颈和深层次矛盾。既着眼长远又立足当前，既尽力而为又量力而行，务求符合基层实际、得到群众认可、经得起时间检验，将长城打造成为民族性世界性兼容的国家文化名片。

## 第三节 河北长城旅游演艺开发原则

在了解了河北长城旅游演艺开发思路后，我们要考虑以下开发原则问题。开发思路是解决旅游演艺路线的问题，而开发原则是告诉我们在开发旅游演艺时必须坚守的底线。我们首先来看国家的原则要求，然后确定河北省长城旅游演艺开发原则。

### 一、国家对长城文化开发的基本原则

《长城、大运河、长征国家文化公园建设方案》提出，要坚持保护优先、强化传承，文化引领、彰显特色，总体设计、统筹规划，积极稳妥、改革创

---

① 中国政府网.中共中央办公厅 国务院办公厅印发《关于推进实施国家文化数字化战略的意见》[EB/OL].（2022-05-22）[2023-06-22].https：//www.gov.cn/zhengce/2022/05/22/content_5691759.htm.

新,因地制宜、分类指导五项基本原则。2021年8月,国家文化公园建设工作领导小组印发《长城国家文化公园建设保护规划》(以下简称《规划》),进一步将《方案》细化为四大原则,即"核心点段支撑、线性廊道牵引、区域连片整合、形象整体展示"原则。

### (一)保护文化遗产

《方案》第一项原则是保护优先,强化传承。这是长城国家文化公园建设的核心任务。在《规划》里则体现为核心点段支撑,《方案》提出保护和传承的着力点就是找到长城核心点段,突出长城核心点段的活化传承和合理利用。

### (二)彰显文化特色

《方案》第二项原则是文化引领,彰显特色。这是长城国家文化公园建设的本质要求。在《规划》里则体现为形象整体展示,深入挖掘长城文物和长城文化资源的精神内涵,就是要彰显长城文化特色;彰显文化特色,就是为了塑造长城整体形象;塑造长城整体形象,就是为了"充分展示长城所代表的中华民族伟大创造精神、伟大奋斗精神、伟大团结精神和伟大梦想精神,让长城文化焕发新时代风采"[①]。

### (三)统一规划管理

《方案》第三项原则是总体设计,统筹规划。这是长城国家文化公园建设的外在形式。在《规划》里则体现为区域连片整合,长城国家文化公园是一个线性文化展示区,牵涉15个省(自治区、直辖市),因此,我们需要坚持规划先行,在统筹考虑不同省市的资源禀赋、公众需求时,要寻求最大公约数,促进区域的整合,充分发挥长城文物和长城文化资源的综合效应。

### (四)促进改革创新

《方案》第四项原则是积极稳妥,改革创新。这是长城国家文化公园建设的发展目标。在《规划》里则同样体现为形象整体展示,改革创新的最终目的,就是为了突出长城文化资源的创造性转化和创新性发展,打造中华文化重大标志。因此,我们既要强化全球视野、中国高度、时代眼光,又要破除制约性瓶颈和深层次矛盾。既着眼长远又立足当前,既尽力而为又量力而行,务求

---

① 人民网.探索新时代文物和文化资源保护传承利用新路[EB/OL].(2019-12-06)[2023-06-22]. http://politics.people.com.cn/n1/2019/1206/c1001-31492633.html.

符合基层实际、得到群众认可、经得起时间检验，将长城国家文化公园打造为民族性世界性兼容的国家文化名片。

### （五）强化分类指导

《方案》第五项原则是因地制宜，分类指导。这是长城国家文化公园建设的组织形式。在《规划》里则体现为线性廊道牵引，长城国家文化公园是横跨东西的展示带，404个县域横贯两边。因此，"我们要充分考虑地域广泛性和文化多样性、资源差异性，以线性廊道为牵引，因地制宜，实行差别化政策措施。有统有分、有主有次，分级管理、地方为主，最大限度调动各方积极性，实现共建共赢"①。

## 二、国家对长城文化开发的主要目标

《方案》对国家文化公园建设主要目标作出明确规定。长城国家文化公园计划用2年左右的时间建设完成，也就是从2019年到2021年。"通过建设使长城、沿线文物和文化资源保护传承利用协调推进局面初步形成，权责明确、运营高效、监督规范的管理模式初具雏形，形成一批可复制推广的成果经验，为全面推进国家文化公园建设创造良好条件。"②

《方案》明确国家文化公园根据文物和文化资源的整体布局、禀赋差异及周边人居环境、自然条件、配套设施等情况，结合国土空间规划，重点建设管控保护区、主题展示区、文旅融合区、传统利用区四类主体功能区。

### 1. 管控保护区

由国家、省市文物保护单位负责。保护长城文化遗址相关物质、非物质遗产，对长城文物本身和周边环境实施严格的保护和管控措施。

### 2. 主题展示区

这部分是长城国家文化公园主要展示区域，也是人民群众观光游览的主要区域。包括核心展示园、集中展示带、特色展示点三种形态。河北秦皇岛

---

① 人民网.探索新时代文物和文化资源保护传承利用新路[EB/OL].(2019-12-06)[2023-06-22]. http：//politics.people.com.cn/n1/2019/1206/c1001-31492633.html.

② 新华每日电讯.集中打造中华文化重要标志，长城国家文化公园这样建[EB/OL].(2021-10-28)[2023-06-22].http：//www.xinhuanet.com/mrdx/2021-10/28/C-1310275206.html.

长城核心展示园主要由山海关中国长城文化博物馆构成，其选址在河北省秦皇岛市山海关区，北靠角山长城，南依"天下第一关"。符合国家提出"由开放参观游览、地理位置和交通条件相对便利的国家级文物和文化资源及周边区域组成"的要求，是参观游览和文化体验的主体区。"集中展示带以核心展示园为基点，以相应的省、市、县级文物资源为分支，汇集形成文化载体密集地带，整体保护利用和系统开发提升。"① 河北省修建的长城旅游公路就具备展示带功能，它东起山海关，西迄张家口，穿越4市18个县（区），干线全长566.9千米，支线71条1 188.8千米，构筑长城文化与燕山风光带，是"草原天路"之后又一美景公路。特色展示点布局分散但具有特殊文化意义和体验价值，适用于非物质文化遗产展示宣传、研学旅游、青少年校外实践基地等，用来满足大众化参观游览体验。

3. 文旅融合区

文旅融合区是民营企业、社会机构需要重点考虑、参与打造的融合示范区，其目的是建设文旅项目、文旅产业。"该区由主题展示区及其周边就近就便和可看可览的历史文化、自然生态、现代文旅优质资源组成。"② 长城国家文化公园山海关段，就充分利用区位优势，在山海关中国长城文化博物馆周围，构建长城国家文化产业园，"利用长城文物和长城文化资源外溢辐射效应，打造文化旅游深度融合发展长城国家文化公园示范区"③。

4. 传统利用区

传统利用区与人民群众接触最近，是我们日常起居、朝夕相处的生活生产区域，也是最能有"烟火气"的地方。这个"区域应当合理保存传统文化生态，以人民为中心，发展符合大众审美需求的文化旅游、特色生态产业，适当

---

① 人民网. 集中打造中华文化重要标志 科学绘制长城国家文化公园建设蓝图 [EB/OL].（2021-10-28）[2023-06-22].http：//baijiahao.baidu.com/s？id=171480074455791614 & wfr=spider & for=pc.

② 人民周刊网. 国家文化公园怎么建 [EB/OL].（2021-09-08）[2023-06-22].https：//www.peopleweekly.cn/html/2021/guojiagongyuan_0908/87767.html.

③ 长城国家文化公园网. 马头行处即长城：对话长城专家董耀会 [EB/OL].（2021-05-12）[2023-06-22].http：//changcheng.ctnews.com.cn/2021/05/12/content_103867.html.

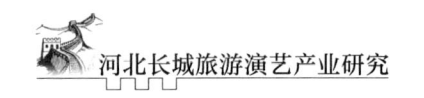

控制生产经营活动，逐步疏导不符合建设规划要求的设施、项目等"①。

总而言之，管控保护区、主题展示区、文旅融合区、传统利用区四类主体功能区是长城国家文化公园建设的主要内容。其核心就是以人民为中心，提高人民参与感、获得感与幸福感，让国家文化可看、可观、可感。既看得见文物，又记得住乡愁，通过打造集体记忆，着力将长城国家文化公园打造为弘扬民族精神、传承中华文明的重要标志。

### 三、国家对长城文化开发的主要举措

建设长城国家文化公园的关键是集中实施一批标志性工程，《方案》提出，要聚焦5个关键领域实施基础工程。

1. 推进保护传承工程

实施长城修缮保护项目，对重点长城文物进行预防性和主动性的保护措施。同时，我们也要提高长城文化的传承活力，分级分类建设完善展示体系，利用主题活动，因地制宜开展宣传教育，鼓励有条件的地方打造旅游演艺。

2. 推进研究发掘工程

加强长城文化研究，突出"万里长城"整体辨识度。结合新时代特点，整理长城沿线的文物和文化资源，包括重要事件、人物和故事。

3. 推进环境配套工程

修复长城沿线环境，改善旅游交通，健全游客标准化服务体系，推出长城国家文化公园的形象标志，以连线成片的方式呈现，打造一个广为人知的视觉形象识别系统。

4. 推进文旅融合工程

对优质文化旅游资源推进一体化开发。打造一批文旅示范区，围绕长城周边的自然风光特色，发展生态文化旅游，推广文化旅游商品，扩大文化供给。

5. 推进数字再现工程

加强数字基础设施建设，利用现有设施和数字资源，建设长城国家文化公园官方网站和数字云平台，将文物和文化资源进行数字化展示，并进行历史文

---

① 人民网.探索新时代文物和文化资源保护传承利用新路[EB/OL].(2019-12-06)[2023-06-22]. http://politics.people.com.cn/n1/2019/1206/c1001-31492633.html.

化内容的数字化传播，打造一个永不落幕的网上空间。

作为长城资源大省，2021年12月河北省印发了《长城国家文化公园（河北段）建设保护规划》（以下简称《规划》），《规划》以明长城为主线，按照国家规定四项基本原则，沿燕山、太行山脉构建"两带、四段、多点"空间布局和展示体系，重点建设四类主体功能区，实施保护五大工程；将山海关段、金山岭段、大境门段和崇礼段等四个建设保护利用相对成熟、景观与文化价值高、集中体现长城精神的区段作为近期打造的重点区段，通过先试先行，推出一批可复制推广的成果经验；划定840平方千米的管控保护区，规划建设山海关、金山岭、大境门三大核心展示园，42条集中展示带、258个主题展示点、22个文旅融合区和3类传统利用区，构建内涵清晰、功能明确、重点突出的建设保护整体格局。

建设长城国家文化公园是近年来党中央、国务院作出的重大决策部署和国家推进实施的重大文化工程。"建立符合新时代要求的长城保护传承利用体系，着力将长城国家文化公园打造为弘扬民族精神、传承中华文明的重要标志是工作的重中之重。"[①] 长城国家文化公园的建成，对于"进一步坚定文化自信，充分彰显中华优秀传统文化持久影响力、革命文化强大感召力、社会主义先进文化强大生命力将产生广泛而深远的影响"[②]。

## 四、河北长城旅游演艺开发原则

根据国家建设原则、目标和举措要求，河北长城旅游演艺开发原则主要包含五个方面，分别是：特色化原则、艺术化原则、创新化原则、品牌化原则、产业化原则，具体如下。

### （一）特色化原则

特色化是旅游演艺开发的本质要求。特色化的首要体现就是差异性，即旅游

---

① 深圳特区报. 长城国家文化公园：中华龙跨越十五省区市气吞万里 [EB/OL].（2022-11-22）[2023-06-22].https：//baijiahao.baidu.com/s？ id=1750163216724568796 & wfr=spider & for=pc.

② 人民网. 探索新时代文物和文化资源保护传承利用新路 [EB/OL].（2019-12-06）[2023-06-22]. http：//politics.people.com.cn/n1/2019/1206/c1001-31492633.html.

演艺企业提炼产品的差异，以消费者认可的形式展现出来；而特色化的本质要求是让消费者产生偏好。产生偏好的过程就是特色化的本质要求。河北长城资源丰富，在旅游演艺开发时，一定要找到本地旅游演艺产品与其他城市旅游演艺产品的差别，利用地域广泛性、文化多样性、资源差异性来体现演艺产品特色化。

### （二）艺术化原则

艺术化是旅游演艺开发的表现特征。艺术的本质就是通过某种特定的媒介符号来"反映和描述事物及其价值关系的运动与变化过程，从而对人的情感、知识和意志进行交流、诱导、感化和训练"[①]。艺术作品作为一种精神产品，与旅游演艺产品一样，是服务观众的一种审美商品，具有无限发展的趋势，并在整个社会产品中占有越来越大的比重。旅游演艺作品追求的精神价值，可以通过艺术化实现，其目的"在于调节、改善、丰富和发展人的精神生活，提高人的精神素质（包括认知能力、情感能力和意志水平）"[②]。旅游演艺作品在创作时，一定要抓住艺术的本质，用艺术提升创作的水准，用艺术感化观众的心灵，将旅游演艺产品艺术化，使之成为"净化"身心的"独门秘籍"。

### （三）创新化原则

创新化是旅游演艺开发的核心要求。创新是一个民族的灵魂，是推动人类社会进步的"原动力"。创新是指把一种新的生产要素和生产条件的"新结合"引入生产体系，[③]旅游演艺的发展就是一个新生产体系的创新成果。当今世界，全球化浪潮席卷而来，各种资讯纷至沓来，消费需求渐趋多元，游客在观看旅游演艺作品时已不再满足于置身事外，更加注重演出的新鲜感、体验感和互动性，无创新的事物会让观众的视觉出现疲劳。因此，唯有把创新当成第一生产力，针对市场不断提高旅游演艺企业的创作、服务水平，才能保持旅游演艺企业立于不败之地。同时，创新是多方面的，包括管理制度创新、技术创新、文化创新。因此，要把创新放在核心位置，进行统筹规划，形成体系化创新格局，推进业态模式创新。

---

① 徐少华，李佐彬. 试论艺术生产的价值论维度 [J]. 大众文艺，2012（12）：131.
② 祖睿之. 试析卡通形象商业插画中蕴含的情感寄托 [J]. 太原师范学院学报（社会科学版），2012，11（2）：128-129.
③ 创新一词最早由哈佛大学教授熊彼得在1912年提出。

### （四）品牌化原则

品牌化是旅游演艺开发终极目标。品牌是一个产品的标识，是企业立足于市场的一个身份，是顾客购买的第一印象。品牌的内涵包括知名度、品质认可度、品牌联想、溢价能力、品牌忠诚度。旅游演艺项目开发必须坚持品牌化原则，只有品牌化后，才能够凭着其与众不同的内容，自带话题势能，自行散播，产生口碑，最终进到消费者或客户的生活中，最后推动业绩的提高，做到商业变现。品牌的背后需要旅游演艺企业提升创作生产水平、推进业态模式创新、壮大演艺经营主体、实现旅游演艺品牌经营。

### （五）产业化原则

产业化是旅游演艺开发的链化要求。当旅游演艺品牌化后，就要扩大品牌优势，形成品牌 IP，延伸到产业的上下游，形成旅游演艺产业链。打通核心产业（旅游演艺节目策划制作、舞台设计、人员演出、灯光、音响、舞台机械、威亚、服装、道具、化妆）、支持产业（高科技演艺设备企业、金融业、传媒业）、配套产业（餐饮业、住宿业、娱乐业、休闲商业）、衍生产业（印刷出版物、工艺品制造业、音像制品、纪念品、潮流玩物）之间的藩篱，利用品牌效应，"要着力推动旅游演艺企业提升基础固链、技术补链、融合强链、优化塑链的能力，不断增强产业链韧性和竞争力，在现代产业体系构建中更好发挥支撑引领作用"[①]。

长城是人类历史上宏伟壮丽的建筑奇迹和无与伦比的人文景观，是中华民族的精神象征，是世界认识中国最直观的"国家名片"，是中国文化和世界交流互鉴的有效载体，是全人类共同的文化财富。

---

① 中国政府网.国资委召开中央企业现代产业链链长建设工作推进会 [EB/OL].（2022-05-19）[2023-06-22].http：//www.gov.cn/xinwen/2022/05/19/content_5691298.html.

# 第二章　河北长城旅游演艺资源赋存

## 第一节　河北长城旅游演艺资源赋存概述

河北境内的长城修建历经战国、汉、北魏、北齐、唐、金、明等朝代，明朝时期，河北长城成为直接与北方游牧民族接壤的边塞，同时也是守护京畿的重要屏障。统治者极其重视长城的修建工程。明长城在河北境内的建筑工艺精湛，形态存留较为完整，其地理走向可以分为两道：一道是外长城，另一道是内长城，整体来看，河北段明长城穿越其沿线秦皇岛、唐山、承德、张家口、保定、廊坊、石家庄、邢台、邯郸9市和雄安新区。本节对河北长城旅游演艺资源的考量，建立在田野调查、资料收集和相关文献整理基础上，对河北地区旅游演艺资源从分类、名称、地区分布等方面进行了归纳，以寻求河北旅游演艺资源的清晰轮廓。

### 一、河北长城旅游演艺资源赋存简介

长城旅游演艺的开发依托长城沿线（河北段）的文化遗产与自然景观开展。长城沿线（河北段）有着孟姜女传说、契丹始祖传说、鬼谷子传说等历史文化遗产资源；山海关长城、金山岭长城、大境门长城等文物遗址资源；秦皇岛观鸟湿地、京北第一草原等自然生态资源。各类资源互相辅助，形成一个集文化价值、生态价值和休闲娱乐价值于一体的文旅资源综合体，为河北长城旅游演艺的资源挖掘和产业发展奠定了重要的基础。

旅游演艺最主要的资源来自非物质文化遗产，河北作为华夏文明的发源地之一，承载着重要的历史意义。在春秋战国时期，燕国和赵国两个国家就坐落在河北域内，因此河北具有了"燕赵大地"的称呼。正是河北这片土地的丰富

历史催生了众多珍贵的非物质文化遗产。① 目前，河北省共有 162 个项目列入国家级非遗名录，总数居全国前列，其中第一批 39 项，第二批 78 项，第三批 15 项，第四批 16 项，第五批 14 项。

## 二、河北长城旅游演艺资源分类

河北段长城具有悠久的历史，优越的地理条件以及丰富的遗存遗迹。在文化交流和民族融合的影响下，长城沿线涌现出许多物质和非物质文化遗产。同时，河北段长城包含多个地理单元，包括燕山山脉、太行山山脉、冀北山地和坝上草原等，这些地理单元拥有丰富多样的自然生态景观，如森林、湿地和草原。本书以研究河北长城旅游演艺开发为主旨，采用以表演艺术形式为参照的民间艺术分类法，将河北旅游演艺资源分为两大类：表演类非遗和非表演类非遗。表演类非遗包括传统音乐，传统舞蹈，传统戏剧，曲艺，传统体育、游艺与杂技等，非表演类非遗包括民间文学、传统美术、传统技艺、传统医药、民俗等。（详见表 2-1）

表 2-1　河北长城旅游演艺资源统计表　　　　（单位：个）

| 序号 | 地区 | 表演类非遗 | 非表演类非遗 | 总计 | 占河北省比重 % |
|---|---|---|---|---|---|
| 1 | 河北省 | 103 | 59 | 162 | — |
| 2 | 长城沿线 | 84 | 51 | 135 | 83.3 |
| 3 | 秦皇岛 | 4 | 1 | 5 | 3.1 |
| 4 | 承德 | 2 | 8 | 10 | 6.2 |
| 5 | 张家口 | 3 | 3 | 6 | 3.7 |
| 6 | 唐山 | 8 | 1 | 9 | 5.6 |
| 7 | 保定 | 10 | 12 | 22 | 13.5 |
| 8 | 廊坊 | 16 | 6 | 22 | 13.5 |
| 9 | 石家庄 | 9 | 5 | 14 | 8.6 |
| 10 | 邢台 | 12 | 4 | 16 | 9.9 |
| 11 | 邯郸 | 17 | 11 | 28 | 17.3 |
| 12 | 雄安新区 | 3 | 0 | 3 | 1.9 |

---

① 王可心. 河北省非物质文化遗产空间分布特征及保护策略研究 [D]. 成都：成都理工大学，2019.

## 三、河北长城旅游演艺资源地区分布

非物质文化遗产是地区文化的典型代表，它们充分展示了当地文明与历史，深刻地承载了地域特色。非物质文化遗产的起源、分布和传承与地域文化紧密相关。河北省的非物质文化遗产历史悠久，种类齐全，但在项目类型上分布不均。对河北省的162项国家级非物质文化遗产进行类型统计，结果显示，河北省的传统戏剧，传统技艺，传统音乐，传统体育、游艺与杂技的数量较多，而曲艺和传统医药的数量相对较少。截至2023年，河北省长城沿线国家级非物质文化遗产共有135处，从市域层面来看，邯郸市、廊坊市、保定市、石家庄市的国家级非物质文化遗产较多。

河北省长城沿线的传统戏剧类非遗数量最多，在分布上非常广泛。这些非遗项目主要分布在河北省的南部和中部地区，呈阶梯状分布。其中，邯郸市是传统戏剧类非遗数量最多的地区，占总数的比重达到了24.14%。其次是石家庄市、张家口市、保定市和邢台市，它们分别占总数的17.24%、11.72%、11.03%和9.66%。相比之下，廊坊市、承德市、唐山市和秦皇岛市的传统戏剧类非遗项目相对较少，所占总数比重较小。

河北省长城沿线的传统音乐类，传统体育、游艺与杂技类和传统技艺类非遗项目总量较多，分别集中在河北中部及南部。其中，廊坊市传统音乐类非遗项目最多，占总数的40.9%；保定市传统技艺类非遗项目最多，占总数的38.88%。

河北省长城沿线传统舞蹈类、传统美术类、曲艺类、民俗类、民间文学类的非遗项目总量较少；传统医药类非遗项目最少，仅有4项。（详见表2-2）

表2-2 河北长城旅游演艺资源地区分布表

| 序号 | 地区 | 存量 | 表演类非遗 | 非表演类非遗 |
| --- | --- | --- | --- | --- |
| 1 | 秦皇岛 | 5 | 河北鼓吹乐（抚宁）、昌黎民歌、昌黎皮影戏、昌黎地秧歌 | 孟姜女传说 |
| 2 | 承德 | 10 | 唢呐艺术（丰宁满族吵子会）、满族二贵摔跤 | 契丹始祖传说、剪纸（丰宁满族剪纸）、布糊画、蒸馏酒传统酿造技艺（山庄老酒传统酿造技艺）、蒸馏酒传统酿造技艺（板城烧锅酒传统五甑酿造技艺）、中医传统制剂方法（腰痛宁组方及其药物炮制工艺）、元宵节（抡花）、抬阁（芯子、铁枝、飘色）（宽城背杆） |

(续表)

| 序号 | 地区 | 存量 | 表演类非遗 | 非表演类非遗 |
|---|---|---|---|---|
| 3 | 张家口 | 6 | 晋剧、秧歌戏（蔚县秧歌）、二人台 | 剪纸（蔚县剪纸）、元宵节（蔚县拜灯山习俗）、打铁花（蔚县打树花） |
| 4 | 唐山 | 9 | 唢呐艺术（唐山花吹）、秧歌（乐亭地秧歌）、秧歌（滦州地秧歌）、皮影戏（唐山皮影戏）、皮影戏（乐亭皮影戏）、评剧、乐亭大鼓、乐亭大鼓（滦南） | 泥塑（玉田泥塑） |
| 5 | 保定 | 22 | 冀中笙管乐（高洛音乐会）、冀中笙管乐（东韩村拾幡古乐）、冀中笙管乐（子位吹歌）、道教音乐（花张蒙道教音乐）、龙舞（易县摆字龙灯）、秧歌戏（定州秧歌戏）、哈哈腔、老调（保定老调）、老调（安国老调）、太极拳（孙氏太极拳） | 曲阳石雕、京绣、定瓷烧制技艺、砚台制作技艺（易水砚制作技艺）、酿造酒传统酿造技艺（刘伶醉酒酿造技艺）、直隶官府菜烹饪技艺、传统香制作技艺（清苑传统制香技艺）、缂丝织造技艺（定州缂丝织造技艺）、书画毡制作技艺（定兴书画毡制作技艺）、中医诊疗法（脏腑推拿疗法）、中医传统制剂方法（金牛眼药制作技艺）、安国药市 |
| 6 | 廊坊 | 22 | 冀中笙管乐（屈家营音乐会）、冀中笙管乐（高桥音乐会）、冀中笙管乐（胜芳音乐会）、冀中笙管乐（小冯村音乐会）、冀中笙管乐（张庄音乐会）、冀中笙管乐（军卢村音乐会）、冀中笙管乐（东张务音乐会）、冀中笙管乐（南响口梵呗音乐会）、冀中笙管乐（里东庄音乐老会）、京东大鼓、西河大鼓、中幡（安头屯中幡）、八卦掌、八卦掌（固安）、左各庄杆会、苏桥飞叉会 | 柳编（固安柳编）、彩扎（秸秆扎刻）、景泰蓝制作技艺、花丝镶嵌制作技艺、灯会（胜芳灯会）、抬阁（芯子、铁枝、飘色）（葛渔城重阁会） |
| 7 | 石家庄 | 14 | 锣鼓艺术（常山战鼓）、井陉拉花、坠子戏、晋剧、河北梆子、乱弹（南岩乱弹）、石家庄丝弦、评剧、中幡（正定高照） | 耿村民间故事、烟火爆竹制作技艺（南张井老虎火）、中医诊疗法（中医络病诊疗方法）、太昊伏羲祭典（新乐伏羲祭典）、民间社火（桃林坪花脸社火） |
| 8 | 邢台 | 16 | 道教音乐（广宗太平道乐）、鼓舞（隆尧招子鼓）、皮影戏（沙河皮影戏）、四股弦（冀南四股弦）、南路丝弦、乱弹（威县乱弹）、秧歌戏（隆尧秧歌戏）、山东大鼓（梨花大鼓）、太极拳（王其和太极拳）、邢台梅花拳、梅花拳、沙河藤牌阵 | 柳编（广宗柳编）、传统棉纺织技艺（威县土布纺织技艺）、邢窑陶瓷烧制技艺、抬阁（芯子、铁枝、飘色）（隆尧县泽畔抬阁） |

(续表)

| 序号 | 地区 | 存量 | 表演类非遗 | 非表演类非遗 |
|---|---|---|---|---|
| 9 | 邯郸 | 28 | 河北鼓吹乐、龙舞(曲周龙灯)、傩戏(武安傩戏)、皮影戏(冀南皮影戏)、赛戏、赛戏(武安)、赛戏(涉县)、永年西调、豫剧(桑派)、武安平调落子、四股弦(冀南四股弦)馆陶、四股弦(冀南四股弦)魏县、四股弦(冀南四股弦)肥乡、山东大鼓(梨花大鼓)鸡泽、河南坠子、太极拳(杨氏太极拳、武氏太极拳) | 鬼谷子传说、草编(大名草编)、彩扎(彩布拧台)、水陆画、磁州窑烧制技艺、传统棉纺织技艺(魏县)、传统棉纺织技艺(肥乡)、食用油传统制作技艺(大名小磨香油制作技艺)、女娲祭典、民间社火(永年抬花桌)、灯会(苇子灯阵) |
| 10 | 雄安新区 | 3 | 雄县古乐、鹰爪翻子拳、冀中笙管乐(安新县圈头村音乐会) | |

# 第二节　河北长城旅游演艺资源分类

长城非遗资源是指生活在长城周边的群体,在与自然和历史的互动中创造的非物质艺术形态,具有文化价值和历史价值。这些非物质艺术形态由长城沿线各族人民世代相传,并被视为其文化遗产的一部分。它们包括各种传统文化表现形式以及与之相关的实物和场所。长城地区的非遗资源是中华民族历史文化的珍贵遗产,不仅反映出当地人民的精神文化生活,同时也是当地多元文化交融的重要体现。筑城者和守城者在长城周边繁衍生息,形成了诸多与长城相关的非遗资源。为了便于对旅游演艺资源的调查、分析,本书将河北长城旅游演艺中的表演类非遗和非表演类非遗资源细化为"民间艺术""传统体育、游艺与杂技""民间文学""传统技艺""民俗"和"其他",并选取其中的代表性资源进行重点调查分析。

## 一、表演性非物质文化遗产

### (一)民间艺术

河北长城沿线地区拥有丰富多样的民间艺术,其中,秦皇岛地区的鼓吹乐和唐山的唢呐艺术等传统音乐已经被列入世界非物质文化遗产名录。此外,皮影戏、河北梆子等传统戏剧以及各类传统舞蹈也在广泛传播。这些演艺资源呈现出高度的艺术表现力和观赏价值，深受国内外游客喜爱，具有很高的旅游演艺产品开发潜力。

1. 传统音乐

传统音乐是我国民族音乐中至关重要的一部分，它采用民族固有的方法和形式创造，具有民族固有的形态特征。它包括历史上产生和流传的古代作品，也包括当代作品。主要有民间歌曲和民间器乐等多种形式。

自 2006 年国家启动非物质文化遗产保护传承工作以来，河北省对传统音乐的传承和发展给予了高度重视。在文化传承的思维、认知、策略和方式上，发生了新的转变，更加注重传承河北传统音乐的文化价值。目前河北长城沿线国家级传统音乐类非遗旅游演艺资源共 22 项，主要以冀中笙管乐、河北鼓吹乐、唢呐艺术、锣鼓艺术、昌黎民歌、道教音乐为主。

（1）冀中笙管乐：在河北省中部平原地区流传着一种被称为"音乐会"的鼓吹乐。它的传播范围包括北京以南、天津以西以及沧州、定州一线以北近 30 个县市。这种音乐会乐曲主要采用笙等管类乐器，配合云锣等各种打击乐器。音乐会的乐曲可以分为套曲、小曲和独立成套的打击乐三类。其中套曲是音乐会的主要组成部分，它的篇幅较长、结构复杂。农民们以村庄为单位，通过音乐相聚一堂，参与本地举行的传统民俗活动，如祭祀、礼仪和丧葬等仪式，并通过演奏来传承这一音乐传统。河北长城沿线主要包含高洛音乐会、东韩村拾幡古乐、子位吹歌、屈家营音乐会、高桥音乐会、胜芳音乐会、小冯村音乐会、张庄音乐会、军卢村音乐会、东张务音乐会、南响口梵呗音乐会、里东庄音乐老会、雄县古乐、安新县圈头村音乐会 14 项。

（2）河北鼓吹乐：长城沿线鼓吹乐共有"抚宁鼓吹乐"和"永年鼓吹乐"两种艺术形式。

抚宁鼓吹乐曲目繁多，以"牌子十四套，小曲赛牛毛"著称。常见的曲目包括《满堂红》《柳青娘》《绣红灯》等。抚宁鼓吹乐乐器的形制非常独特，其主奏乐器是各种形制的唢呐，抚宁鼓吹乐的演奏方式多种多样、技巧独特，包括线上、加花、花舌等方式，还有使用三节唢呐演奏的"拔三节""别把"和"串吹"等特殊技巧。演奏过程中，吹奏技巧与身体动作相结合，演奏风格粗犷有力、活泼风趣、热情洋溢，充满了浓厚的乡土气息。抚宁鼓吹乐主要用于婚丧嫁娶、民间舞蹈的伴奏等，历来深受群众喜爱。

永年鼓吹乐是河北冀东南鼓吹乐中最具代表性的一种，也是河北省最有影响力的民间器乐之一。据传说，隋末起义军领袖窦建德在永年建都称王时，就已经有了吹打乐的存在。随着时间的推移，鼓吹乐逐渐发展成熟并繁盛起来，并世代相传至今。常见的曲目包括《一枝花》《太行情》《小放驴》《抬花轿》等。

（3）唢呐艺术：河北长城沿线共有"唐山花吹"和"丰宁满族吵子会"两种唢呐艺术。

唐山花吹是流传于河北省唐山地区、在传统鼓吹乐基础上发展起来的一个以乐器为载体的演奏形式，包括唢呐、鼓、镲三个部分，严格来说，花吹应该叫花奏，因为唢呐是吹的，鼓和镲是打击的。由于鼓吹乐以唢呐为主奏，所以简称花吹。它是以手中的乐器为载体，集演奏、表演于一身。约于清代光绪年间形成，已有一百多年的历史，多在红白喜事、门市开张、节日、庙会、闹秧歌等民俗活动中表演。唐山花吹是民间艺人集体智慧的结晶，是河北长城带民间音乐的重要品种，在传统音乐及地方文化研究等方面具有重要价值。

丰宁满族吵子会是分布于河北省承德市丰宁满族自治县十余个乡村的一种民间器乐演奏形式，已有三百年的历史。吵子会分为"吹打曲"和"杂曲"两种，以唢呐、打击乐器为主。整个乐队由两名唢呐吹奏者和10名打击乐演奏者组成，其中皮锣演奏员是乐队的指挥。吵子会没有固定的演唱场合和演出时间，除年节固定活动外，多为各档花会伴奏，还常常在婚丧嫁娶、满月寿诞、开业店庆等场合演奏。

（4）锣鼓艺术：河北长城沿线的锣鼓艺术名为"常山战鼓"，是流传于河北省石家庄市正定县一带的传统音乐。常山战鼓演奏需要使用多种打击乐器，包括鼓、钹、锣等。编制规模从几十人到数百人不等，主要在广场上进行表演，表演时展现雄壮威武的气势，鼓点紧凑而变化复杂有致，声音高亢嘹亮。代表性的地方是正定县南牛乡的东杨庄和西杨庄。演出时鼓手边击奏边跳舞，灵活地移动身姿，鼓钹在空中翻飞，舞姿优美多变，形态雄浑。

（5）昌黎民歌：是流传于河北省东北部昌黎县的一种民间小调，形成年代可以追溯到元代,至今已有七百余年的历史。演唱形式有秧歌调、单口唱和对口篇三种。县境内地区不同,民歌类型的分布也不一样。东部沿海一带盛行劳动号子,南部地区以秧歌调为主,西部地区与评剧的发源地滦县(今滦州市)交界,单口篇和对口篇相对较多。其中东部沿海盛行的渔民号子代表着昌黎民歌的主流,民歌老艺人大多出生在东部地区,以演唱渔民号子而闻名。昌黎民歌以当地方言为基础,用"土嗓子"演唱,这种唱法需要准确掌握好卷舌音、嘟噜音、颤喉音、喉鼻音、补字音、滑音、装饰音、重尾音等八个演唱技巧。演唱时一般用二胡、扬琴、笙、琵琶、唢呐、笛子等民族乐器伴奏,如果是在村头院落演唱,只需一副竹板打唱或一把二胡伴奏即可。昌黎民歌的旋律以徵调式居多,其次是羽调式,宫调式较少,角调式最少,转调的曲子也较少,具有清新、优美、朴素的艺术风格。

(6)道教音乐:河北长城沿线共有"广宗太平道乐"和"花张蒙道教音乐"两种形式。

广宗太平道乐的演奏乐器以管、笙、笛、箫为主,坛鼓、云锣、铛子、铙、镲等为辅。其演奏形式分为两种:一种是静乐,演奏时或坐或立;一种是动乐,又称"舞乐"或"道舞",边吹奏边行进。广宗太平道乐所使用的乐器同全国各地道观的丝竹、管弦不同,曲、谱、韵也和"全真""正一"两派有很大差异,一些曲调明亮高亢、起伏跌宕,既有道教音乐清逸脱俗的韵味,又有粗犷雄浑的特性,风格十分独特。广宗太平道乐拥有181种曲牌,其中伴弦曲牌48种、器乐曲牌41种、打击乐曲牌45种、失传曲牌47种,另有辗转传世的手抄太平道乐工尺谱一册。现留存下来的曲谱主要有《太平十八番》曲谱及号称"三仙曲"的《朝天子》《经堂乐》《玉芙蓉》曲谱等。

花张蒙道教音乐以工尺法记谱,演奏形式以吹管和打击乐器为主。所用乐器包括笙、管、唢呐、云锣、铛铛、小镲、鼓等。演奏的传统曲目有《三点酒》《三宝赞》《清华赞》《丰都中》等,也演奏民间乐曲。主要从事超度亡灵等民间法事活动,曲式和情调内涵上无不渗透着道教的基本信仰和美学思想。

长城沿线的传统音乐作为河北民众所熟悉且钟爱的传统民间音乐文化,承载了传统民族文化的珍贵记忆。它记录了世代燕赵大地群众的喜怒哀乐,成为记录百姓民族情感的重要载体,同时也在河北长城旅游演艺建设中扮演着重要

角色。(详见表2-3)

表2-3 河北长城沿线传统音乐类旅游演艺资源统计表

| 序号 | 等级 | 入选时间、类型 | 资源名称 | 保护单位 | 价值 |
|---|---|---|---|---|---|
| 1 | 国家级 | 2006（新增） | 河北鼓吹乐（抚宁） | 秦皇岛市抚宁区文化馆 | 主要用于婚丧嫁娶、民俗节庆等活动 |
| 2 | 国家级 | 2006（新增） | 河北鼓吹乐 | 邯郸市永年区文化馆 | 主要用于婚丧嫁娶、民俗节庆等活动 |
| 3 | 国家级 | 2008（新增） | 昌黎民歌 | 昌黎县文化馆 | 劳动人民揭露封建统治、倾诉苦难生活、表达美好理想和追求自由的自我娱乐形式 |
| 4 | 国家级 | 2014（扩展） | 道教音乐（花张蒙道教音乐） | 定州市文化馆 | 是斋醮仪式中不可缺少的内容，多用于民间法事的科仪音乐 |
| 5 | 国家级 | 2008（新增） | 道教音乐（广宗太平道乐） | 广宗县文化馆 | 多用于朝拜、祝贺、庆典等场合，有通神、悦人、治世和敬天地的功用 |
| 6 | 国家级 | 2008（扩展） | 唢呐艺术（唐山花吹） | 唐山市曹妃甸区文化馆 | 传统民间艺人的百年集体创造 |
| 7 | 国家级 | 2008（扩展） | 唢呐艺术（丰宁满族吵子会） | 丰宁满族自治县非物质文化遗产保护中心 | 除年节固定活动外，多为各档花会伴奏，还常常在婚丧嫁娶、满月寿诞、开业店庆等场合演奏，是满族传统文化的突出代表，涉及满族的民俗民风、宗教信仰等多个方面 |
| 8 | 国家级 | 2008（扩展） | 锣鼓艺术（常山战鼓） | 正定县文化馆 | 主要用于婚丧嫁娶、民俗节庆等活动 |
| 9 | 国家级 | 2006（新增） | 冀中笙管乐（高洛音乐会） | 涞水县文化馆 | 祭祀、丧葬等民俗活动中演奏 |
| 10 | 国家级 | 2008（扩展） | 冀中笙管乐（东韩村拾幡古乐） | 易县文化馆 | 祭祀、丧葬等民俗活动中演奏 |
| 11 | 国家级 | 2008（扩展） | 冀中笙管乐（子位吹歌） | 定州市文化馆 | 祭祀、丧葬等民俗活动中演奏 |
| 12 | 国家级 | 2006（新增） | 冀中笙管乐（屈家营音乐会） | 固安县文化馆 | 祭祀、丧葬等民俗活动中演奏 |
| 13 | 国家级 | 2006（新增） | 冀中笙管乐（高桥音乐会） | 霸州市文化馆 | 祭祀、丧葬等民俗活动中演奏 |
| 14 | 国家级 | 2006（新增） | 冀中笙管乐（胜芳音乐会） | 霸州市文化馆 | 祭祀、丧葬等民俗活动中演奏 |

(续表)

| 序号 | 等级 | 入选时间、类型 | 资源名称 | 保护单位 | 价值 |
|---|---|---|---|---|---|
| 15 | 国家级 | 2008（扩展） | 冀中笙管乐（小冯村音乐会） | 固安县文化馆 | 祭祀、丧葬等民俗活动中演奏 |
| 16 | 国家级 | 2008（扩展） | 冀中笙管乐（张庄音乐会） | 霸州市文化馆 | 祭祀、丧葬等民俗活动中演奏 |
| 17 | 国家级 | 2008（扩展） | 冀中笙管乐（军卢村音乐会） | 安次区文化馆 | 祭祀、丧葬等民俗活动中演奏 |
| 18 | 国家级 | 2008（扩展） | 冀中笙管乐（东张务音乐会） | 安次区文化馆 | 祭祀、丧葬等民俗活动中演奏 |
| 19 | 国家级 | 2008（扩展） | 冀中笙管乐（南响口梵呗音乐会） | 安次区文化馆 | 祭祀、丧葬等民俗活动中演奏 |
| 20 | 国家级 | 2008（扩展） | 冀中笙管乐（里东庄音乐老会） | 河北省文安县文化馆 | 祭祀、丧葬等民俗活动中演奏 |
| 21 | 国家级 | 2008（扩展） | 冀中笙管乐（雄县古乐） | 雄县文化馆 | 祭祀、丧葬等民俗活动中演奏 |
| 22 | 国家级 | 2008（扩展） | 冀中笙管乐（安新县圈头村音乐会） | 安新县非物质文化遗产保护协会 | 祭祀、丧葬等民俗活动中演奏 |

2. 传统舞蹈

我国"非遗"分类体系中的"传统舞蹈"指由前人所创造，且被各民族人民视为传统文化形式而世代相传的舞蹈。

河北长城带的非物质文化遗产形式多样、特色鲜明，独具特色的燕赵遗风、京畿神韵、长城风骨，充分彰显了河北大地文化的厚重与精彩。民间舞蹈历史悠久，代代相传，它以独特的方式展示了人民在劳动、斗争、交际和爱情生活中的真实写照。传统舞蹈经常与民俗类项目相互依存，是内容相对丰富的一个项目大类。目前，河北长城沿线国家级传统舞蹈类非遗旅游演艺资源共 7 项，主要以地秧歌、龙舞、鼓舞、拉花为主。

（1）冀东地秧歌：河北长城沿线有许多种不同形式的"地秧歌"，如"昌黎地秧歌""乐亭地秧歌""滦州地秧歌"。

昌黎地秧歌是河北传统民间舞蹈中最具代表性的舞蹈之一，它与陕北秧歌、山东鼓子秧歌、东北秧歌一并称为中国的"四大秧歌"，强调身体各部位的相互配合，肩、胯、膝、腕扭动灵活，表现诙谐有趣。它以农村生活的特征和农民积极乐观的精神面貌为反映，在众多秧歌中独树一帜，充满了艺术魅力，与其他秧歌形式争奇斗艳。著名的昌黎地秧歌小戏包括《蝴蝶扑舞》《王二小赶脚》等作品。经过进一步革新，昌黎地秧歌在接连举行的重大活动和赛事中获得了殊荣，包括亚运会帆板赛区开幕式、沈阳国际秧歌节和全国广场舞比赛等。正是这种持续改进和创新，使得昌黎地秧歌越来越受欢迎。

乐亭地秧歌分为"大场秧歌"和"打场秧歌"。清光绪以前，主要是以跑队形的大场秧歌为主，到宣统年间，打场秧歌逐渐增多。大场秧歌又有"串街"和"打场"两种形式。串街秧歌是沿街串巷进行表演，动作简捷，注重整体效果，气氛热烈红火，伴奏曲牌一般使用平缓的中板，常用队形有一条龙、二龙出水、二级登楼、编花寨等。打场秧歌是在广场表演，又有大场、小场之分。大场表演动作与串街时基本相同；小场又称小出子，主要表演有故事情节的节目，如《大头和尚逗柳翠》《锔大缸》《傻柱子接媳妇》等。秧歌队中的行当，大致可分文丑、武丑、文公子、武公子、妞、文、武和童子等。乐亭地秧歌的动作丰富多彩，舞蹈时主要以扇子和手绢为道具。多年来，秧歌艺人们创造了十分丰富、美不胜收的舞扇和舞绢的动作，以及俏步、弹步、闪腰、绕肩、扭头、颠点头等有突出个性的步法和舞姿。

滦州地秧歌虽然与唐山、秦皇岛二市其他县区的秧歌同属冀东地秧歌的范畴，但是，不论从历史渊源还是从形式内容方面，它们都有着鲜明的个性和文化特色。滦州地秧歌为"扭秧歌"，以中速大慢板的扭功为上，以中场为主。滦州地秧歌的发展历史悠久，名家辈出，奇能绝技代代相传、异彩纷呈，极大地丰富了地秧歌的艺术表现力。其脚步多变、动感十足，身段端庄且灵巧活泼，舞蹈优雅且张弛有度。各行当特点独具：武扭骚而不俗，文扭俏而不泼，小姐妞秀而不拘，丫鬟妞嘻而不闹，武丑滑稽夸张而不低级下流，文丑幽默搞笑而不色字当头，武公子敞怀抢袍、翻身撩叉，文公子体态轻盈、风流潇洒。武扭舞姿大起大落，脚步有咯蹭步、坐地蹦、横扭跨、大背跨、小踢脚、打帽子、打悠飞等二十几种，棒槌花更多，有平花、立花、大小展臂花、小绕扣、双螺旋、双击棒槌花等，另外还有顶、扛、横、立、拦、插、背、旋等技巧。

（2）龙舞：河北长城沿线的龙舞共有"易县摆字龙灯"和"曲周龙灯"两种。

摆字龙灯是一项传统娱乐表演活动，在清朝皇家陵寝守陵人中广为流传，已逾三百年。它采用了以龙身为基础笔画，同时以人体为支撑的方式，生动展现了汉字的精髓内涵，实现了人与龙的完美融合，深受广大民间艺人和百姓的热爱。

曲周龙灯起源于宋代，是河北省曲周县独有的一种传统民间舞蹈，其造型别具一格，龙头用竹篾编成，威武雄壮。龙舞表演基本在夜晚进行，龙灯仪仗规模宏大，舞法奇特多变，有盘龙、滚龙、钻龙、跑龙等二十多种表演方式。

（3）隆尧招子鼓：原称"鼓会"，因鼓手背上插有鼓招子，故称招子鼓，盛行于河北南部隆尧县滏阳河、澧河和午河一带，它融音乐、舞蹈于一身，是一种综合性的民间花会。招子鼓历史悠久，形式多样，普及性强，它以击鼓为主体，配以锣镲，音调铿锵雄壮，气势恢宏磅礴，加上粗犷质朴的舞步，声势宏大，震撼人心，颇具乡土气息，是河北长城带具有深厚地方色彩的民间花会之一。

（4）井陉拉花：井陉县位于石家庄市区，早期流传着民间的节日、庙会、典礼以及拜神时的街头广场花会。这一传统在唐代元和八年（813 年）成书的《元和郡县志》中有相关的记载。20 世纪初，井陉县的拉花艺术已经广泛盛行，成为当地居民非常喜爱的一种歌舞表演形式。井陉县的拉花舞蹈以拧肩、翻腕、扭臂""吸腿"和"撤脚"等动作为主要特色。表演者还会使用花瓶、花伞、彩扇、霸王鞭、太平板等道具进行表演。[①] 此外，拉花艺术还有独立的音乐伴奏，形成了独特的艺术特色，兼具粗犷和含蓄之美。这种艺术形式擅长表达悲壮、凄婉、眷恋和欢悦等情感。

河北长城沿线的传统舞蹈是一种深深植根于广大民众的社会生活中，反映当地民众的精神生活、思想感情、理想愿望的艺术表现形式，它是长城精神的具化，生命律动的呈现。（详见表 2-4）

---

① 计卫舸，秦佩."非遗"资源开发的多元价值分析：以井陉拉花现代性发掘与产品开发为例 [J]. 艺术评论，2012（5）：150-153.

表 2-4　河北长城沿线传统舞蹈类旅游演艺资源统计表

| 序号 | 等级 | 入选时间、类型 | 资源名称 | 保护单位 | 价值 |
|---|---|---|---|---|---|
| 1 | 国家级 | 2006（新增） | 昌黎地秧歌 | 昌黎县文化馆 | 反映了农业社会和农村生活的某些特征，以及农民乐观、诙谐的精神风貌 |
| 2 | 国家级 | 2011（扩展） | 乐亭地秧歌 | 乐亭县文化馆 | 表现了乐亭的地域文化特色，而且也是乐亭明代以后历史沿革的缩影 |
| 3 | 国家级 | 2021（扩展） | 滦南地秧歌 | 滦州市文化馆 | 是历代劳动人民创造、继承发展优秀民间文化的结晶 |
| 4 | 国家级 | 2008（扩展） | 易县摆字龙灯 | 易县文化馆 | 振奋民族精神，弘扬民族文化 |
| 5 | 国家级 | 2008（扩展） | 曲周龙灯 | 曲周县文化馆 | 展现社会民俗风情，传承汉族文化 |
| 6 | 国家级 | 2008（扩展） | 隆尧招子鼓 | 隆尧县文化馆 | 为群众文化生活的开展奠定了坚实的基础 |
| 7 | 国家级 | 2006（新增） | 井陉拉花 | 井陉县文化馆 | 是"游动文化"和"大山文化"相互融合的结晶 |

河北舞蹈的艺术风格呈现着多元化、多层次，雅俗共赏的基本特征。河北舞蹈风格是多民族长期融合、凝聚的艺术成果。在历史长河中，民族和信仰的多样性以及社会结构的分层，塑造了河北舞蹈雅俗共赏的独特之处。河北民间舞蹈的诞生依托于中原文化，凸显了中华民族文化的根源和核心。其表征既包含汉族文化的主导地位，又展现了对各少数民族文化的尊重、交流与融合。例如，战国时期燕赵的歌舞属于破旧立新的"新生"（西周制定遵循的周礼和雅乐，受到了以贵族诸侯大夫阶层为代表的新兴社会势力的强劲冲击，其原有的森严秩序崩溃瓦解，史称"礼崩乐坏"），战国时期的女乐、倡优（据《史记·货殖列传》记载，女乐发源于郑、卫、中山等地，中山就是当时的中山国）所表演的歌舞风格轻松欢快，舞姿绚丽多彩，与典雅庄重的"雅乐"形成鲜明比照。魏晋时期，中原动荡，众多民族逐鹿北方，河北在胡汉文化交汇地带，文化交流空前活跃，舞蹈风格多样。随着胡舞、胡乐的大量流入，歌舞戏也在北齐起源，河北舞蹈独占鳌头。

3. 传统戏剧

传统戏剧是指产生于历史的代言体表演艺术，以活态形式传承至今。它包括民间艺术家直接创作和表演的民间小戏，广泛流行于民间社会，也涵盖了在这些小戏基础上发展起来的大型戏剧形式。中国传统戏剧具备四要素：演员、故事（情境）、舞台（表演场地）和观众。

河北长城带传统戏剧资源丰富，在中国传统戏剧舞台上独树一帜，有着很高的艺术价值。自2006年起，河北省在积极组织开展非物质文化遗产项目方面作出了巨大贡献，这些项目涵盖了传统戏剧等非遗项目的挖掘、整理、保护和发展工作。目前，河北长城沿线国家级传统戏剧类非遗旅游演艺资源共33项，主要有皮影戏、秧歌戏、赛戏、河北梆子等。

（1）皮影戏：河北长城沿线的皮影戏主要由"昌黎皮影戏""唐山皮影戏""乐亭皮影戏""沙河皮影戏""冀南皮影戏"组成。

昌黎皮影戏是冀东皮影的重要组成部分。昌黎皮影戏以昌黎县当地的民歌为主要素材，悲时如泣如诉，乐时说而似唱，充分反映了故事人物的喜怒哀乐。昌黎历史上曾出现过马家班、齐家班等驰名影戏班。传统剧目有《乾坤带》《秦香莲》《邵玉兰》等。

唐山皮影戏初创于明代末期，盛行于清末民国初年，唐山皮影戏通常具有五种分工：拿、贴、打、拉、唱，其工作分配合理，演出有条不紊。剧目内容深入探讨了唐山当地的社会民俗、民风和宗教心理，是重要的研究素材。唐山皮影戏的唱腔、音乐和表演都展现了独特的地域风格，具有较高的观赏和研究价值。代表剧目有《五锋会》《薛刚反唐》《三请樊梨花》《马潜龙走国》等。

乐亭皮影戏俗称"乐亭影"，具有悠久的历史和广泛的传播范围。作为一种综合性的民族戏曲表演艺术，"乐亭影"融合了民间美术、民间音乐、民间舞蹈和民间说唱等元素，展现出独特的地方特色。它被誉为中国影戏园中的一朵瑰丽之花。"乐亭影"起源于中国河北省乐亭县，经过600多年的发展逐渐成熟。由于外地人将乐亭话称为"呔话"，因此乐亭影也被称为"老呔影"。"乐亭影"中的人物和场景都是由雕刻在驴皮上的道具完成的，因此人们也称之为"驴皮影"。乐亭皮影主要通过幕上活动的人物来演绎故事，展开情节，刻画人物的内在性格。

元代起源的沙河皮影戏传承有序，是典型的皮影代表，保留了古朴的造型，剧目以口传心授的方式传承，表演通俗易懂，用口语化的形式表达，展现了中国皮影戏的早期特点，同时融入了沙河的特色。整体表演秉持传统的习俗，文戏常使用慢板、流水板、二八板、平板、散板、非板，武戏则多采用平板、散板、非板。其唱腔根据剧情时而欢快、时而急促、时而悠长、时而舒缓，基本上保留了原始的表演形式。

冀南皮影戏源远流长，相传其源自北京宫廷皮影戏，后流散至冀南，遂形成其独特风格。该戏主要分布于河北南部，对冀中、冀北等地区也产生了深远影响。冀南皮影戏以古朴的造型和融合雕刻与绘画的技法著称，展现了我国皮影戏的早期面貌。剧目丰富多样，依赖口传心授，对白极具口语化特色，使得演出通俗易懂。冀南皮影戏所使用的道具包括皮影造型、表演幕窗和伴奏乐器。乐队使用板胡、二胡、闷笛、三弦、唢呐、笙等乐器，近年还加入了电子琴。武场设有鼓、锣、小锣、镲、马号、梆子等。冀南皮影戏班社仍然保持着传统习俗，基本呈现了原生态皮影戏的表演形式。

（2）秧歌戏：河北长城沿线分别有"蔚县秧歌""定州秧歌戏""隆尧秧歌戏"三种秧歌戏形式。

蔚县秧歌又名"蔚州梆子""蔚剧"，它产生于蔚县，流行于河北省张家口、晋北地区及内蒙古自治区的一些旗县，是深受群众喜爱的一个戏曲剧种。蔚县秧歌早期用"训调"（民歌）演唱，以"两小"或"三小"戏为主，常在农村社火中演出。蔚县秧歌深受山西梆子的影响，不仅吸收了梆子的袍带大戏的特点，还借鉴梆子的音乐体制，形成了由梆子腔演变而来的各种板式。蔚县秧歌角色齐全，分红、黑、生、旦、丑等行当。以蔚县方言演唱，唱腔多采用真假声结合的发音方法。在长期舞台实践中，蔚县秧歌积累了200多种演出剧目，《回龙阁》《打瓦罐》等都是其中的代表。

定州秧歌戏最初名为"定县大秧歌"，是华北平原中西部一种古老传统的戏曲曲种。它的发源地在河北省定州市，因此得名。这种小戏最初是从定州民间花会歌曲发展而来，结合了当地的戏曲、说唱和歌舞等表演艺术形式的元素，逐渐演化成一种具有独特地方风格的戏曲形式。定州秧歌戏涵盖了丰富多样的传统剧目，这些剧目都是劳动人民的创作，真实反映了普通百姓的心声。戏文简单易懂，富有大量的方言俚语，生动展现了浓厚的生活气息，因此深受广大百姓的喜爱。它承载了劳动人民对美好生活的向往和愿望。定州秧歌戏的剧目种类繁多，涉及爱情、孝节、贞操、滑稽等多个方面。传统剧目包括《双锁柜》《老少换》《王小赶脚》《借女吊孝》等。

隆尧秧歌戏源自古代当地劳动人民在插秧、收获和劳作时的稻歌，并经历了发展和变革。明末清初，隆尧秧歌诞生，经过400多年的历史演变，成为河北省古老的地方剧种之一。根据表演特点和地域的不同，隆尧秧歌分为南、北、中三个流派。其主要特点包括：一是表演具有舞台性，行当齐全，唱念做打完善，与民间舞蹈扭秧歌不同；二是展现浓郁的地方特色，充满乡土气息；三是剧目丰富，据统计有200余出；四是语言通俗，唱词道白朴实生动，充满口语和民间风味，唱腔简单明快；五是伴奏简单，前期只有武场，以鼓、锣、镲、梆为主，后期增加了弦乐、笙、笛等文场乐器。

（3）赛戏：河北长城沿线分别有"邯郸赛戏""武安赛戏"和"涉县赛戏"三种艺术形式。赛戏又名"赛"或"赛赛"，是流行于内蒙古、山西、河北、陕西等地区的一个古老戏曲剧种，其历史渊源及形成时间均无记载，从演出戴假面、追逐驱赶等表演特征来看，它与周代就已成型的"傩"及其衍生出的傩戏可能有同样的历史渊源。"赛"的本意是报祭，指的是一种祭祀活动，运用包括仪仗、鼓乐、百戏等多种形式来欢迎神灵。赛戏作为一种综合性演出，包括仪式、演出、社火等环节。表演以男性角色为主，在个别地区甚至根本没有女性角色。演出时以大锣、大鼓、大镲等打击乐器伴奏。各地演出剧目不尽相同，但大多为历史故事，也有表现革命题材的作品。河北省邯郸市上演剧目以三国戏为主，以汉代戏、宋代戏为辅；武安市演出剧目达数十部，其中《幽州》《三关》《广武山》《夜打登州》等较有代表性；涉县有《池县》《宁武关》等剧目，叙述商、明等朝的历史故事。

（4）河北梆子：形成于清道光年间（1821—1850年），并在山陕梆子的基础上逐渐演化，在清光绪初年，河北梆子进入兴盛时期，成为中国梆子声腔中一股重要的力量。河北梆子融合了河北地区的文化、风土人情等多种元素，逐渐塑造出一种浓郁的燕赵乡土风格的戏曲艺术形式，展现了其独特的地域特色。河北梆子艺术中所蕴含的燕赵文化内质主要表现为以下四方面：一是慷慨悲歌、舍生取义的美学范式；二是保家卫国、抵御外侮的爱国情结；三是追求苦尽甘来的审美享受；四是展现古朴厚重的民俗、民风。河北梆子经典剧目

《孟姜女》以"孟姜女寻夫"为蓝本,以孟姜女的情感发展为线索,通过春梦、夏怨、秋思、冬祭四个季节变化与情感变化的交融,突出孟姜女的情感历程,书写筑造长城的百姓视角。

(5) 冀南四股弦:河北长城沿线共有4项冀南四股弦,分别是"邢台四股弦""馆陶四股弦""魏县四股弦"和"肥乡四股弦"。冀南四股弦又名"四根弦",是河北地方戏曲剧种之一,其主要伴奏乐器大弦亦名"四胡",上有四根丝弦,剧种由此而得名。冀南四股弦流传于河北省巨鹿县、馆陶县、魏县、肥乡县(今肥乡区)等地,远播京、津、鲁、豫地区,至今已有200多年的历史。它最早是由民间的花鼓戏发展而成,19世纪初从山东传入河北,在民间俚曲的基础上吸收了乱弹、京剧、河北梆子等剧种的营养,逐渐演变成今天的规模。四股弦生、旦、净、丑行当齐全,早期多演民间家庭生活小戏,经过逐渐发展,后来也演出传统历史戏和连台本大戏。其唱腔悠长舒缓,委婉流畅,有男腔、女腔之分。角色语言含蓄幽默、通俗易懂,为广大观众所喜闻乐见。冀南四股弦剧目众多,《刘金定下南唐》《贺后骂殿》《二进宫》《坐楼杀惜》等是其中代表性的作品。

(6) 老调:河北长城沿线共包含"保定老调"和"安国老调"两种艺术形式。

保定老调是流传于河北省保定地区的一个地方戏曲剧种,又称"老调梆子",最早为白洋淀周边农村花会中演唱的俗曲"河西调",至清代道光、咸丰年间初具戏曲雏形。早期老调的行当以生、净为主,而这两行又都同唱老生调,故称"老调"。保定老调多描写帝王将相、草莽英雄的传奇故事,剧目一是由当地流行的木板大鼓曲目改编而来,如《杨家将》《呼家将》等;二是由高腔剧目移植而来,如《大战棋盘街》《山海关》《请清兵》等。

安国市老调剧团属西路老调,源于河北省安新县白洋淀一带。新中国成立前,西路老调没有职业剧团,艺人半农半艺,戏班时组时散。1953年安国县(今安国市)成立老调丝弦剧团,在文化主管部门等的帮助下,净化传统节目,创作移植编排新节目。1964年开始改演现代戏,排演《血泪荡》《赵五娘》《朝阳沟》,并移植京剧现代戏《红灯记》《沙家浜》《智取威虎山》等。"文革"

后，恢复原有的传统剧目，新排《逼上梁山》《哑女告状》等，同时编创了许多贴近生活的节目，多次参加河北省和原保定地区的会演、调演。

（7）乱弹：河北长城沿线主要分为"威县乱弹"和"南岩乱弹"两种乱弹形式。

威县乱弹以板腔体的"乱弹腔"为主要唱腔，有明显的俗曲痕迹，演唱上近似丝弦腔，但较丝弦腔更为浑厚、粗犷。威县乱弹角色体制规范，分生、旦、净、丑四大行当，表演浑朴古拙、粗犷热烈，注重唱、做、念、打。老生、胡子生为生行之首，重头戏较多。武戏讲究把子，成套把子达30多种。演唱时男女腔均以本字咬音，假嗓拖腔。其主要板式包括《一鼓头》《二鼓头》《慢板》《流水板》等，唱词为上下句结构，一般采用七字和十字句式，昆腔唱词则采用长短句式。威县乱弹剧目丰富，有300多种，《临潼关》《广武山》等是其中代表性的作品。

南岩乱弹是河北乱弹的正宗流派，保留清代乱弹原有的唱腔和板式，主要分布在东南岩、西南岩两村。南岩乱弹属多声腔剧种，唱腔以板腔体为主，辅以曲牌体。旋律悠扬多变，唱词为上下句结构，以七字句和十字句为基本句式。南岩乱弹表演悲壮高亢，古香古韵，唱腔豪迈，优美动听。在演唱和伴奏时，笛笙与唱念各有各的旋律，若即若离，呈现复调色彩。

（8）二人台：二人台是一种民间小戏，广泛流行于内蒙古中、西部地区以及晋北、陕北、河北张家口等地。它的曲调最初源自当地的民歌，后来吸收了内蒙古中、西部地区的汉族民歌，以及晋北民歌、陕北民歌、蒙古族民歌，还有一些是由冀北民歌与江淮民歌演变而来。而牌子曲则吸收了许多晋剧曲牌、民间吹打乐和宗教音乐的元素。

（9）武安平调落子：是武安平调和武安落子的总称，武安平调和武安落子是河北省武安市独有的两个地方剧种，经常在一起演出，习惯上合称武安平调落子。武安平调俗称大戏，约产生于明末清初，是河南怀调与武安地方民间音乐结合的产物。它属于梆子腔系，曲腔悠扬，旋律流畅，风格独特，有慢板、二八板、散板、流水板、裁板等板式。武安落子原名莲花落，清末由武安民间流行的"花唱"发展而来。其唱腔板式多样，有慢板、高腔、娃子、悲腔、迷子等板式和腔调。早期伴奏乐器只有锣踏鼓，后陆续增添镲、钹、笛子、板胡、二胡、笙等。

（10）晋剧：在河北长城沿线的石家庄井陉和张家口阳原地区广泛流传。

井陉晋剧现共有剧目300多个，曲牌500余种，并有《火烧庆功楼》《皇姑出家》等16个经典保留剧目。井陉晋剧相较于传统晋剧具备如下特点：在唱腔方面，融合了山西梆子的柔和与河北梆子的激昂，同时还融入了井陉口音的坚定，形成了刚柔相济的风格；在念白表演上，以晋剧的道白为基础，具有清晰准确的发音；在剧目选择上，与山西晋剧以唱为主、武打为辅的方式不同，井陉晋剧兼具文戏和武戏，秋色平分；演员绝大多数都是土生土长的井陉籍人；80%的剧本都是自创剧目和改编剧目；每个戏班都有它的传承谱系，如核桃园谱系、南障城谱系、常坪谱系、井陉晋剧团谱系等。

阳原晋剧，原名山西梆子，因产生于山西中部，故又称中路梆子，新中国成立后统称晋剧。清末民初，从山西晋中传入阳原。晋剧传入阳原后，逐渐融入了当地民俗文艺特色，借鉴了阳歌、二人台等精髓，道白通俗易懂、幽默诙谐。阳原晋剧的唱腔属板腔体，分乱弹、腔儿、曲子3种。乱弹是主要唱腔，有7种板式，包括平板、夹板、二性、流水、介板、滚白、导板。腔儿有五花、三花、走马、二指、导板腔、十三咳和四不像等7种，腔调特点是高亢，极富震撼力。伴奏乐器有大胡、二弦、三弦、四弦、马锣等。其表演最讲究翎子功、帽翅功、椅子功、鞭子功、梢子功、甩辫子功，经过八代艺人130多年的加工、改造、提升，逐渐发展、演变，形成阳原晋剧自己的特色。

（11）评剧：分为"滦南评剧"和"石家庄评剧"两种。它们最初被称为"蹦蹦戏"或"落子戏"，直到1935年，才正式确定了评剧这个名称。这两种评剧流行于北京、天津、河北和东北等地，深受广大群众的喜爱。大约在1910年，蹦蹦戏艺人以滦州及其周边地区的"莲花落"为基础，融合了东北二人转的音乐和剧目。随后，他们又吸收了京剧、皮影和大鼓等表演艺术的音乐元素，并在演出中运用了河北梆子的乐器进行伴奏，从而形成了评剧的基本风格。

（12）哈哈腔：在河北省的保定、沧州、衡水、廊坊、石家庄以及山东省部分区广泛盛行。该腔约在明末清初形成，清末民初达到鼎盛阶段。哈哈腔的发展大致经历了当地民间歌舞和民间小戏两个阶段，最终定型为以弦索小曲"柳子"为基调的小戏形式。在受到不同地方语言和民间艺术的影响下，哈哈腔逐渐形成了3个具有不同艺术风格和音乐特点的流派。哈哈腔的各行当唱腔大致相同，分为男腔和女腔两种，男女同调，仅在旋律上稍有区别。乐器方面，主要使用拙笙、巧弦、浪荡笛3种乐器，其中西路的笛子尤其突出，富有民间吹打乐的特色。

（13）坠子戏：来源于说唱形态的曲艺坠子，因以"坠子弦"（今称"坠胡"）为主要伴奏乐器而得名，广泛流传于河南、河北、安徽、山西、北京等地。坠子是由流行在河南、河北和皖北等地的曲艺道情、莺歌柳书、三弦书等结合形成的，坠子戏以河南坠子的曲调为基础，吸收京剧、豫剧的一些表演方法，最终形成独具一格的地方戏曲剧种。坠子戏传统的音乐唱腔包括过板、引子、平腔、大小寒韵、五字嵌、十字韵、快板扎等，可采用独唱、双人对唱、多人分唱等方式演唱，深受广大观众的欢迎。主奏乐器坠琴也叫"坠胡"，是由小三弦改制而成的拉弦乐器，演奏时多用顿亏、滑奏等手法，音色悠扬动听，表现力极为丰富。除此以外，坠子戏有二胡、二弦、笛、笙、唢呐、大提琴等多种伴奏乐器。

（14）石家庄丝弦：是河北省的一种古老剧种，也是全国罕见的地方戏曲声腔剧种之一。它流行于河北省和晋中地区东部。丝弦在明清俗曲基础上演变而来，唱腔独特，以真声唱字，旋律跳跃高亢，再用假声拖腔，旋律下降，激情悠扬，豪迈奔放。丝弦音乐属弦索声腔，有500多支曲谱，伴奏曲牌100多种，分官腔和越调两部分。丝弦乐队有文场和武场，文场乐器有弦索、月琴、大三弦、小三弦，武场乐器有板鼓、大筛锣、大铙、哑钹等。丝弦的角色有生、旦、净、丑，表演热情高涨，豪放粗犷，动作夸张，人物刻画细腻传神，带有浓厚的乡土气息。

（15）南路丝弦：是一种结合了板腔和曲牌体的音乐形式。其中的板腔包括二板、三垛板、快板、慢板等，而曲牌则有多首作品，如《山坡羊》《点绛唇》《海青歌》等。南路丝弦的唱腔独具特色，音域涵盖两个八度。唱腔最后一句常采用六至十二度向上跳跃，然后以假声逐渐下行并进行级进甩腔。这种尾腔翻高的唱法赋予南路丝弦极浓的地方色彩，成为其独有的特点。

（16）永年西调：属板腔体，声腔主要由丝弦曲牌和大笛曲牌组成，有二慢板、三慢板、四六板、垛板、慢长皮、介板等繁复多样、成本成套的板式，善于表现高亢激昂、自由奔放和活泼欢快的情绪。西调原有昆、梆、罗、卷、簧5种声腔，目前仅演梆子腔，唱腔和念白摒弃晋音，向京白、韵白靠拢。永年西调角色行当齐全，表演上主要学习借鉴京剧、河北梆子的表演程式及翻打技巧，具有粗犷豪迈、简练朴实的特点，充满乡土气息。

（17）豫剧（桑派）：在全国流传广泛，尤其在河北邯郸地区备受推崇。豫剧拥有丰富的剧目资源，近千种传统剧目，被称为"唐三千、宋八百"，其中包括《斩子》《牧羊卷》《刘全进瓜》等代表作。豫剧音乐包含四大板类、数十个唱腔板式和多种调门唱法，形成了众多艺术流派。邯郸豫剧表演艺术家桑振君的桑派艺术久负盛名，备受当地观众欢迎，表演经久不衰。

（18）武安傩戏：历史悠久，从规模、阵容和角色来看，体现了宋代宫廷大傩的传承。武安傩戏内容丰富多样，以娱神和人为目的，包括队戏、赛戏、竹马等表演节目。傩戏所使用的面具角色原始而古朴。固义村傩戏则是将祭祀、队戏、赛戏和其他多种民间艺术形式融合为一体的传统文化综合体。这一演出活动不仅起到了道德教化的作用，引导人们遵循孝道等伦理道德，同时也表达了农耕社会的人们对于风调雨顺、五谷丰登以及社会安宁的美好愿望。

在源远流长的中华文化中，传统戏剧将音乐、舞蹈、杂技、美术、服装等多种艺术形式聚合在一起，反映了长城沿线人民的生活百态，累积了深厚的民族历史文化，是创作长城旅游演艺节目过程中的重要艺术资源。（详见表2-5）

**表2-5 河北长城沿线传统戏剧类旅游演艺资源统计表**

| 序号 | 等级 | 入选时间、类型 | 资源名称 | 保护单位 |
| --- | --- | --- | --- | --- |
| 1 | 国家级 | 2011（扩展） | 昌黎皮影戏 | 昌黎县文化馆 |
| 2 | 国家级 | 2006（新增） | 唐山皮影戏 | 唐山市群众艺术馆 |
| 3 | 国家级 | 2014（扩展） | 乐亭皮影戏 | 乐亭县文化馆 |
| 4 | 国家级 | 2021（扩展） | 沙河皮影戏 | 沙河市文化馆 |
| 5 | 国家级 | 2006（新增） | 冀南皮影戏 | 邯郸市群众艺术馆 |
| 6 | 国家级 | 2008（扩展） | 晋剧 | 张家口戏曲艺术研究院 |

(续表)

| 序号 | 等级 | 入选时间、类型 | 资源名称 | 保护单位 |
|---|---|---|---|---|
| 7 | 国家级 | 2011（扩展） | 晋剧 | 井陉县文化馆 |
| 8 | 国家级 | 2006（新增） | 二人台 | 康保县文化馆 |
| 9 | 国家级 | 2008（扩展） | 蔚县秧歌 | 蔚县文化馆 |
| 10 | 国家级 | 2006（新增） | 定州秧歌戏 | 定州市文化馆 |
| 11 | 国家级 | 2006（新增） | 隆尧秧歌戏 | 隆尧县文化馆 |
| 12 | 国家级 | 2006（新增） | 评剧 | 成兆才评剧团 |
| 13 | 国家级 | 2011（扩展） | 评剧 | 石家庄市评剧院一团 |
| 14 | 国家级 | 2006（新增） | 哈哈腔 | 保定市清苑区哈哈腔剧团 |
| 15 | 国家级 | 2008（新增） | 坠子戏 | 深泽县坠子剧团有限公司 |
| 16 | 国家级 | 2014（扩展） | 南岩乱弹 | 高邑县万城乡南岩乱弹剧团 |
| 17 | 国家级 | 2008（扩展） | 威县乱弹 | 威县文化馆 |
| 18 | 国家级 | 2006（新增） | 武安傩戏 | 武安市文化馆 |
| 19 | 国家级 | 2006（新增） | 石家庄丝弦 | 石家庄市丝弦剧团 |
| 20 | 国家级 | 2008（扩展） | 豫剧（桑派） | 邯郸市东风剧团 |
| 21 | 国家级 | 2006（新增） | 武安平调落子 | 武安市文化馆 |
| 22 | 国家级 | 2008（新增） | 永年西调 | 邯郸市永年区文化馆 |
| 23 | 国家级 | 2008（新增） | 四股弦（冀南四股弦）馆陶 | 馆陶县文化馆 |
| 24 | 国家级 | 2008（新增） | 四股弦（冀南四股弦）魏县 | 魏县文化馆 |
| 25 | 国家级 | 2008（新增） | 四股弦（冀南四股弦）肥乡 | 邯郸市肥乡区文化馆 |
| 26 | 国家级 | 2008（新增） | 四股弦（冀南四股弦）邢台 | 巨鹿县文化馆 |
| 27 | 国家级 | 2008（新增） | 赛戏（邯郸） | 邯郸经济技术开发区教育和文化体育中心 |
| 28 | 国家级 | 2008（新增） | 赛戏（武安） | 武安市文化馆 |
| 29 | 国家级 | 2008（新增） | 赛戏（涉县） | 涉县文化馆 |
| 30 | 国家级 | 2008（新增） | 保定老调 | 保定艺术剧院 |
| 31 | 国家级 | 2011（扩展） | 安国老调 | 安国老调艺术传播有限公司 |
| 32 | 国家级 | 2021（新增） | 南路丝弦 | 邢台市群众艺术馆 |
| 33 | 国家级 | 2006（新增） | 河北梆子 | 河北省河北梆子剧院演艺有限公司 |

4. 曲艺

曲艺是中华民族各种说唱艺术的统称，它是由民间口头文学和歌唱艺术经过长期发展演变形成的一种独特的艺术形式。

河北长城沿线的曲艺资源是长城民族历史和民族文学的特殊传承载体。因其自身的存在，不仅为长城旅游演艺项目的开发提供了文学题材，而且内化了艰苦勤奋、坚韧刚毅、开拓进取的长城精神，并培育了人们的艺术审美情趣。目前河北长城沿线国家级曲艺类非遗旅游演艺资源共7项，主要是乐亭大鼓、京东大鼓、西河大鼓、山东大鼓和河南坠子。（详见表2-6）

表2-6 河北长城沿线曲艺类旅游演艺资源统计表

| 序号 | 等级 | 入选时间、类型 | 资源名称 | 保护单位 |
| --- | --- | --- | --- | --- |
| 1 | 国家级 | 2006（新增） | 乐亭大鼓 | 乐亭县文化馆 |
| 2 | 国家级 | 2021（扩展） | 乐亭大鼓 | 滦南县文化馆 |
| 3 | 国家级 | 2008（扩展） | 京东大鼓 | 廊坊市群众艺术馆 |
| 4 | 国家级 | 2008（扩展） | 西河大鼓 | 文安县文化馆 |
| 5 | 国家级 | 2008（扩展） | 山东大鼓（梨花大鼓） | 鸡泽县文化馆 |
| 6 | 国家级 | 2008（扩展） | 山东大鼓（梨花大鼓） | 威县文化馆 |
| 7 | 国家级 | 2011（扩展） | 河南坠子 | 临漳县文化馆 |

（1）乐亭大鼓：有乐亭和滦南两种，传唱于唐山市一带。唱腔采用板腔体，曲调多样。包括慢板、散板等，还有上字调和凡字调两种调性转换，板式变化非常灵活。乐亭大鼓旋律优美独特，融入地方特色，具有戏剧性，被称为"九腔十八调"。鼓词丰富多样，具有高度文学性和深刻思想性，对研究我国社会文明史、社会发展史、民俗文化史和音乐发展史都具有珍贵的价值。

（2）京东大鼓：其表演形式，最初为木板击节，后改为铁片、铜板。演唱者右手击书鼓，左手击板站立演唱；弦师弹大三弦伴奏，后又加入扬琴伴奏。三弦伴奏及三弦加扬琴伴奏两种形式并存，演员在舞台表演时左手持板、右手击鼓，说唱结合，边唱边演，刚柔相济，动静结合。京东大鼓体现了当地人文精神与文化内涵，其乡土气息浓郁，唱词通俗易懂，简洁易学，易于传播。

（3）西河大鼓：是中国北方地区的鼓书暨鼓曲形式，传统曲艺曲种之一。西河大鼓的流传中有多个名称，如"大鼓书""西河调"等。20世纪20年代，在天津定名为西河大鼓。表演形式为一人自击铜板和书鼓说唱，同时有专人操三弦伴奏。唱腔简洁苍劲，风格似说似唱，韵味独特。传统书目包括150余部中长篇和370余篇小段，内容涵盖历代战争故事、历史演义、民间故事、神话故事和寓言笑话等。其中不少作品反映了劳动人民的内心感情，传承了中华优秀传统文化。

（4）山东大鼓（梨花大鼓）：历史悠久，流传于河北南部邢台市魏县和邯郸市鸡泽县。梨花大鼓早期源自民间，展现民间疾苦和农家故事，风格朴实、乡土气息浓郁。曲调高昂，融合说、唱、道、白，叙事抒情交融。常见作品包括《包公案》《海公案》《西厢记》等。

（5）河南坠子：形成于河南并广泛流传于周边省份如河北、山东等地。因1953年临漳县由河南省安阳市管辖，所以在河北省临漳县，河南坠子拥有非常深厚的群众基础。河南坠子是一种以说唱为主的表演形式，使用中原方言。早期只有一人连唱带拉，后来出现二人对唱专人伴奏，唱腔曲调属板腔体；伴奏有坠胡、简板、振堂木、脚踏板、书鼓；唱词格式基本为九字、七字韵、汤口词等。

（二）传统体育、游艺与杂技

武术是非物质文化遗产的重要项目之一，属于传统体育、游艺与杂技类，更是中华优秀传统文化的载体。河北自古以来被称为"燕赵大地"、畿辅之地。在燕赵大地上，经过漫长岁月的沉淀，形成了与其他地区不同的独特文化风格，被称为"豪气任侠、慷慨悲歌"。这种独特区域文化的延续离不开燕赵地域的自然环境以及人民悲壮的战斗历史。这种历史的产生使燕赵人民形成一种尚武的社会风气，从而使武术在燕赵大地上延续发展。目前，河北长城沿线国家级传统体育、游艺与杂技类非遗旅游演艺资源共15项，主要包含太极拳、梅花拳、鹰爪翻子拳等。（详见表2-7）

表2-7　河北长城沿线传统体育、游艺与杂技类旅游演艺资源统计表

| 序号 | 等级 | 入选时间、类型 | 资源名称 | 保护单位 |
|---|---|---|---|---|
| 1 | 国家级 | 2008（新增） | 满族二贵摔跤 | 河北省隆化县文化馆 |
| 2 | 国家级 | 2021（扩展） | 孙氏太极拳 | 望都县文化馆 |
| 3 | 国家级 | 2014（扩展） | 王其和太极拳 | 河北省王其和太极拳协会 |
| 4 | 国家级 | 2006（新增） | 杨氏太极拳 | 邯郸市永年区文化馆 |
| 5 | 国家级 | 2008（扩展） | 武氏太极拳 | 邯郸市永年区文化馆 |
| 6 | 国家级 | 2006（新增） | 邢台梅花拳 | 广宗县文化馆，国家非物质文化遗产梅花拳平乡县后马庄保护传承协会 |

(续表)

| 序号 | 等级 | 入选时间、类型 | 资源名称 | 保护单位 |
|---|---|---|---|---|
| 7 | 国家级 | 2011（扩展） | 梅花拳 | 威县文化馆 |
| 8 | 国家级 | 2008（扩展） | 正定高照 | 正定县文化馆 |
| 9 | 国家级 | 2008（扩展） | 安头屯中幡 | 香河县文化馆 |
| 10 | 国家级 | 2008（新增） | 八卦掌 | 文安县文柱武校 |
| 11 | 国家级 | 2011（扩展） | 八卦掌 | 固安县文化馆 |
| 12 | 国家级 | 2008（新增） | 左各庄杆会 | 文安县文化馆 |
| 13 | 国家级 | 2008（新增） | 苏桥飞叉会 | 文安县文化馆 |
| 14 | 国家级 | 2006（新增） | 沙河藤牌阵 | 邢台经济开发区沙河城镇十里铺村村民委员会 |
| 15 | 国家级 | 2008（新增） | 鹰爪翻子拳 | 保定市鹰爪翻子拳文化研究会 |

（1）太极拳：河北长城沿线共有"孙氏太极拳""杨氏太极拳""武氏太极拳""王其和太极拳"4种太极拳。太极拳是中国传统拳术，以太极、阴阳辩证理念为核心思想。它集颐养性情、强身健体、技击对抗等功能于一体，融合了易学的阴阳五行、中医经络学、古代导引术和吐纳术。太极拳以柔和、缓慢、轻灵、刚柔相济的方式修炼，是一种内外兼修的中国传统拳术。2020年，太极拳入选联合国教科文组织人类非物质文化遗产代表作名录。

（2）梅花拳：简称梅拳，为桩上练习的拳术，亦作为基础功练习。起源于明末，初为家传，后在清乾隆年间向外传播，河北滦县（今滦州市）韩其昌传人较多。

（3）鹰爪翻子拳：是流行于京南、保定及河北其他地区的传统体育。翻子拳在明代被称为"八闪翻"，后俗称"翻子拳""翻子"。鹰爪翻子拳是由八闪翻衍生而来的一种拳法流派。它结合了翻子拳的八个闪翻技法，并吸收了"岳氏散手"的擒拿技法和鹰爪功法的刁抓擒拿手型。这种拳法融合了鹰爪手型的特点，形成了一种全新的翻子拳种，鹰爪翻子拳的主要内容是鹰爪行拳和鹰爪翻子连拳，所谓"出手拳打，回手鹰抓，拳密如雨，脆快似鞭"，既有鹰爪拳的风格，又有翻子拳的特点。

（4）满族二贵摔跤：由传统体育竞技"乔相扑"演化而来，是流传于河北省隆化县城乡的一种传统民间道具舞蹈，形成于清朝道光末年（1850年）前后，距今已有180多年的历史。满族二贵摔跤为单人表演形式，表演者背负一个装成两人的木架，做摔跤架势。表演时需着不同颜色的服装，以双腿和双臂扮作两人，做手脚互摔的动作。在道具围子的隐藏下，表演者以抡、转、滚、翻、摔、扫、踢、挡、下绊、托举、互相扭摔等武术套路、摔跤技巧和舞蹈语汇做出滑稽、幽默、逼真的摔跤动作，全部表演一气呵成，并有鼓乐烘托。

（5）中幡：河北长城沿线的中幡共有"安头屯中幡"和"正定高照"两种。

安头屯中幡起源于隋唐，初为民间杂耍，后逐渐发展出各种花样和手法，并出现有组织的民间表演艺术团体，名为"中幡会"，主要流传在河北省香河县安头屯镇。目前，安头屯中幡已积累了中幡技巧动作 100 多个。其中前把幡变换手法包括起幡托塔、摘肩托塔、晃肋托塔、托塔盘肘等 30 多个动作，后把幡变换手法包括插剑脑件、插花脑件、左插剑灌耳蹲裆牙件等几十个动作。大挎鼓表演内容包括大鼓三十调，每调均有鼓谱，分连打和摘打两类。花钹既可与铙铙、大鼓齐奏，也可单打，还可与铙铙穿插对打。花钹又有单人打与双人打、四人合打、六人合打、八人合打等表演样式。

正定高照起源于民国以前，是正定民间花会表演的一个有代表性的重要项目，至今已有百余年历史。高照所用道具主要是粗大竹料，长短、粗细不一。表演前用龙凤小旗缠绕竹竿，上竖两把花伞，竿顶插十支雉鸡翎作为装饰。高照主要在传统节日和喜庆农闲之时表演，演出时一般由几个汉子轮流上场，表演者用竹竿在身上做出各种动作。表演时有鼓、乐、锣伴奏，还有彩旗、竹幡助威。其动作灵活多变，扣人心弦。

（6）八卦掌：广泛传承于固安县、文安县以及其他地区的拳术。它以掌法变换和行步走转为主要特点，由董海川创建并在清朝末传世，不断发展完善。八卦掌的核心是将攻防招数和导引方法融入绕圈走转中，以动制不动、快动制慢的原则为基础。它包括多种掌法和步法，运动特点为一走、二视、三坐、四翻，注重内外兼修，强调身心合练，使身体灵活敏捷，掌法变幻多样。

（7）左各庄杆会：流传于河北省文安地区的一种传统体育项目。与其他地区的杆会不同，左各庄杆会使用活杆作为主要工具，可以随时随地进行表演。它包含多种技术动作，如打挺、单抓三叨两、圈上睡觉、挂脚面等。

（8）苏桥飞叉会：创办于清代同治年间，在京、津、冀地区广泛流传，长

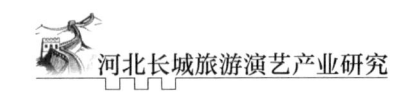

演不衰。清末民初，河北省文安县苏桥镇靳文斌承上启下，将通背、太极、花叉三技融为一体，创办苏桥飞叉会，之后传人有靳月庭、狄希彭等。苏桥飞叉会除在地面表演外，还能站在方凳上用双腿表演单叉、双叉。飞叉表演分为单人舞叉、双人舞叉、数人对舞等，套路名称有云罗背剑、飞龙滚地、怀中抱月、壮士架桥等，整个表演叉随人转，人随叉转，上下翻飞，令人眼花缭乱，可谓美不胜收。

（9）沙河藤牌阵：我国古代战场实战技击项目，流传于沙河市十里铺村，当地人称之为"打藤牌"。沙河藤牌阵历史悠久，传说明末，李自成军队从北京溃败南退，其中有一人秘密逃遁十里铺村，将藤牌阵传授给村民，用以护村、防身，并留下"只传男，不传女，传里不传外"的训诫。

## 二、非表演性非物质文化遗产

### （一）民间文学

民间文学类旅游资源基本包含民间文学、民间传说、名人故事三种类型。

#### 1. 民间文学

民间文学是指民众在生活文化和生活世界里传承、传播、共享的口头传统和语词艺术，具有深厚的历史和文化内涵，包含了丰富的艺术魅力和人文价值。它反映了中国古代社会、文化和生活的方方面面，也反映了不同民族和地区的文化和民俗传统，是研究中国古代文化的重要资料之一。

长城民间文学是起源于长城或长城沿线，依托长城地区特殊的地理、历史、文化和民族环境生成的边塞通道、关城防御、军屯戍边、王朝更迭、民族抗战、人口迁移等多元文化，挖掘其所承载的重大事件、重点人物、重要故事。这类文化资源往往形成神话、传说等民间文学类非物质文化遗产，它不仅是其他类别非遗技艺（如传统美术、传统戏剧类）表现形式的精神内涵和创作源泉，更是影视作品以及长城旅游演艺等作品创作的优质素材。目前河北长城沿线国家级民间文学类非遗旅游演艺资源共4项，主要包括耿村民间故事、孟姜女传说、契丹始祖传说、鬼谷子传说。（详见表2-8）

表 2-8　河北长城沿线民间文学类文旅资源统计表

| 序号 | 等级 | 入选时间、类型 | 资源名称 | 保护单位 | 简介 |
|---|---|---|---|---|---|
| 1 | 国家级 | 2006（新增） | 耿村民间故事 | 石家庄市藁城区文化馆 | 耿村因故事资源丰厚，讲述人集中，被命名为"故事村" |
| 2 | 国家级 | 2008（扩展） | 孟姜女传说 | 秦皇岛市山海关区文化馆 | 嘉山孟姜女传说是主要流传在湘西北澧水流域一带的民间爱情故事 |
| 3 | 国家级 | 2011（新增） | 契丹始祖传说 | 平泉市文化馆 | 契丹始祖由神人乘白马，在平泉县马盂山浮土河生育而形成"契丹八部" |
| 4 | 国家级 | 2014（新增） | 鬼谷子传说 | 临漳县文化馆 | 传说流传于邯郸市临漳县，据说鬼谷子是其母"食谷而生"，因而取名鬼谷 |

（1）耿村民间故事：河北省藁城市传统民间文学，这些文学作品涉及多个学科领域，如社会学、伦理学、文学等，因此具有相当高的学术价值。耿村故事作为其中的一部分，展现了审美观、价值观，以及科学认识、道德教化和娱乐功能，对于社会主义精神文明的建设、人民群众文化生活的丰富、构建和谐社会，具有积极的现实意义。

（2）孟姜女传说：最早源于《礼记·檀弓下》所记杞梁妻的故事。至唐代，故事情节和主题思想与后来的孟姜女故事已很接近，不过故事发生的时间由春秋时代改为秦朝，地点由"齐长城"变为"秦长城"，人物由齐国大将杞梁夫妻变为燕人杞良及其妻孟氏。到明代又多了"秦始皇逼婚"的情节，故事至此完全定型。孟姜女故事从江南松江府到北方山海关皆有流传，山海关东的凤凰山上建有贞女祠，即现今的孟姜女庙。孟姜女传说具有广泛的群众性和民间传承性，历史演变线索清晰，思想内涵丰富，故事情节曲折动人，具有很强的艺术感染力，在历史研究及文学艺术方面具有一定的价值。

（3）契丹始祖传说：据调查，该传说在平泉县（今平泉市）已经历了一个漫长的发展过程，以口传心授的方式一直流传至今。"契丹始祖传说"讲的是在很久以前，有一神人居住在平泉县柳溪乡的光头山（古称马盂山），他骑着一匹白马沿着老哈河（古称土河）顺流向东而去。有一天女居住在西拉木伦河（古称潢河）上游的平地松林中，她驾着青牛车顺着西拉木伦河而下，两人相遇在内蒙古赤峰的木叶山二水交汇之处，辽河之畔。两人一见钟情，结为夫妻，育有八子，以后族属逐渐繁盛，形成了最早的"契丹古八部"。他们各部族都供奉青牛白马，以表示用始来之物祭祀祖先。

（4）鬼谷子传说：战国时期著名的军事教育家鬼谷子，被誉为纵横家的鼻祖。据传，鬼谷子是在临漳县谷子村出生的，临漳县保存着鬼谷子的祠堂和碑刻。近年来，临漳县将鬼谷子文化与其他文化相结合，建设了鬼谷子文化景区，并被确定为中国鬼谷子文化之乡。

（二）传统技艺

传统手工艺品和特色饮食通常在景区以成品售卖的方式向游客展示了地方独特的传统技艺，同时也能刺激相关手工艺品的销售，进而增加收入。目前河北长城沿线国家级传统技艺类非遗旅游演艺资源共18项，主要包含定瓷烧制技艺、易水砚制作技艺等。

1. 手工技艺

我国传统文化的重要组成部分之一是"传统手工技艺"。手工艺指的是通过手工劳动制作的工艺美术，与大规模工业化生产的标准不同，手工艺品是纯手工或借助工具制作的产品。河北手工艺制作品有着悠久的历史，以其悠久的历史、精湛的技艺，传世佳作蜚声海内外。

（1）定瓷烧制技艺：定瓷始于唐代，兴于北宋，是宋代名瓷之一，因其产地河北省曲阳县古代属定州，故名"定瓷"。定瓷胎质坚密细腻，釉色透明，柔润媲玉，除白色外，还有红、黑、紫、绿诸色。宋代定、汝、官、哥、钧五大名窑中，唯定窑以装饰见长。定瓷在宋代被称为"天下第一瓷"。当时除供朝廷御用外，还大量出口到埃及、日本和非洲一些国家。

（2）易水砚制作技艺：易水砚是河北省易县的著名手工艺品，因流经产地易水而得名。易水砚的制作始于战国，盛于唐宋，至明代渐趋成熟。当时的鉴赏家对易水砚给予了极高的评价，认为其"质之坚润，琢之圆滑，色之光彩，声之清冷，体之厚重，藏之完整，为砚中之首"。千百年来，易水砚一直以其天然的优等材质和独特的艺术风格而为世所重。易水砚做工精细，造型古朴，典雅大方，具有很高的观赏和收藏价值，向来为收藏家所珍爱，曾多次被评为"全国高档名砚"。从应用角度看，这种砚质地细腻，硬度适中，发墨快，不伤笔毫，砚池内所储墨汁滋润而不易蒸发，是书画家理想的创作工具。

除此之外，河北长城沿线还有清苑传统制香技艺、定州缂丝织造技艺、定兴书画毡制作技艺、南张井老虎火、景泰蓝制作技艺、花丝镶嵌制作技艺、威县土布纺织技艺、邢窑陶瓷烧制技艺、磁州窑烧制技艺、魏县传统棉纺织技艺、肥乡传统棉纺织技艺等多种优秀传统手工技艺资源。

2. 烹饪技艺

烹饪工艺也属于手工操作技术，它以有计划、有目的、有程序的方式利用炊制工具和炉灶设备对烹调原料进行加工，以制作出能满足饮食需求的菜点。

河北长城沿线以直隶官府菜烹饪技艺而闻名，这是古城保定珍贵的文化遗产之一。从清代到民国时期，直隶官府菜肴和烹饪技艺快速发展，成为中国北方菜肴的重要代表之一，也是河北菜肴的主要起源地和重要组成部分。其中，保定府槐茂甜面酱独具酱香味，使得直隶官府菜肴独树一帜。直隶官府菜肴还采用了独特的器皿，外观精美且科学实用，其中最具代表性的是温盘、温碗和温盏。主要菜品有总督豆腐、李鸿章烩菜、上汤酿白菜等。

除此之外，河北长城沿线还具有大名小磨香油制作技艺、山庄老酒传统酿造技艺、板城烧锅酒传统五甑酿造技艺、刘伶醉酒酿造技艺等传统烹饪技艺资源。（详见表2-9）

表2-9 河北长城沿线传统技艺类旅游演艺资源统计表

| 序号 | 等级 | 入选时间、类型 | 资源名称 | 保护单位 |
|---|---|---|---|---|
| 1 | 国家级 | 2008（新增） | 山庄老酒传统酿造技艺 | 承德避暑山庄企业集团股份有限公司 |
| 2 | 国家级 | 2008（新增） | 板城烧锅酒传统五甑酿造技艺 | 承德乾隆醉酒业有限责任公司 |
| 3 | 国家级 | 2008（新增） | 定瓷烧制技艺 | 河北省曲阳陈氏定窑瓷业有限公司 |
| 4 | 国家级 | 2008（新增） | 易水砚制作技艺 | 河北易水砚有限公司 |
| 5 | 国家级 | 2021（扩展） | 刘伶醉酒酿造技艺 | 刘伶醉酿酒股份有限公司 |
| 6 | 国家级 | 2011（新增） | 直隶官府菜烹饪技艺 | 保定直隶官府菜研究会 |
| 7 | 国家级 | 2021（扩展） | 清苑传统制香技艺 | 河北古城香业集团股份有限公司 |
| 8 | 国家级 | 2021（新增） | 定州缂丝织造技艺 | 定州市文化馆 |
| 9 | 国家级 | 2021（新增） | 定兴书画毡制作技艺 | 定兴县何中堂文化用品制造有限公司 |
| 10 | 国家级 | 2008（扩展） | 南张井老虎火 | 井陉县文化馆 |

(续表)

| 序号 | 等级 | 入选时间、类型 | 资源名称 | 保护单位 |
|---|---|---|---|---|
| 11 | 国家级 | 2014（扩展） | 景泰蓝制作技艺 | 大厂回族自治县京东工艺品有限公司 |
| 12 | 国家级 | 2008（新增） | 花丝镶嵌制作技艺 | 大厂回族自治县良盛达花丝镶嵌特艺有限公司 |
| 13 | 国家级 | 2014（扩展） | 威县土布纺织技艺 | 威县老纺车粗布制品有限公司 |
| 14 | 国家级 | 2014（新增） | 邢窑陶瓷烧制技艺 | 邢台市邢瓷烧制技艺研究院 |
| 15 | 国家级 | 2006（新增） | 磁州窑烧制技艺 | 邯郸市峰峰矿区文化馆 |
| 16 | 国家级 | 2008（新增） | 传统棉纺织技艺（魏县） | 魏县文化馆 |
| 17 | 国家级 | 2008（新增） | 传统棉纺织技艺（肥乡） | 邯郸市肥乡区文化馆 |
| 18 | 国家级 | 2021（新增） | 食用油传统制作技艺（大名小磨香油制作技艺） | 大名县文化馆 |

### （三）民俗

民俗又称民间文化，是指在长期的生产实践和社会生活中逐渐形成、世代相传、稳定存在的文化事项。它简单概括了民间流行的风尚和习俗，代表了一个民族或社会群体的文化特征。目前河北长城沿线国家级民俗类非遗旅游演艺资源共13项，主要包含元宵节、太昊伏羲祭典、民间社火等。（详见表2-10）

**表2-10 河北长城沿线民俗类旅游演艺资源统计表**

| 序号 | 等级 | 入选时间、类型 | 资源名称 | 保护单位 |
|---|---|---|---|---|
| 1 | 国家级 | 2008（新增） | 元宵节（蔚县拜灯山习俗） | 蔚县文化馆 |
| 2 | 国家级 | 2021（扩展） | 打铁花（蔚县打树花） | 蔚县文化馆 |
| 3 | 国家级 | 2014（扩展） | 元宵节（抢花） | 滦平县非物质文化遗产保护中心 |
| 4 | 国家级 | 2008（新增） | 抬阁（芯子、铁枝、飘色）（宽城背杆） | 宽城满族自治县文化馆 |
| 5 | 国家级 | 2006（新增） | 安国药市 | 安国市文化馆 |
| 6 | 国家级 | 2011（扩展） | 太昊伏羲祭典（新乐伏羲祭典） | 新乐市文化馆 |
| 7 | 国家级 | 2008（扩展） | 民间社火（桃林坪花脸社火） | 井陉县文化馆 |
| 8 | 国家级 | 2008（新增） | 灯会（胜芳灯会） | 霸州市文化馆 |
| 9 | 国家级 | 2008（新增） | 抬阁（芯子、铁枝、飘色）（葛渔城重阁会） | 安次区文化馆 |
| 10 | 国家级 | 2008（新增） | 抬阁（芯子、铁枝、飘色）（隆尧县泽畔抬阁） | 隆尧县文化馆 |
| 11 | 国家级 | 2006（新增） | 女娲祭典 | 涉县文化馆 |
| 12 | 国家级 | 2008（扩展） | 民间社火（永年抬花桌） | 邯郸市永年区文化馆 |
| 13 | 国家级 | 2008（新增） | 灯会（苇子灯阵） | 邯郸市峰峰矿区文化馆 |

1. 元宵节

元宵节分为"蔚县拜灯山习俗"和"滦平抢花"两种。

（1）蔚县拜灯山习俗：是民间社火活动的一个种类，流传于河北省蔚县宋家庄镇上苏庄村。蔚县拜灯山习俗出现于明代嘉靖年间，至明末清初进入成型期，清末民初它与民间社火戏曲相结合，内容、形式更加丰富完善。

（2）抢花：是河北省滦平县火斗山乡大店子村的传统民俗文化，属于民间花会中的一档，在大店子村历史久远。抢花作为一种民间艺术，在表演时，首先缓慢地转动花架，以产生离心力，将木炭在花筒内四处甩溅，使铁花迸溅到四周。随着转速逐渐增加，花筒内的温度不断上升，导致钢铁熔化，铁花飞溅。整个场地的中心形成了一片光线交织的金花光环，景象非常壮观。

2. 太昊伏羲祭典

太昊伏羲祭典（新乐伏羲祭典）是在河北省新乐市伏羲庙举行的中华人文始祖伏羲氏祭祀仪式活动。历史文献记载，新乐曾是伏羲氏寓居地，"羲台"遗址尚存，今为河北省文物保护单位。隋朝大业（605—616年）中，新乐就有"羲皇圣里"之名。明万历年间，羲台城废，留下遗址，台上保留伏羲庙古庙，几经毁修，一直是新乐祭祀伏羲的中心地。历代祭典有御祭、官祭、民祭三种方式。1985年后，伏羲庙祭典重新恢复，祭日为传说伏羲氏诞辰的农历三月十八。当地各界及民众踊跃参与，还有全球华人、华裔以及外国友人前来参加盛典，规模盛大，仪式隆重。

3. 民间社火

民间社火分为"桃林坪花脸社火"和"永年抬花桌"两种。

（1）桃林坪花脸社火：其表现的是三国、梁山等故事中的战斗场面，共有十六回，每回讲述一个故事，一至十五回反映历代名将的战斗经历，第十六回系由桃林坪村老艺人赵维海所创。桃林坪花脸社火不唱不说，只有从演员的脸型、招路上仔细观察才能辨别出人物身份和故事内容。桃林坪社火演员武艺超群，明代嘉靖年间曾被朝廷封为皇纲护卫队，因此一年一度的井陉赵庄岭皇纲都由桃林坪社火押送，称为"押纲护驾社火"。

（2）永年抬花桌：集民间工艺制作、抬舞、吹奏、打击于一体，是一种带有鲜明燕赵地域文化特色的民间舞蹈样式。它始于唐初，至今已有千余年

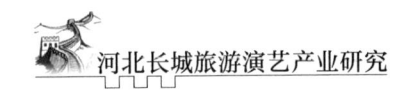

的历史，主要流传于河北省永年县（今永年区）的临洺关镇六道街。花桌一般重达两百余斤，以独特的传统工艺制作而成。类似八仙桌的桌子上遍插各类花卉，形成高拱造型，而后穿插两根长达5米的抬杆，由8人或16人抬着在原地舞动或花步行走，一人扶杆，呼唤口号，进行指挥。花桌以永年鼓吹乐队前导，唢呐吹奏乐曲伴随抬舞者前行，常奏的曲目有《霸王鞭》《小木碗》《扯不断》等。抬花桌者不计报酬，由民间自发组成，一台花桌需用四五十人。抬花桌时以前后搓步、八字步、花步、秧歌步、抖肩换肩等多种舞步行进，行走过程中鼓乐声喧，花枝飞舞，众人动作整齐协调，场面十分壮观。抬花桌一般固定在元宵节期间表演，从祭桌、插桌、抬桌到最后的拆桌、封桌，有一套约定的仪式流程。

4. 抬阁（芯子、铁枝、飘色）

抬阁，又称芯子、铁枝、飘色，河北长城沿线抬阁分为"宽城背杆""葛渔城重阁会"和"隆尧县泽畔抬阁"三种。

（1）宽城背杆：俗称"背歌"，主要流传于河北省宽城满族自治县的宽城镇北村。据老艺人回忆，宽城背杆始于清代，兴盛于民国时期。宽城背杆道具制作精细，上下角绑缚极其讲究，像《算粮登殿》中的算盘、《火洞天》中哪吒踩踏的风火轮、《麻姑献寿》中鲜红的寿桃等都制作得十分逼真，巧夺天工。宽城背杆的重量平均为26.5～27千克，好背手一副架最多能扛顶三四名扭童，负重达一百多千克。现在使用的架杆均为铁架，上下角以活动自如、安全可靠为前提，上下杆绑缚要求极高，必须尽量避免摩擦挤压。表演时打叉、挑凳者若干人紧随其后，各尽其职，责任分明。

（2）葛渔城重阁会：在清代乾隆年间由山西传入当地，至今已有两百多年的历史。表演时由上下两层演员组成戏曲人物造型，以下一层演员为主，故下面的"底座"须选身强力壮、善于表演的男演员装扮男角，上层的"二节人"则选形象好、善于表演的10岁左右儿童扮成女角。托举儿童的道具称为"芯子"，是一种铁铸的双搭肩背架，中间伸出一根铁杆。"底座"背着"芯子"，上面的儿童下半身固定在铁杆上，穿着成人戏服，双臂舞动，风姿绰约。由于要稳住上面的"二节人"，"底座"的身体必须保持平衡，同时还要进行表演，所以其舞步和动作都很讲究，技巧难度极高。两人表演的"芯子"重六七十斤，三人或四人表演时"芯子"更加沉重，难度也相应增大，非大力士无法表演，所以演出时每架"芯子"都有两三个替换演员。

（3）隆尧县泽畔抬阁：是流行于河北省隆尧县的一种群众性民间艺术，它源于元代末年的扛神活动，至今已有 500 余年历史。泽畔抬阁起初是由人抬神像，后来变为人抬人扮演的神，多表现为两个八人抬阁形式。一般的抬阁床长 1.5 米、宽 1 米、高 1 米。表演时，一演员站立或端坐在抬阁床上，另一演员好似站在其手上或肩上。整个表演充满惊险意味和诙谐幽默风格。泽畔抬阁演员选择极为严格，多在农历腊月由班头挑选 12 虚岁以下的少年男女上抬阁，一般一抬阁男女各一。入选演员者全家庆贺，村人羡慕。抬阁所表现的情节以戏曲故事和民间传说为主，也可根据具体情况穿插具有时代气息的题材，"吕洞宾戏牡丹仙子""赵匡胤千里送京娘""三打白骨精""关公保皇嫂""白蛇与许仙""哪吒智斗三太子""岳飞与秦桧"等都是其中较为常见的内容。

5. 灯会

灯会在河北长城沿线分为"胜芳灯会"和"苇子灯阵"两种。

（1）胜芳灯会：胜芳花灯源远流长，明初已闻名京津华北一带。它由盂兰盆灯会、元宵冰灯和元宵花灯三部分组成，主要流传于河北霸州地区。

（2）苇子灯阵：苇子灯阵是一种将工艺制作与舞蹈表演有机结合的民间艺术形式，流传于河北省邯郸市峰峰矿区以西的义井镇东王看村。

6. 打铁花

河北省张家口市蔚县暖泉镇的地方传统民俗文化活动之一是打铁花，又被称为打树花。该活动古老、有特色，已有 500 余年的历史。它通过将熔化的铁水泼洒在古城墙上，引发万朵火花的迸溅，呈现出壮观的景象。由于这些火花状似茂盛的树冠，故而被戏称为"树花"。

7. 女娲祭典

相传，女娲的生日是在农历三月十八日。因此，每年从农历三月初一到十八日，来自晋、冀、鲁、豫四省的人们都会前来朝拜女娲。这一传统形成了历史悠久的娲皇宫庙会，已有千余年的历史。庙会的目的是颂扬女娲这位人类始祖的众多功德，包括抟土造人、炼石补天、断鳌足、立四极、治洪水、通婚姻、演奏笙簧等。庙会的主要活动包括民祭、公祭和朝拜等环节。

### 8. 安国药市

安国市为保定市辖区，位于离省会石家庄南方约 100 千米处。安国药王庙建于东汉时期，药王邳彤是光武帝刘秀的一位重要将领。该庙会自南宋时开始，已有 700 多年历史。庙会按照春庙五个月、秋庙七个月的规定进行，持续全年。春庙的重要日子是农历四月二十八日，被认为是药王的生日，是最盛大的时刻。冬庙的重要日子是农历十月十五日，是药王的祭日，规模与春庙正日相当。庙会有独特的参拜礼仪，包括演戏、抬大供、献鼎、树伞、塑金身、挂匾、献袍、捐地、劳役等形式。参拜礼仪有三拜九叩和四叩礼等多种形式，并供奉面食和三牲祭品。期间还有各种娱乐活动。详情见表 2-10。

## （四）其他

### 1. 传统美术

传统美术以美化环境、丰富民间风俗活动为目的，是在日常生活中应用、流行的有关美的艺术。根据国家级非物质文化遗产代表性项目名录中做出的类目划分和收纳情况，可将传统美术的代表作品整理为以下几类：绘画、雕塑、工艺美术。目前河北长城沿线国家级传统美术类非遗旅游演艺资源共 12 项，分别为蔚县剪纸、玉田泥塑、丰宁满族剪纸、布糊画、曲阳石雕、京绣、固安柳编、秸秆扎刻、广宗柳编、大名草编、彩布拧台、水陆画。（详见表 2-11）

**表 2-11 河北长城沿线传统美术类旅游演艺资源统计表**

| 序号 | 等级 | 入选时间、类型 | 资源名称 | 保护单位 |
| --- | --- | --- | --- | --- |
| 1 | 国家级 | 2006（新增） | 剪纸（蔚县剪纸） | 蔚县文化馆 |
| 2 | 国家级 | 2008（扩展） | 泥塑（玉田泥塑） | 河北省玉田县文化馆 |
| 3 | 国家级 | 2006（新增） | 剪纸（丰宁满族剪纸） | 丰宁满族自治县非物质文化遗产保护中心 |
| 4 | 国家级 | 2014（新增） | 布糊画 | 丰宁满族自治县非物质文化遗产保护中心 |
| 5 | 国家级 | 2006（新增） | 曲阳石雕 | 曲阳县文化馆 |
| 6 | 国家级 | 2014（新增） | 京绣 | 定兴县燕都刺绣工艺品制造有限公司 |
| 7 | 国家级 | 2011（扩展） | 柳编（固安柳编） | 固安县文化馆 |
| 8 | 国家级 | 2008（新增） | 彩扎（秸秆扎刻） | 永清县文化馆 |
| 9 | 国家级 | 2008（新增） | 柳编（广宗柳编） | 广宗县文化馆 |
| 10 | 国家级 | 2008（新增） | 草编（大名草编） | 大名县文化馆 |

(续表)

| 序号 | 等级 | 入选时间、类型 | 资源名称 | 保护单位 |
|---|---|---|---|---|
| 11 | 国家级 | 2008（新增） | 彩扎（彩布拧台） | 邯郸市邯山区文化馆 |
| 12 | 国家级 | 2014（新增） | 水陆画 | 广平县文化馆 |

#### 2.传统医药

传统医药是国务院公布的非物质文化遗产代表性项目中医药类的统称，以中医药为主，它包含中医药文化、民族医药、针灸、正骨疗法、特色疗法、中药制剂、中药炮制、对生命和疾病的认知等类别。目前河北长城沿线国家级传统医药类非遗旅游演艺资源共4项，分别为腰痛宁组方及其药物炮制工艺、脏腑推拿疗法、金牛眼药制作技艺、中医络病诊疗方法。（详见表2-12）

表2-12 河北长城沿线传统医药类旅游演艺资源统计表

| 序号 | 等级 | 入选时间、类型 | 资源名称 | 保护单位 |
|---|---|---|---|---|
| 1 | 国家级 | 2021（扩展） | 中医传统制剂方法（腰痛宁组方及其药物炮制工艺） | 颈复康药业集团有限公司 |
| 2 | 国家级 | 2014（扩展） | 中医诊疗法（脏腑推拿疗法） | 保定得复医药科技有限公司 |
| 3 | 国家级 | 2014（扩展） | 中医传统制剂方法（金牛眼药制作技艺） | 河北金牛原大药业科技有限公司 |
| 4 | 国家级 | 2014（扩展） | 中医诊疗法（中医络病诊疗方法） | 河北以岭医院 |

## 第三节 河北长城旅游演艺资源特点与价值

### 一、河北长城旅游演艺资源特点

#### （一）悠久厚重的历史文化底蕴

河北曾是历代王朝政治、经济和文化的发展中心，历史悠久，包含了深厚的文化底蕴。自商周时期开始，河北就成了中原文明的发祥地之一，为河北省非物质文化遗产的形成提供了坚实的基础，进而孕育了富含历史底蕴的旅游演艺资源。河北长城沿线的旅游演艺资源中，包括了多种古老的传统文化表演形式，如民间文学、曲艺等。

#### （二）丰富多彩的演艺资源形式

河北长城沿线的旅游演艺资源形式多样，涵盖了戏剧、杂技、魔术、民间艺术等多种形式。其中，河北梆子是河北地区非常有特色的一种戏剧形式，具有悠久的历史和独特的表演风格。它通常通过唱念做打的方式进行演出，以其激情四溢、节奏鲜明的表演形式而闻名。河北曲艺是一种流传已久的民间艺术形式，包括评书、相声、快板等多种表演形式。这些曲艺形式以幽默诙谐、机智风趣的语言表达和丰富的艺术技巧而受到广泛欢迎。河北杂技源远流长，技艺高超。其中，著名的项目有高跷、顶碗、飞车、人旗等。这些表演以其独特的技巧和艺术效果吸引了许多观众。河北的魔术表演有着悠久的历史，代表性的形式包括变脸、变鸽、变花等。这些魔术表演以其神秘、惊艳的效果给观众留下深刻的印象。河北的民间艺术丰富多样，包括剪纸、面塑、捏面人、葫芦雕刻等传统手工艺。这些艺术形式不仅体现了河北人民的智慧和创造力，还反映了他们的生活方式和文化传统。这些非物质文化遗产项目展示了河北长城沿线丰富的文化底蕴和独特的艺术风格，为传承和弘扬中华优秀传统文化起到了重要作用，也为河北长城沿线的旅游演艺项目开发提供了优秀素材。

（三）独具特色的民俗文化表演

河北省有着丰富的民俗文化资源，包括了多种民俗艺术和习俗表演，如秧歌、龙舞、社火等，这些表演形式独具地方特色，是河北省旅游演艺资源的一大亮点。河北长城贯穿河北省东北以及西南地区，其地理位置和交通条件使得河北长城沿线成了不同文化、思想和艺术流派的交汇点。河北长城旅游演艺资源受地域文化的影响，表现出显著的地域差异性。民间艺术品类的流布和丰度受不同地域文化对其喜好程度的影响，因此各地的民间艺术品类呈现出明显的差异性。以秧歌为例，冀中秧歌舞蹈动作多样，力求雄浑有力，展现出军事化特点，常常有刀枪舞等动作。冀南秧歌舞蹈舒展优美，动作流畅，注重身体的协调和舞蹈形式的变化。冀东秧歌舞蹈形式灵活多变，既有激烈的跳跃动作，也有轻盈的舞蹈动作。这是其地理位置、历史沿革、多元文化交流以及文化传承等因素的综合作用。

（四）旖旎壮丽的自然人文景观

河北省是中国唯一一个拥有高原、丘陵、平原、海洋和沙漠等多种地貌的省份。丰富多样的地貌形成了白石山、九龙峡、黄金海岸、京娘湖等丰富的自然景观。除了自然山水风光，河北长城沿线还遗留下独具历史文化意义的人文景观。其中最著名的是位于承德市的避暑山庄。这座皇家园林是清朝皇帝避暑的地方，占地庞大，包含了宫殿、湖泊、山岳和花园等各种景观。在避暑山庄，游客可以欣赏到精心设计的园林景观，如九龙壁、玉带桥和银河泉等，同时还可以领略到古代皇家生活的氛围和文化底蕴。位于石家庄市的赵州桥是河北省最重要的人文景观之一。作为世界上现存最古老的石拱桥之一，赵州桥跨越滹沱河，展现了中国古代建筑工艺的精湛之处，其精妙的构造和古老的历史文化，吸引了众多游客，同时也成了开展旅游演艺活动的理想场所。另外，张家口的大境门也是河北长城沿线的重要旅游演艺资源。作为中国传统的城门建筑，大境门展示了中国古代建筑艺术的精华。其庄严肃穆的外观和精美的雕刻吸引了众多游客和艺术爱好者，使其成了一处备受赞赏的旅游目的地。保定双塔寺是一座古老的佛教寺庙，以其独特的双塔建筑和精美的佛像闻名，这里的宁静氛围和古老的建筑风格吸引着众多游客。正定的古城墙是中国保存完整的古代城墙之一，拥有悠久的历史和雄伟的建筑风格，为历史文化的传播和传统节庆活动的开展提供了独特的场所和舞台。

这些自然人文景观展示了河北长城沿线的独特魅力，也吸引着国内外游客前来欣赏壮丽的山水风光，感受河北悠久的历史文化，同时也为河北长城旅游演艺资源提供了得天独厚的条件和优势。

## 二、河北长城旅游演艺资源价值

### （一）河北长城旅游演艺资源的文化价值

河北长城旅游演艺资源是一种特定的文化实践、表演、知识、技能、习俗和传统，以及与之相关的物质产物，被视为一种人类创造力的表现，并被社群认同和传承。它体现了长城周边人民群众的多样性和创造力，具有重要的文化价值。其文化价值主要体现在保护传统知识和技能、强化社会认同和凝聚力、促进文化交流、展现民族创造力、推动区域可持续发展和增强文化自信等多个方面。合理开发和利用河北长城旅游演艺资源对于维护人类的文化多样性、促进社会的发展和建设以及实现可持续发展目标都具有重要意义。

旅游演艺资源是一个社群共同的精神和文化基础，它承载了人们的集体记忆和身份认同。通过参与和传承非物质文化遗产，建立社群成员之间的联系，增强凝聚力，有助于社区的发展和社会的稳定。河北长城旅游演艺资源具有跨越时间和空间的能力，它可以作为不同时空人类之间的桥梁，促进长城带不同文化之间的交流、对话和理解。通过传承和展示非物质文化遗产，人们可以更好地了解和欣赏其他文化的独特之处，促进文化多样性的尊重和保护。河北长城旅游演艺资源与可持续发展密切相关。保护和传承非物质文化遗产可以促进社区经济的发展，创造就业机会，提高生活质量，并在旅游和文化产业中产生经济效益。它们还能增强文化自信和民族自豪感，帮助人们了解自己的文化根源和身份认同。

**（二）河北长城旅游演艺资源的经济价值**

河北长城旅游演艺资源具有重要的经济价值，尤其是在旅游、文化创意产业和文化交流方面。河北长城旅游演艺资源吸引了大量游客，推动了旅游业的发展。许多游客希望亲身体验和了解有关长城独特的文化表演、传统手工艺、节日庆典等。这些活动和表演为旅游目的地带来了经济收入，包括酒店、餐饮、交通等多个方面。河北长城旅游演艺资源为文化创意产业提供了源源不断的灵感和素材。这些资源可以成为设计师、艺术家和旅游演艺编创者的创作灵感，推动创意产品和服务的开发。例如，传统手工艺技艺可以被应用于设计和制造现代化的手工艺品，增加产品的独特性和市场价值。河北长城旅游演艺资源促进了不同文化之间的交流和理解。当人们了解和欣赏其他文化的非物质遗产时，他们更容易与不同文化背景的人建立联系和沟通，这有助于促进文化交流、跨国合作和文化旅游，为各国带来经济利益。河北长城旅游演艺资源可以成为营销和品牌建设的重要资产，许多地方性产品和服务通过突出河北长城旅游演艺资源来提高其独特性和市场吸引力，这些资源可以作为品牌的核心元素，为企业赋予独特的故事和价值观，吸引消费者和投资者的关注。河北长城旅游演艺资源为教育和研究领域提供了丰富的资源。学术界、研究机构和教育机构可以通过研究、保护和传承非物质文化遗产来推动学术研究和教育培训，这有助于培养专业人才、传播知识和推动文化的可持续发展。

**（三）河北长城旅游演艺资源的审美价值**

河北长城旅游演艺资源不仅承载着丰富的历史和文化信息，还具有深厚的审美价值。河北长城旅游演艺资源是长城及周边地区文化群体的独特表达形式，展现了不同地区、不同民族的多样性，这些表达形式的独特性和多样性使人们能够欣赏到不同的审美风格和美学观念。诗歌、故事和歌曲，表演艺术中的舞蹈、音乐和戏剧，都是通过艺术手法和创造力来表达情感、传递价值观念，具有高度的艺术性和美学价值。河北长城旅游演艺资源中的技艺，如传统工艺、织布、陶瓷、雕刻等，展示了人类对各类物资材料的独特处理和艺术创作的能力，这些技艺不仅代表了一种审美标准，还体现了人类的智慧和创造力。河北长城旅游演艺资源与当地居民社会生活密切相关，是社会认同和身份认同的重要组成部分，人们通过参与和传承这些非物质文化遗产，增强了对自身文化的认同感和归属感，审美价值在这种背景下得以体现，它不仅关乎个体的审美体验，更涉及社会共同的认知和情感共鸣。

综上所述，河北长城沿线文化旅游资源的研究，是新时代推动文旅产业发展的重要抓手，长城作为中华民族的代表性符号和中华文明的重要象征，长城沿线的文化和历史遗迹具有极高的价值和深厚的文化底蕴。通过对河北长城沿线现有文化旅游资源进行研究，不仅有助于了解该地区的旅游潜力和发展前景，还有助于提出更加合理和可行的旅游开发方案，促进地方经济和社会的发展进步，助推文旅产业高质量发展，弘扬中华优秀传统文化。

# 第三章　河北长城旅游演艺资源评估

本章运用美国运筹学家托马斯·L.赛蒂（Thomas L. Saaty）于20世纪70年代所开发的层次分析法（the analytic hierarchy process）对河北长城旅游演艺资源进行评价，这种方法将专家综合评判与模糊评价方法相结合，评价过程涵盖了目标层、项目层和对象层等多个层次，以构建旅游演艺资源评估体系。依靠咨询专家的意见为确定评估因子的权重和赋分，最终，通过综合计算指标权重和指标赋分，可以得出河北长城不同类型旅游演艺资源的综合评估分值，划分河北长城旅游演艺资源开发潜能等级，从而为河北长城旅游演艺项目的开发提供量化依据。

## 第一节　资源评估的意义和原则

### 一、河北长城旅游演艺资源评估的意义

（一）为旅游演艺项目的开发提供科学依据

旅游资源评估可以对河北长城赋存的自然、人文、历史等方面的旅游资源进行系统、科学、客观的评价和分析，确定其旅游资源的质量和数量，评估其旅游开发价值和可持续发展潜力。这些评估结果可以为河北长城旅游演艺产业规划和项目开发提供科学依据，为决策者提供重要参考，帮助其制定出更具针对性的旅游演艺发展策略。

（二）全方位考察旅游演艺资源保护和应用情况

通过科学、全面、系统和客观地考察和评估河北长城旅游演艺资源的保护情况、应用状况和环境承载能力等现状，为文化资源管理等部门更好地调节、建设资源管理保护机制提供科学依据。有效地保护和利用旅游演艺资源，有助

于促进旅游演艺资源的传承保护和应用管理等层面的可持续发展。

**（三）加强定量评估，提升旅游演艺资源总体价值**

我国对文化资源的价值分析大多局限于定性分析和模糊性评估，缺乏必要的定量分析。这导致政府部门很难根据可测量因素来制定政策，同时，人文、艺术和社会等价值以及潜在的经济价值很少被观测。为了深入挖掘旅游演艺资源的价值所在，需要加强评估结果更为直观的定量评估。同时，对不同地区旅游演艺资源评估的对比分析，将有助于各区域内管理者和决策者发现提升当地旅游演艺资源传承、利用和开发所面临的问题，采取相应的措施全面推进旅游演艺不同种类资源的现实价值。通过构建与评估河北长城旅游演艺资源评估体系，沿线各地区可以更清楚地认识自身的优势与弱势，采取针对性措施加强优势和改善薄弱环节，从而提升旅游演艺资源的总体价值，开发更高质量的旅游演艺产品，进一步提高河北长城旅游演艺品牌竞争力。

## 二、河北长城旅游演艺资源评估的原则

**（一）科学、客观的原则**

旅游演艺资源评估是开发旅游演艺项目过程中的一项重要的工作，为了确保评估结果准确可信，评估人员必须始终坚持实事求是的原则，需要通过收集实际材料和确凿事实，展开深入的调查研究来对评估对象进行全面了解。在掌握充实可靠的资料基础上，评估人员需要进行数据分析和计算。对收集到的数据进行分类、整理，以便更好地理解旅游演艺资源的现状和开发潜力。最后，评估人员需要将所有的调查研究结果进行综合分析，并结合实际情况，得出客观准确的评估结论。这些结论应当能真实反映河北长城旅游演艺资源的实际状况，为旅游演艺产业发展和资源优化提供重要参考。因此，评估人员在进行工作时，应始终注重实事求是，确保评估结果具备科学性、客观性和可操作性，以推动旅游演艺资源的可持续发展。

**（二）可操作性原则**

旅游演艺资源评估指标体系的设计应该考虑数据的易采集性和途径的可行性，同时在简易性和复杂性之间取得平衡。这样的指标体系才能更好地展开旅游演艺资源的评价工作。

## （三）定量与定性相结合原则

河北长城作为中国乃至世界上重要的旅游景点之一，其旅游演艺资源的评估是一项复杂而重要的任务。在评估过程中，无论是采用定量还是定性的方法，都存在一定的局限性，使得评估结果难以完全客观。因此，应将两者相结合，以定量评估为主，定性评估为辅，使评价既有同类可比性又有异类针对性，全方位满足旅游演艺资源评估体系的需要。

# 第二节 评估指标体系的建立

## 一、建立层次模型

近年来，许多专家学者站在不同的视角对旅游资源、旅游演艺资源的评估指标体系的建立进行了深入研究，为旅游演艺资源开发提供了翔实、可信的数据支撑，也为旅游演艺资源评估研究提供了理论支持和方法指导。

王建军等人（2006）[①]将生态旅游资源评价定为研究主体，按照人们的审美和感知，从有形的（显性）或无形的（隐性）两方面，构建出2个一级指标，4个二级指标，16个指标因子的生态旅游资源评价体系，用于识别资源类型特征、分析资源组织结构、确定资源价值以及评估资源影响。

刘佳雪等人（2021）[②]以苏州市姑苏区非物质文化遗产为研究对象，提出评估非遗资源的旅游开发潜能应从资源的市场开发潜力、资源承载力、资源影响力和品味等级等4个方面入手，构架出4个一级指标和18个二级指标的非遗资源旅游开发潜能评价体系，并对综合评价结果进行分析，进而提出苏州市姑苏区非物质文化遗产旅游开发建议。

马荣（2011）[③]以河南省旅游演艺资源为研究对象，分析出影响河南旅游演

---

① 王建军，李朝阳，田明中. 生态旅游资源分类与评价体系构建 [J]. 地理研究，2006（3）：507-516.

② 刘佳雪，夏泽宁. 苏州市姑苏区非物质文化遗产旅游开发潜力研究 [J]. 南京晓庄学院学报，2021，37（6）：102-110.

③ 马荣. 河南旅游演艺资源评价和开发研究 [D]. 洛阳：河南科技大学，2011.

艺资源开发的主要因素为旅游演艺资源特性和河南旅游演艺开发利用条件两方面，将层次分析法与德尔菲法相结合，构建出适用于河南旅游演艺资源评价的模型，又根据河南旅游演艺开发现状，进一步明晰了当前河南省所具有的旅游演艺资源优势，最终提出对其开发思路。

基于以上分析，依据以往旅游演艺资源的评估方法与评估体系，同时结合河北长城旅游演艺各类资源的特性以及旅游演艺项目开发的实际情况，构建出1个评价目标层（A），其中包含资源特性、资源影响力和资源开发潜能3个评价项目层（B1～B3），18个评价因子层（C1～C18），来进行河北长城旅游演艺资源综合评估（见表3-1），并对各评价因子进行诠释（见表3-2）。

表3-1 河北长城旅游演艺资源评价层次结构模型

| 评价目标层（A） | 评价项目层（B） | 评价因子层（C） | 评价对象层（D） |
| --- | --- | --- | --- |
| 河北长城旅游演艺资源潜能评估 A | 资源特性 B1 | 艺术性 C1 | 传统音乐 D1 |
| | | 文化性 C2 | 传统舞蹈 D2 |
| | | 独特性 C3 | 传统戏剧 D3 |
| | | 观赏性 C4 | 曲艺 D4 |
| | | 参与性 C5 | 传统体育、游艺与杂技 D5 |
| | | 娱乐性 C6 | 民间文学 D6 |
| | | 完整性 C7 | 传统技艺 D7 |
| | 资源影响力 B2 | 知名度 C8 | 民俗 D8 |
| | | 社会价值 C9 | 传统美术 D9 |
| | | 历史价值 C10 | 传统医药 D10 |
| | | 美学价值 C11 | |
| | 资源开发潜能 B3 | 资源数量 C12 | |
| | | 艺术转化处理难易度 C13 | |
| | | 开发成本 C14 | |
| | | 艺术表现力 C15 | |
| | | 市场需求 C16 | |
| | | 人力资源 C17 | |
| | | 政府支持度 C18 | |

表3-2 河北长城旅游演艺资源评价因子层诠释

| 评价因子层 | 诠释 |
| --- | --- |
| 艺术性 | 此类资源本身所具有的艺术内涵 |
| 文化性 | 此类资源本身所具有的文化内涵 |
| 独特性 | 此类资源的稀缺程度 |
| 观赏性 | 此类资源可供观赏的程度 |
| 参与性 | 让游客、观众间接或直接地参与互动 |

(续表)

| 评价因子层 | 诠释 |
|---|---|
| 娱乐性 | 能够愉悦大众，使人们精神上得到满足 |
| 完整性 | 既是指资源本身的完整，又是指文化概念上的完整 |
| 知名度 | 此类资源在公众中被认识和了解的程度 |
| 社会价值 | 为社会或他人物质或精神的发展提供的贡献 |
| 历史价值 | 能够展现人类历史的相关方面，对历史具有证明、纠正或补充作用 |
| 美学价值 | 能够满足主体的审美需要、引起主体审美感受的某种属性 |
| 资源数量 | 此类资源赋存数量 |
| 艺术转化处理难易度 | 对资源进行艺术处理的难易程度 |
| 开发成本 | 此类资源进入演艺项目开发的机会成本 |
| 艺术表现力 | 此类资源本身所具有的艺术性以及转化成演艺表演的难易程度 |
| 市场需求 | 游客对此类资源的喜好程度 |
| 人力资源 | 相关从业者的素质水平及数量 |
| 政府支持度 | 当地政府对此类资源进行旅游演艺项目开发的赞成度 |

## 二、构建判断矩阵

采用专家意见法，通过对省内相关专家咨询，根据河北长城旅游演艺资源评价层次结构模型，对评估项目与因子进行两两比较，来确定各因子的相对重要性。一是构建判断矩阵，按照比例标度表进行赋值（见表3-3），二是根据算术平均法计算判断矩阵每一列的总和，按列归一化后，得出向量（见表3-4、表3-5、表3-6、表3-7）。专家主要来自河北大学、燕山大学、河北农业大学、河北环境工程学院、河北省文化和旅游厅等相关单位。

表3-3 判断矩阵的比例标度表

| 标度 | 含义 |
|---|---|
| 1 | 表示两个元素相比，具有同样重要性 |
| 3 | 表示两个元素相比，一个因素比另一个因素稍微重要 |
| 5 | 表示两个元素相比，一个因素比另一个因素明显重要 |
| 7 | 表示两个元素相比，一个因素比另一个因素强烈重要 |
| 9 | 表示两个元素相比，一个因素比另一个因素极端重要 |
| 2、4、6、8 | 上述两相邻判断的中值 |
| 倒数 | 因素 $i$ 与 $j$ 比较地判断 $a_{ij}$，则 $j$ 与 $i$ 比较地判断 $a_{ij}=\frac{1}{a_{ij}}$ |

表 3-4　河北长城旅游演艺资源评价项目层判断矩阵

| 项目层 | 资源特性 | 资源影响力 | 资源开发潜能 | 权重 |
|---|---|---|---|---|
| 资源特性 | 1 | 4 | 3 | 0.608 0 |
| 资源影响力 | 1/4 | 1 | 1/3 | 0.119 9 |
| 资源开发潜能 | 1/3 | 3 | 1 | 0.272 1 |

表 3-5　河北长城旅游演艺评价因子层资源特性判断矩阵

| 资源特性 | 艺术性 | 文化性 | 独特性 | 观赏性 | 参与性 | 娱乐性 | 完整性 | 权重 |
|---|---|---|---|---|---|---|---|---|
| 艺术性 | 1 | 1/3 | 4 | 1/2 | 3 | 5 | 6 | 0.187 5 |
| 文化性 | 3 | 1 | 5 | 2 | 4 | 6 | 7 | 0.344 8 |
| 独特性 | 1/4 | 1/5 | 1 | 1/3 | 1/2 | 2 | 3 | 0.069 1 |
| 观赏性 | 2 | 1/2 | 3 | 1 | 3 | 5 | 6 | 0.224 0 |
| 参与性 | 1/3 | 1/4 | 2 | 1/3 | 1 | 3 | 4 | 0.099 7 |
| 娱乐性 | 1/5 | 1/6 | 1/2 | 1/5 | 1/3 | 1 | 2 | 0.044 2 |
| 完整性 | 1/6 | 1/7 | 1/3 | 1/6 | 1/4 | 1/2 | 1 | 0.030 6 |

表 3-6　河北长城旅游演艺评价因子层资源影响力判断矩阵

| 资源影响力 | 知名度 | 社会价值 | 历史价值 | 美学价值 | 权重 |
|---|---|---|---|---|---|
| 知名度 | 1 | 1/2 | 4 | 2 | 0.288 4 |
| 社会价值 | 2 | 1 | 5 | 3 | 0.475 8 |
| 历史价值 | 1/4 | 1/5 | 1 | 1/2 | 0.081 3 |
| 美学价值 | 1/2 | 1/3 | 2 | 1 | 0.154 4 |

表 3-7　河北长城旅游演艺评价因子层资源开发潜能判断矩阵

| 资源开发潜能 | 资源数量 | 艺术转化处理难易 | 开发成本 | 艺术表现力 | 市场需求 | 人力资源 | 政府支持度 | 权重 |
|---|---|---|---|---|---|---|---|---|
| 资源数量 | 1 | 3 | 5 | 7 | 7 | 5 | 5 | 0.400 0 |
| 艺术转化处理难易度 | 1/3 | 1 | 3 | 3 | 5 | 5 | 3 | 0.212 7 |
| 开发成本 | 1/5 | 1/3 | 1 | 1/3 | 3 | 1/3 | 3 | 0.080 1 |
| 艺术表现力 | 1/7 | 1/3 | 3 | 1 | 3 | 2 | 2 | 0.110 4 |
| 市场需求 | 1/7 | 1/5 | 1/3 | 1/3 | 1 | 1/5 | 1/3 | 0.031 5 |
| 人力资源 | 1/5 | 1/5 | 3 | 1/2 | 5 | 1 | 2 | 0.105 3 |
| 政府支持度 | 1/5 | 1/3 | 1/3 | 1/2 | 3 | 1/2 | 1 | 0.060 1 |

## 三、指标权重计算

（1）根据和积法分别对 4 个判断矩阵按列归一化。

$$\overline{b}_{ij} = \frac{b_{ij}}{\sum_{k=1}^{n} b_{ij}} (i, j = 1, 2, \cdots, n) \tag{3-1}$$

（2）将按列归一化后的判断矩阵按行相加。

$$\overline{W}_1 = \sum_{j=1}^{n} \overline{b}_{ij} (j = 1, 2, \cdots, n) \tag{3-2}$$

（3）对向量 $\overline{W} = [\overline{W}_1, \overline{W}_2, \cdots, \overline{W}_n]^T$ 归一化

$$W = \frac{\overline{W}_1}{\sum_{j=1}^{n} \overline{W}_j} (j = 1, 2, \cdots, n) \tag{3-3}$$

得到的 $W = [W_1, W_2, \cdots, W_n]^T$ 即为所求特征向量（见表 3-8）。

表 3-8  河北长城旅游演艺资源评价因子权重表

| 目标层（A） | 项目层（B） | 权重 | 因子层（C） | 权重 |
|---|---|---|---|---|
| 河北长城旅游演艺资源潜能评估 A | 资源特性 B1 | 0.608 0 | 艺术性 C1 | 0.114 0（0.187 5） |
| | | | 文化性 C2 | 0.209 6（0.344 8） |
| | | | 独特性 C3 | 0.042 0（0.069 1） |
| | | | 观赏性 C4 | 0.136 2（0.224 0） |
| | | | 参与性 C5 | 0.060 7（0.099 7） |
| | | | 娱乐性 C6 | 0.026 9（0.044 2） |
| | | | 完整性 C7 | 0.018 6（0.030 6） |
| | 资源影响力 B2 | 0.119 9 | 知名度 C8 | 0.034 6（0.288 4） |
| | | | 社会价值 C9 | 0.057 0（0.475 8） |
| | | | 历史价值 C10 | 0.009 8（0.081 3） |
| | | | 美学价值 C11 | 0.018 5（0.154 4） |
| | 资源开发潜能 B3 | 0.272 1 | 资源数量 C12 | 0.108 8（0.400 0） |
| | | | 艺术转化处理难易度 C13 | 0.057 9（0.212 7） |
| | | | 开发成本 C14 | 0.021 8（0.080 1） |
| | | | 艺术表现力 C15 | 0.030 0（0.110 4） |
| | | | 市场需求 C16 | 0.008 6（0.031 5） |
| | | | 人力资源 C17 | 0.028 5（0.105 3） |
| | | | 政府支持度 C18 | 0.016 3（0.060 1） |

\* 括号前数字为该评价因子的最终综合权重

## 四、综合数据检验

综合数据检验，主要是为了检验各个专家思维判断的一致性。当一致性比率 $CR$ 小于 0.1 时，则代表指标权重合理，通过一致性检验。

其计算公式为：

$$CR = \frac{CI}{RI} \tag{3-4}$$

$$CI = \frac{\lambda_{\max} - n}{n-1} \tag{3-5}$$

$$\lambda_{\max} = \sum_{i=1}^{n} \frac{[AW]_i}{nW_i} \tag{3-6}$$

$RI$ 值查表可知（见表 3-9）。

表 3-9　RI 值参考表

| 矩阵阶数 | 1 | 2 | 3 | 4 | 5 | 6 | 7 | 8 | 9 | 10 |
|---|---|---|---|---|---|---|---|---|---|---|
| $RI$ 值 | 0 | 0 | 0.52 | 0.89 | 1.12 | 1.26 | 1.36 | 1.41 | 1.46 | 1.49 |

若 $CR=0$，则表示判断矩阵满足完全一致性，若 $CR \neq 0$ 且 $CR<0.1$ 时，则代表该层指标权重合理，通过一致性检验。

通过计算 $CR$ 可知以上 4 个判断矩阵均通过一致性检验（见表 3-10）。

表 3-10　项目层及因子层权重指标一致性检验

| 项目 | $\lambda_{\max}$ | $CI$ | $RI$ | $CR$ | 是否通过一致性检验 |
|---|---|---|---|---|---|
| 项目层（B1～B3） | 3.074 1 | 0.037 1 | 0.52 | 0.071 3<0.1 | 是 |
| 资源特性（C1～C7） | 7.274 2 | 0.045 7 | 1.36 | 0.033 6<0.1 | 是 |
| 资源影响力（C8～C11） | 4.021 1 | 0.007 | 0.89 | 0.007 9<0.1 | 是 |
| 资源开发潜能（C12～C18） | 7.762 8 | 0.127 1 | 1.36 | 0.093 5<0.1 | 是 |

## 五、评价指标赋分

本书根据评价内容确定评价因子，并对每个因子进行 5 个模糊等级的划分，分别为：很好、好、一般、差、很差。接下来，将对评价因子进行数量化，并使用连续的实数区间 [0，10] 来表示因子指标的分值变化范围。将给出上述五个等级划分的区间，并对它们进行赋分。区间分为：[10，8)、[8，6)、[6，4)、[4，2)、[2，0)，所有区间都是左边封闭的形式。根据这些区间，可以为某一具体旅游资源的评价因子进行分值赋予（见表 3-11）。

表 3-11 传统音乐类旅游演艺资源评价因子指标赋分表

| 评价因子 | 分值 | | | | |
|---|---|---|---|---|---|
| | [10, 8) | [8, 6) | [6, 4) | [4, 2) | [2, 0) |
| 艺术性 | 很强 | 强 | 一般 | 弱 | 很弱 |
| 文化性 | 很强 | 强 | 一般 | 弱 | 很弱 |
| 独特性 | 很罕见 | 罕见 | 一般 | 常见 | 很常见 |
| 观赏性 | 很强 | 强 | 一般 | 弱 | 很弱 |
| 参与性 | 很强 | 强 | 一般 | 弱 | 很弱 |
| 娱乐性 | 很强 | 强 | 一般 | 弱 | 很弱 |
| 完整性 | 很强 | 强 | 一般 | 弱 | 很弱 |
| 知名度 | 很高 | 高 | 一般 | 低 | 很低 |
| 社会价值 | 很高 | 高 | 一般 | 低 | 很低 |
| 历史价值 | 很高 | 高 | 一般 | 低 | 很低 |
| 美学价值 | 很高 | 高 | 一般 | 低 | 很低 |
| 资源数量 | 很多 | 多 | 一般 | 少 | 很少 |
| 艺术转化处理难易度 | 很容易 | 容易 | 一般 | 难 | 很难 |
| 开发成本 | 很低 | 低 | 一般 | 高 | 很高 |
| 艺术表现力 | 很强 | 强 | 一般 | 弱 | 很弱 |
| 市场需求 | 很大 | 大 | 一般 | 小 | 很小 |
| 人力资源 | 很多 | 多 | 一般 | 少 | 很少 |
| 政府支持度 | 很高 | 高 | 一般 | 低 | 很低 |

本书使用问卷调查方法进行研究。从重点调查对象中选择了 30 份调查问卷，并发放给河北长城旅游领域的相关专业人士。在得到的 30 份有效问卷的基础上，对其反馈资料进行整理和计算，得出各类旅游演艺资源评价因子的指标分值。（见表 3-12、表 3-13）

表 3-12 表演类旅游演艺资源因子层指标赋分表

| 评价因子 | 传统音乐类 | 传统舞蹈类 | 传统戏剧类 | 曲艺类 | 传统体育、游艺与杂技类 |
|---|---|---|---|---|---|
| 艺术性 | 8.2 | 8.6 | 6.7 | 6.7 | 6.5 |
| 文化性 | 6.3 | 6.9 | 7.4 | 6.5 | 5.9 |
| 独特性 | 6.8 | 7.7 | 5.6 | 5.4 | 6.7 |
| 观赏性 | 7.8 | 9.1 | 7.3 | 5.8 | 8.1 |
| 参与性 | 6.4 | 7.8 | 4.6 | 4.1 | 4.1 |
| 娱乐性 | 6.7 | 8.2 | 6.5 | 4.5 | 6.8 |
| 完整性 | 6.3 | 6.9 | 6.3 | 5.3 | 5.4 |
| 知名度 | 7.2 | 7.7 | 5.9 | 4.6 | 6.4 |
| 社会价值 | 6.7 | 7.5 | 6.2 | 4.8 | 5.3 |

（续表）

| 评价因子 | 传统音乐类 | 传统舞蹈类 | 传统戏剧类 | 曲艺类 | 传统体育、游艺与杂技类 |
|---|---|---|---|---|---|
| 历史价值 | 5.1 | 6.6 | 6.7 | 5.7 | 4.7 |
| 美学价值 | 7.8 | 8.9 | 5.4 | 4.3 | 6.3 |
| 资源数量 | 7.4 | 7.7 | 4.6 | 4.1 | 4.6 |
| 艺术转化处理难易度 | 7.5 | 7.9 | 4.0 | 4.6 | 5.5 |
| 开发成本 | 7.1 | 7.3 | 4.2 | 4.9 | 5.2 |
| 艺术表现力 | 8.1 | 7.9 | 6.5 | 6.8 | 6.3 |
| 市场需求 | 6.9 | 7.9 | 5.4 | 5.8 | 6.7 |
| 人力资源 | 7.0 | 7.0 | 5.7 | 5.3 | 6.2 |
| 政府支持度 | 6.4 | 7.8 | 6.7 | 6.9 | 6.8 |

表 3-13　非表演类旅游演艺资源评价因子层指标赋分表

| 评价因子 | 民间文学 | 传统技艺类 | 民俗类 | 传统美术类 | 传统医药类 |
|---|---|---|---|---|---|
| 艺术性 | 5.6 | 7.2 | 6.4 | 7.6 | 1.9 |
| 文化性 | 8.4 | 6.4 | 6.8 | 4.9 | 4.7 |
| 独特性 | 6.7 | 6.3 | 5.7 | 5.5 | 6.5 |
| 观赏性 | 6.5 | 5.9 | 6.9 | 6.4 | 3.9 |
| 参与性 | 5.7 | 5.1 | 7.4 | 4.6 | 3.7 |
| 娱乐性 | 6.4 | 5.4 | 7.7 | 4.3 | 3.6 |
| 完整性 | 7.2 | 5.3 | 6.5 | 5.8 | 6.2 |
| 知名度 | 7.5 | 6.4 | 7.2 | 6.1 | 5.8 |
| 社会价值 | 6.3 | 6.5 | 6.9 | 5.7 | 6.2 |
| 历史价值 | 7.6 | 5.9 | 5.6 | 6.5 | 5.9 |
| 美学价值 | 6.3 | 7.1 | 4.8 | 7.4 | 3.0 |
| 资源数量 | 6.5 | 7.4 | 4.5 | 6.4 | 4.4 |
| 艺术转化处理难易度 | 8.0 | 5.2 | 4.2 | 6.8 | 1.7 |
| 开发成本 | 7.7 | 5.6 | 4.9 | 5.7 | 3.8 |
| 艺术表现力 | 5.9 | 6.4 | 5.3 | 7.1 | 2.5 |
| 市场需求 | 6.1 | 6.7 | 5.6 | 5.4 | 5.4 |
| 人力资源 | 5.6 | 5.5 | 6.3 | 5.8 | 5.8 |
| 政府支持度 | 7.3 | 6.9 | 6.8 | 6.7 | 5.5 |

## 六、潜能等级划分

得到各评价因子的模糊分值后，运用公式计算综合评价值：

$$E = \sum_{i=1}^{n} W_i P_i, i = 1, 2, 3, \cdots$$

式中，$E$ 为河北长城旅游演艺资源综合评价值；$W_i$ 为第 $i$ 个评价因子权重；$n$ 为评价因子数目；$P_i$ 为第 $i$ 个评价因子评价值。通过计算得出以上各类旅游演艺资源的综合评价分值。由于各个资源的开发潜力存在差异，因此可以将其分为3个级别。①（见表3-14）

表3-14　旅游演艺资源开发潜能等级划分

| 潜能等级 | 得分区间 | 潜力特点 |
| --- | --- | --- |
| Ⅰ | [10.0, 7.5) | 资源品位较为突出，对国内外游客具有极强的吸引力，同时能够有效整合该地区其他资源，保护与传承能力极强，游客可以积极参与并体验其中，艺术性极强，拥有充足的专业人才，利于开拓广阔的客源市场，从而带来可观的经济效益 |
| Ⅱ | [7.5, 4.5) | 资源品位比较突出，对非本地游客具有较强的吸引力，与该地区其他旅游产品相辅相成，保护与传承能力较强，游客参与度有限，具有一定客源市场和经济效益，能够依据具体情况实施适度的旅游演艺开发 |
| Ⅲ | [4.5, 0.0) | 资源品位一般，不适宜进行旅游演艺项目开发 |

表3-15　河北长城旅游演艺资源开发潜能等级表

| 类型 | 资源特性 | 资源影响力 | 资源开发潜能 | 综合得分 | 等级 |
| --- | --- | --- | --- | --- | --- |
| 传统音乐 | 4.3 | 0.8 | 2.0 | 7.1 | Ⅱ |
| 传统舞蹈 | 4.8 | 0.9 | 2.1 | 7.8 | Ⅰ |
| 传统戏剧 | 4.1 | 0.7 | 1.3 | 6.1 | Ⅱ |
| 曲艺 | 3.6 | 0.6 | 1.3 | 5.5 | Ⅱ |
| 传统体育、游艺与杂技 | 3.9 | 0.7 | 1.5 | 6.1 | Ⅱ |
| 民间文学 | 4.2 | 0.8 | 1.8 | 6.9 | Ⅱ |
| 传统技艺 | 3.8 | 0.8 | 1.7 | 6.3 | Ⅱ |
| 民俗 | 4.1 | 0.8 | 1.3 | 6.2 | Ⅱ |
| 传统美术 | 3.5 | 0.7 | 1.7 | 5.9 | Ⅱ |
| 传统医药 | 2.4 | 0.7 | 1.0 | 4.1 | Ⅲ |

## 七、评估结果分析

综合评价结果表明，河北长城沿线传统舞蹈类（7.8分）旅游演艺资源的开发潜能为Ⅰ级，最适合用于河北长城沿线旅游演艺项目开发。传统音乐类（7.1分）、民俗类（6.2分）、民间文学类（6.9分）、传统戏剧类（6.1分）、曲艺类（5.5分）、传统体育、游艺与杂技类（6.1分）、传统技艺类（6.3分）以及传统美术类（5.9分）旅游演艺资源的开发潜能为Ⅱ级，适用于一部分河北长城沿线旅游演艺项目开发。传统医药类（4.1分）旅游演艺资源的开发潜能为

---

① 马瑛. 内蒙古旅游演艺资源评价和开发研究 [D]. 呼和浩特：内蒙古师范大学，2016.

Ⅲ级，不建议进行河北长城沿线旅游演艺项目开发。

传统舞蹈类开发潜能被评为Ⅰ级主要在于以下几点：一是传统舞蹈作为一门肢体艺术，能够跨越文化和语言的障碍，无论观众来自哪个有着不同文化背景的国家或地区，都可以欣赏和理解舞蹈这门艺术，对观众具有普遍吸引力；二是传统舞蹈常常承载着特定文化内涵和历史价值，将舞蹈进行创新型转化，随之融入旅游演艺，使游客可以更深入地了解和体验当地的文化特色；三是传统舞蹈具有强大的情感表达能力，通过舞蹈表演，舞者通过舞蹈动作传情达意，使观众产生情感上的共鸣，这种情感联系能够深化游客对于旅游目的地的记忆和体验。

传统音乐类，民俗类，民间文学类，传统戏剧类，曲艺类，传统体育、游艺与杂技类，传统技艺类以及传统美术类旅游演艺资源被评为开发潜能Ⅱ级的主要原因在于，容易受到旅游演艺题材和类型等方面制约，并且进行旅游演艺项目开发的成本较大，对编创者的专业性要求较高。

从资源特性来看，传统舞蹈类得分最高，为4.8分；其次是传统音乐类、民间文学类、传统戏剧类以及民俗类；取得4分以下的分别是传统体育、游艺与杂技类，传统技艺类，曲艺类，传统美术类以及传统医药类。

从资源影响力来看，传统舞蹈类旅游演艺资源依旧得分最高，为0.9分；其次是传统音乐类、民间文学类、传统技艺类以及民俗类，都为0.8分；取得0.7分、0.6分的有传统戏剧类，曲艺类，传统体育、游艺与杂技类，传统美术类，传统医药类。

从资源开发潜能来看，传统舞蹈类旅游演艺资源依旧得分最高，为2.1分；其次为传统音乐类，为2.0分；其余类型均低于2.0分。

传统舞蹈类3项得分以及综合得分最高主要是因为，传统舞蹈是一种独特的旅游演艺资源类型，该类型资源"艺术性""观赏性""美学价值""艺术转化处理难度"相比较其他类型资源得分较高，这表明，传统舞蹈类旅游演艺具有巨大的潜力和机遇，适合开发各类规模的旅游演艺产品，可以独立开发成以传统舞蹈为主题的旅游演艺产品，也可以与其他类型的旅游演艺产品进行综合开发，形成多元化的复合型产品。对于河北长城旅游演艺项目开发而言，这类资源能够满足大多数游客的需求，丰富旅游体验，提升目的地吸引力，是河北长城旅游演艺项目开发的优质资源。

通过对河北长城沿线旅游演艺资源的分类与评价，可以将其分为 2 大类 10 小类。这样的分类体系有助于更好地理解和识别这些资源的特点。从整体上看，河北长城沿线的旅游演艺资源呈现出鲜明的地域特征，这与其独特的地理环境和历史文化背景密不可分。燕赵文化作为长城沿线的重要文化元素之一，在旅游演艺资源中充分展现，能够使游客更好地了解和感受这一地区的历史底蕴。河北长城旅游演艺资源不仅在形式上多样，而且分布广泛，为河北长城旅游演艺项目的开发提供了不竭的源泉，应深入挖掘并结合河北长城历史、地域文化特色进行创新，促进河北长城旅游演艺产业的发展，带动经济的繁荣，推动优秀传统文化的传承。

# 第四章　河北长城旅游演艺产业开发

本章主要研究适合河北长城旅游演艺产业开发的战略，遵循特色化、艺术化、创新化、品牌化、产业化原则，构建以演艺为核心产业，其他产业相互融合的河北长城旅游演艺产业体系，切实提升河北演艺产业核心竞争力。

## 第一节　产业开发目标

本研究以长城文化活态传承与保护为根本，以河北省长城文化旅游演艺产业开发为对象，以发展长城品牌和创新旅游演艺产业为目标，着力打造具有河北地域特色、具有中华文化标识的长城文旅演艺品牌，充分发挥产业关联和区域联动效应，形成多维度、多主体、多模态的发展态势，延伸旅游演艺产业链，打造品牌矩阵，从而实现产业规模效应，使其成为河北文化产业新的增长极，为加快经济强省、美丽河北建设，促进中国式现代化的河北文旅场景提供支撑。

在河北长城旅游演艺产业开发中，要关注五个核心思想。

第一，以传承中华文化为导向。旅游演艺是精神文化产品，是引领时代精神风貌的风向标。党的二十大报告明确提出，推进文化自信自强，铸就社会主义文化新辉煌。新时代新征程新伟业，旅游演艺产品必须符合社会主义核心价值观的要求，传播好中华文化。

第二，以保护文化遗产为底线。产业开发是对文化资源的一种积极保护方式，但不能以开发的名义损害中华文化，破坏文物遗产。要坚守保护文化遗产的底线不动摇，在原则问题上咬定青山不放松。

第三，以深化长城精神为核心。旅游演艺最核心的部分就是阐述精神，我们要阐述什么精神？我们要给观众呈现什么内容？这就是我们做旅游演艺的初心与使命，我们要阐述的是长城精神，我们要给观众呈现的是中华文明，是观众心中的"集体无意识"。

第四，以增强交互体验为重点。所谓体验经济，是以营造体验为中心的全新经济形式。在体验经济下，靠用户体验需求建构起来的消费热点不断涌现，交互体验是未来演艺行业转型升级的必然道路。因此，在新一轮改革浪潮中，要增强旅游演艺产业的交互体验设计，让更多观众参与到旅游演艺演出之中。

第五，以创新演艺形式为目标。创新是旅游演艺的生命线，世界上唯一不变的就是变化本身，宋城千古情"7 天一小改，1 月一大改"的经验告诉我们，唯有创新，才能让我们立于不败之地。党的十九届六中全会从十个方面总结概括党百年奋斗的历史经验，其中一个重要方面就是"坚持开拓创新"，跳出历史周期律的第一个答案是人民监督，经过百年奋斗特别是党的十八大以来新的实践，我们党又给出了第二个答案，这就是自我革命。① 只有坚持革命创新，才能永葆旅游演艺产业勃勃生机。

## 第二节 产业开发模式

2021 年 12 月，河北印发《长城国家文化公园（河北段）建设保护规划》，提出"以明长城为主线，全面展示长城的文化生态价值，按照'核心点段支撑、线性廊道牵引、区域连片整合、形象整体展示'的原则""重点建设管控保护、主题展示、文旅融合、传统利用四类主体功能区"。2022 年 8 月，中共中央办公厅、国务院办公厅印发了《"十四五"文化发展规划》，提出"把扩大内需与深化供给侧结构性改革结合起来""推进产业基础高级化、产业链现代化，促进文化产业持续健康发展"。将两个文件结合起来，我们可以得出长城旅游演艺产业的发展目标，即用旅游演艺助推长城文化产业发展。产业的目标确立需要发展模式来实现，从宏观上讲，产业的发展模式包括国家制定的产业发展战略、目标需要实现的载体和需要呈现的方式；从微观上，产业的发展模式需要有明确的发展目标来指导。长城文化产业的发展模式是将

---

① 辛湘理，王向丞. 坚持自我革命 永葆生机活力 [J]. 新湘评论，2021（23）：42.

文化产业的目标具体实现在物理空间中。根据河北长城旅游演艺资源分析评估，旅游演艺产业开发可分为三种模式：层次开发模式、"产品—产业—产业链"开发模式、特色区域联动开发模式。

## 一、层次开发模式

经过充分的论证和调研，我们可以将演艺资源分为三种不同的分类，具体依据包括其性质、留存现状和产业开发适宜度。分别是：Ⅰ级旅游演艺资源（适宜产业开发的资源类型）、Ⅱ级旅游演艺资源（可以产业开发的资源类型）、Ⅲ级旅游演艺资源（不适宜产业开发的资源类型）。针对不同类型、层级的旅游演艺资源可以采用大型旅游演艺开发模式、中型旅游演艺开发模式、小型旅游演艺开发模式。

Ⅰ级旅游演艺资源（适宜产业开发的资源类型），具有强烈的表演性，并且具有较高的可塑性和可变性。这些艺术元素可以直接从资源中提取，并直接应用于旅游演艺的环境中。这种资源具有独特的地域文化特色，在国内外享有很高的声誉。它的资源品位高，开发难度相对较小，因此相对容易将其开发成为旅游演艺产品。这些特点使其成为河北长城旅游演艺开发的优势资源。

Ⅱ级旅游演艺资源（可以产业开发的资源类型），指的是那些可以提炼出表演性，并经过一定转化后成为旅游演艺表演的资源。然而，这些资源分布较为分散。无论从开发难易程度还是开发规模来看，这类资源的总体影响力偏低。因此，不宜开发大型的旅游演艺产品。相反，应该致力于挖掘这些资源的地方特色，注重产品的特色性。

Ⅲ级旅游演艺资源（不适宜产业单独开发的资源类型），指的是那些表演性不强，不能直接转化为演艺表演的资源。这些资源不适合作为独立的演艺产品进行开发。相反，它们往往构成旅游演艺产品的内容素材和创作主线，与其他类型的旅游演艺资源一起构成复合型旅游演艺产品的开发素材。这些旅游演艺资源是民族文化、民间文化的根基，记录和保存着其文化形态和文化精神。有效传承这些艺术资源，为旅游演艺产业化发展提供了文化养料。

层次开发模式是一种旅游演艺项目开发的常用方法，可以根据项目规模和需求进行灵活调整。具体来说，可以采用以下方法。

### （一）大型旅游演艺项目的层次开发模式

Ⅰ级旅游演艺资源（适宜产业开发的资源类型）比较适合大型旅游演艺项目开发。大型旅游演艺项目是指规模非常庞大，通常需要建造专门的演艺场馆，投入大量的资金和人力资源进行策划、设计、制作和演出的演艺活动。这些项目通常拥有更加复杂的故事情节、更加高超的演出技术和更多的演员与演出团队参与，以营造出更加震撼和壮观的演艺体验。大型旅游演艺通常需要集结全球最顶尖的演出团队和技术团队，以确保演出的高水准和高品质。这种类型的演艺项目通常是旅游景点或城市的重要名片之一，能够吸引全球游客的关注和参观，对于当地旅游业和演艺产业的发展起到至关重要的作用。大型旅游演艺项目一般规模较大，通常需要进行多个层次的开发，包括概念设计、策划、演出编排、制作、运营等多个环节。在这个过程中，需要建立完整的项目管理体系，制定详细的计划，确保各个环节之间协调顺畅，并严格控制成本和质量。

### （二）中型旅游演艺项目的层次开发模式

Ⅱ级旅游演艺资源（可以产业开发的资源类型）比较适合中型旅游演艺项目开发。中型旅游演艺项目是指规模适中，通常在大型旅游景点、主题公园、演艺剧场等场所进行的演艺活动。这些项目通常会有更完整的故事情节、更高水平的演出技术和更多的演员参与，以营造出更具有震撼力和沉浸感的演艺体验。中型旅游演艺通常需要投入更多的资金和时间来策划和制作，也能够吸引更多的游客和粉丝，为旅游景点和演艺产业带来更大的经济效益和社会影响力。中型旅游演艺项目一般规模适中，可以采用较为适中的层次开发模式。一般来说，可以分为概念设计、策划、演出编排和制作等几个环节，同时也需要进行一定的运营和推广工作。在这个过程中，需要注重项目的创新性和市场适应性，同时也要控制好成本和风险。

### （三）小型旅游演艺项目的层次开发模式

Ⅲ级旅游演艺资源（不适宜产业单独开发的资源类型）比较适合小型旅游演艺项目开发。小型旅游演艺项目是指规模相对较小，通常在旅游景点或酒店等场所进行的演艺活动，旨在为游客提供娱乐和文化体验。这些项目通常内容与形式多样，节目间关联性要求不高，进行转化后能够吸引游客的注意力，增加旅游景点的吸引力和知名度。同时，小型旅游演艺项目也为当地文化传承和发展提供了机会和平台。一般来说，同样分为节目设计、策划、演出编排和制作等几个环节，同时也需要进行一定的运营和推广工作。在这个过程中，需要注重项目的特色性、灵活性和参与性。

总之，层次开发模式是一种非常灵活的项目开发方法，可以根据项目规模和需求进行灵活调整。在实际开发过程中，需要注重项目管理、市场分析和成本控制等方面的工作，才能确保旅游演艺项目的顺利开展和成功实施。

## 二、"产品—产业—产业链"开发模式

2019年3月，文化和旅游部印发了《关于促进旅游演艺发展的指导意见》（以下简称《意见》），提出"支持条件成熟的旅游演艺项目向艺术教育、文创设计、展览展示、餐饮住宿、休闲娱乐等综合配套业态转型，因地制宜建设一批旅游演艺小镇、旅游演艺集聚区等"。根据《意见》可以看出，国家正积极引导旅游演艺企业进行跨界融合，进行综合性、集团化旅游演艺开发。因此，可以选择"产品—产业—产业链"开发模式进行旅游演艺开发。

"产品—产业—产业链"从旅游演艺产品出发，逐步形成产业链，是旅游演艺项目开发模式的核心理念，这种综合性的模式致力于推动整个旅游演艺产业的发展。具体来说，这个模式分为三个阶段。

### （一）旅游演艺产品阶段

旅游演艺产品阶段：在这个阶段，企业或者创业者会针对市场需求或者自身优势，通过市场定位、前期调研、概念构思、项目筹资、演艺人才招募、场地租赁、相关服务和设备引进、演出制作、票务销售、宣传推广、正式公演等环节，开发出一款具有市场潜力的旅游演艺产品，该产品需要具有吸引力、创新性和市场竞争力。

### （二）旅游演艺产业阶段

旅游演艺产业阶段：产业是指若干企业或组织在特定领域内从事某种生产或经营活动，形成的一个经济活动体系。旅游演艺产品得到认可后，开始发展壮大，带动其他旅游演艺利益相关者入局，形成多家旅游演艺企业，开发多个旅游演艺项目，形成旅游演艺产业集群。在旅游演艺产业阶段需要考

虑以下几个方面。

1. 地理位置和资源优势

要选择旅游资源和演艺人才资源优越的地区作为集群的发展基地。例如，有着丰富文化内涵和旅游资源的历史名城、风景名胜区等。

2. 产业政策和扶持措施

政府需要出台相关政策和扶持措施，鼓励和引导企业和创业者在集群区域内开展旅游演艺产业。例如，加大财政支持、优惠税收政策等。

3. 产业生态环境

需要建立起一个完整的旅游演艺产业生态环境，包括演艺人才培训机构、演出场馆、专业制作公司、票务销售机构等。

4. 产业协会和交流合作

需要建立旅游演艺产业协会或者行业组织，促进企业间的交流和合作，共同推动产业的发展。

5. 品牌建设和市场推广

需要通过品牌建设和市场推广，提高集群内企业和产品的知名度和美誉度，提高集群的竞争力和吸引力。

**（三）旅游演艺产业链阶段**

旅游演艺产业链阶段：随着旅游演艺产业的逐步发展，企业或者创业者可以逐步将产业拓展到更广泛的领域，逐步建立起一个完整的旅游演艺产业生态系统，形成更加完整的产业链。例如，原本只生产旅游演艺产品的企业可以逐渐向上游拓展，生产演艺设备，自己成立演出公司运营演艺人才；或者向下游拓展，自己开设销售渠道、旅游景点等；或者可以与艺术教育、文化创意、休闲娱乐等配套，根据当地情况建设一系列旅游演艺小镇、旅游演艺集聚区等，以实现综合转型。这个模式可以帮助企业或者创业者逐步发展，从一个好的旅游演艺产品开始，逐步发展成为一个完整的旅游演艺产业链，推动整个旅游演艺产业的发展，提高旅游演艺产业的竞争力和盈利能力。

综上所述，在旅游演艺这一"泛文化"产业中，相关企业通过对价值链的分配来组织生产和营销等流程。通过将演艺业与旅游业融合，可以实现协同效应，进而加速资本积累，共享市场内部资源，以及降低交易费用，从而在与其他地区的竞争中获得优势。"产品—产业—产业链"旅游演艺项目开发模式最终目标是在产品和市场的有机结合基础上，构建旅游演艺产业链。旅游演艺企业通过多种途径实现这一目标：一方面，他们致力于研发、创作和生产以内容为核心的旅游演艺产品，通过市场营销和销售渠道将产品推向消费者，在市场交易中实现产品的价值；另一方面，旅游演艺企业通过合作开发、吞并收购和版权转让等方式，将旅游演艺的核心价值延伸到相关产业中，吸引新的市场主体和价值创造者不断融入，形成一个多模态产业链，包括核心产业、支持产业、配套产业和衍生产业，从而推动相关产业的发展。

### 三、特色区域联动开发模式

旅游演艺特色区域联动开发模式是指在特定地区内，依托当地的自然、文化、历史等资源，通过旅游演艺等创新方式，将不同区域的旅游资源联合起来，形成具有地方特色和文化内涵的旅游产品，以实现区域旅游产业的协同发展。

根据河北长城旅游演艺资源评估情况，在考虑河北各市地域分布、社会生活习惯和经济发展情况的基础上，将河北省划为冀东、冀北、冀中、冀南四个板块，其中冀东红色板块包括秦皇岛、唐山，冀北绿色板块包括张家口、承德，冀中多彩板块包括廊坊、保定、石家庄，冀南金色板块包括邢台、邯郸。通过区域内资源盘点和整合，可以避免浪费资源，避免产业开发同点齐上的问题。同时，这也会促进区域内各地区的联动开发，使各个区域之间的特色更加明显。各地区可以按照独特的长处资源进行规模化和品牌化开发，从而提高产品的影响力。

#### （一）冀东红色板块

冀东红色板块包括秦皇岛、唐山。秦皇岛拥有得天独厚的长城资源，市内明长城全长223.1千米，将入海长城、山地长城、平原长城和河道长城等不同类型的长城完美融合，长城沿线还分布着26处国家和省级文物保护单位以及28项省级以上非物质文化遗产。[1] 红色文化丰富，自然景观宜人。长城保卫战、

---

[1] 长城国家文化公园网.河北：精心打造长城国家文化公园"文化地标""示范样板"[EB/OL].（2022-04-28）[2023-05-06].http：//changcheng.ctnews.com.cn/2022-04-28/content_123027.html.

冀东抗战、李大钊、王尽美等历史事件、革命人物历历在目，秦始皇、孟姜女、戚继光、徐达、吴三桂、陈圆圆等古代人物遥遥呼应，抚宁吹歌、昌黎地秧歌、抚宁太平鼓、青龙猴打棒、青龙满族寸子秧歌、青龙皮影戏等民间艺术熠熠生辉。迁西县位于唐山市境内，目前存在一段长达106.44千米的明长城。这一段长城包括19个大小关口、240座敌台、57座烽火台、41个马面、14座城堡和3座谎城。其中，喜峰口和青山关段被列为第一批国家级长城重要点段。《大刀进行曲》在喜峰口长城抗战遗址诞生。① 冀东红色板块可以以革命题材为区域联动开发原点，构建旅游演艺产业。

## （二）冀北绿色板块

冀北绿色板块包括张家口、承德。张家口大境门段、崇礼段是长城重点区域，除了商贸文化、民族文化，坝上的草原文化以及承德的金山岭、塞罕坝所代表的"绿色长城"都是可以作为旅游演艺创作的素材。

对于张家口大境门段和崇礼段，可以考虑打造以长城为主题的文化演艺节目，如以长城修建历程为背景的历史剧实景演艺、以长城商贸为主题的特色旅游演艺等。同时，也可以结合当地的草原文化和民族文化，创作具有地方特色的演艺节目，如蒙古族马术表演、蒙古族舞蹈、蒙古族歌曲等，让游客在欣赏长城的壮丽景色的同时，也能深入了解当地的文化和历史。在打造旅游演艺节目的过程中，要有取舍地对非物质文化遗产剪纸（蔚县剪纸）、元宵节（蔚县拜灯山习俗）、打铁花（蔚县打树花）、晋剧、秧歌戏（蔚县秧歌）、二人台等非遗文化资源进行开发利用，利用非遗开发旅游演艺不仅可以提高旅游的文化内涵和观赏性，同时也能推动非遗的保护和传承。

对于承德的金山岭和塞罕坝，可以考虑打造以绿色长城为主题的文化演艺节目，如以生态修复为主题的演艺剧目、以森林保护为主题的情景表演等。同时，也可以结合当地的文化和历史，创作具有地方特色的演艺节目，如以清代皇家园林为背景的民俗歌舞表演、以塞罕坝精神为主题的沉浸式旅游演艺等，让游客在欣赏自然风光的同时，也能深入了解当地的文化和历史。承德的非遗

---

① 长城国家文化公园网. 河北：精心打造长城国家文化公园"文化地标""示范样板"[EB/OL].（2022-04-28）[2023-05-06].http：//changcheng.ctnews.com.cn/2022/04/28/content_123027.html.

资源也非常丰富，如唢呐艺术（丰宁满族吵子会）、满族二贵摔跤、契丹始祖传说、剪纸（丰宁满族剪纸）、布糊画、蒸馏酒传统酿造技艺（山庄老酒传统酿造技艺）、蒸馏酒传统酿造技艺（板城烧锅酒传统五甑酿造技艺）、中医传统制剂方法（腰痛宁组方及其药物炮制工艺）、元宵节（抡花）、抬阁（芯子、铁枝、飘色）（宽城背杆）等项目，这些带有浓厚"生活"气息的"活态"非遗，需要文旅人推动非遗与旅游的融合向更深、更远的层次探索。

### （三）冀中多彩板块

冀中多彩板块包括廊坊、保定、石家庄。在石家庄域内，有一座严密的防御体系，由10.15千米长的墙体、4座关堡和49座独立建筑构成。这些建筑分布在井陉县、平山县、赞皇县、鹿泉区和灵寿县这5个县区。保定长城矗立在太行山脊上，守卫着京师的门户。沿线的紫荆关、倒马关等在历史上起到了非常重要的作用。涞源段长城更是沾染着抗日战争的硝烟和炮火，代表了中华民族自强不息的奋斗精神和坚韧不屈的爱国情怀。[①]冀中多彩板块可以以革命题材、历史题材、人文题材等多种主题为区域联动开发原点，构建旅游演艺产业。

石家庄可以挖掘历史文化资源，利用自然资源，发挥地域特色，利用锣鼓艺术（常山战鼓）、井陉拉花、坠子戏、晋剧、河北梆子、乱弹（南岩乱弹）、石家庄丝弦、评剧、中幡（正定高照）等表演类非遗资源，以及耿村民间故事、烟火爆竹制作技艺（南张井老虎火）、中医诊疗法（中医络病诊疗方法）、太昊伏羲祭典（新乐伏羲祭典）、民间社火（桃林坪花脸社火）等非表演类非遗资源，开发长城旅游演艺。

保定长城演艺应从长城精神入手，将狼牙山五壮士与长城精神有机结合，利用冀中笙管乐（高洛音乐会）、冀中笙管乐（东韩村拾幡古乐）、冀中笙管乐（子位吹歌）、道教音乐（花张蒙道教音乐）、龙舞（易县摆字龙灯）、秧歌戏（定州秧歌戏）、哈哈腔、老调（保定老调）、老调（安国老调）、太极拳（孙氏太极拳）等非遗项目去诠释长城精神。

廊坊拥有国家级非遗冀中笙管乐（屈家营音乐会）、冀中笙管乐（高桥音

---

[①] 长城国家文化公园网.河北：精心打造长城国家文化公园"文化地标""示范样板"[EB/OL].（2022-04-28）[2023-05-06].http：//changcheng.ctnews.com.cn/2022-04/28/content_123027.html.

乐会）、冀中笙管乐（胜芳音乐会）、冀中笙管乐（小冯村音乐会）、冀中笙管乐（张庄音乐会）、冀中笙管乐（军卢村音乐会）、冀中笙管乐（东张务音乐会）、冀中笙管乐（南响口梵呗音乐会）、冀中笙管乐（里东庄音乐老会）、京东大鼓、西河大鼓、中幡（安头屯中幡）、八卦掌、八卦掌（固安）、左各庄杆会、苏桥飞叉会等表演类非遗演艺资源，廊坊长城演艺项目可以通过发掘当地的非遗文化和长城文化，结合当地的文化资源，多元化演出形式，加强宣传和推广等方式，打造具有吸引力和特色的演艺项目，吸引更多游客的关注和参与。

### （四）冀南金色板块

冀南金色板块包括邢台、邯郸。在河北省与山西省交界处，存在一段明代内长城。该内长城的一部分位于邢台内丘鹤度岭，它是真保镇龙泉关路上的关隘，对连接山西昔阳县和冀南平原的道路起着重要的控制作用。该内长城的兴建始于明嘉靖二十年（1541年）秋季，完工于嘉靖二十一年（1542年）5月，是内丘知县杜世爵为了抵御敌寇的侵扰而兴建的。河北省政府已将邢台鹤度岭明长城列为省级文物保护单位。[①] 历史上邯郸域内曾两度修筑长城，一次为战国时期修筑的南长城。南长城具体分布在今天的河北省涉县、磁县、临漳、成安、肥乡等县域内，全长约四百里；另一次为明代中后期沿太行山脉修筑的内长城，在邯郸市域内武安、涉县西部及北部存有部分遗迹。

邯郸长城是中国历史上重要的防御工事之一，邯郸又是历史文化名城，可以将历史文化与长城精神联系起来，通过开发历史文化演艺项目来吸引游客。另外，邯郸有着丰富的艺术资源，河北鼓吹乐、龙舞（曲周龙灯）、傩戏（武安傩戏）、皮影戏（冀南皮影戏）、赛戏、赛戏（武安）、赛戏（涉县）、永年西调、豫剧（桑派）、武安平调落子、四股弦（冀南四股弦）馆陶、四股弦（冀南四股弦）魏县、四股弦（冀南四股弦）肥乡、山东大鼓（梨花大鼓）鸡泽、河南坠子、太极拳（杨氏太极拳）、太极拳（武氏太极拳）皆为国家级非遗项目，因此，可以通过开发地域特色演艺项目来吸引游客，如北方戏曲、音乐等。

---

[①] 长城国家文化公园网.河北：精心打造长城国家文化公园"文化地标""示范样板"[EB/OL].（2022-04-28）[2023-05-06].http://changcheng.ctnews.com.cn/2022-04-28/content_123027.html.

邢台古城是黄河以北地区建城最早的"第一古城",被誉为"燕赵第一城"。邢台长城演艺同样应将其历史文化与长城精神联系在一起,发掘当地的文化资源,打造具有地域特色和人情味的演艺项目。利用非遗资源(邢台市拥有丰富的非遗资源),如邢台道教音乐(广宗太平道乐)、鼓舞(隆尧招子鼓)、皮影戏(沙河皮影戏)、四股弦(冀南四股弦)、南路丝弦、乱弹(威县乱弹)、秧歌戏(隆尧秧歌戏)、山东大鼓(梨花大鼓)、太极拳(王其和太极拳)、邢台梅花拳、梅花拳、沙河藤牌阵打造具有文化内涵和艺术魅力的演艺项目。还可以尝试不同的演出形式,如音乐会、歌舞剧、话剧等,让演艺项目更加多元化,吸引不同类型的观众。另外,邢台长城还需要加强宣传和推广,通过多种渠道,如社交媒体、旅游网站等,让更多的游客了解和参与邢台长城演艺项目。

为了实现冀东、冀北、冀中、冀南板块的联动开发,需要突出各区域的特色。这也意味着要根据每个地区独特的长城资源,进行规模化和品牌化的开发。同时,也要考虑到每个地区的开发模式特点,以实现最佳的开发效果。特色区域联动开发模式的主要特点包括以下几个。

1. 区域协同发展

为了提升区域的整体旅游形象和知名度,我们可以利用区域内旅游演艺等方式,将不同地区的旅游资源、文化和历史背景等优势资源联合起来,创造出独具地方特色和文化内涵的旅游产品。

2. 多元化的旅游产品

通过提高旅游产品的吸引力和竞争力,以旅游演艺为核心,采用多元化的旅游产品组合,满足各类游客的需求和兴趣。

3. 创新的营销方式

通过旅游演艺等创新方式,将旅游产品推广到目标市场,提高产品的知名度和美誉度,从而增加客流量和收益。

4. 共赢合作的发展模式

通过区域合作,实现资源共享、信息共享和市场共享,形成合作共赢的局面,推动旅游产业的协同发展和区域经济的繁荣。

5. 需要政府、企业和社会各界的共同参与和支持

政府应该加大对旅游演艺特色区域联动开发的支持力度,提供政策和资金

支持，促进区域旅游产业的发展。企业应该加强合作，整合旅游资源，提高产品品质和服务水平，提升市场竞争力。社会各界应该加强宣传和推广，提高旅游产业的社会认可度和影响力，推动旅游产业的可持续发展。

综上所述，长城文旅资源的充分利用需要采用多种开发模式，才能实现长城文化旅游产业的高质量发展。通过层次开发模式、"产品—产业—产业链"开发模式和特色区域联动开发模式，打造地方长城文旅品牌。同时，还需要注重文旅演艺的塑造和宣传，通过文艺表演，讲好中国故事，展现长城形象；增强地方文化软实力，提高城市竞争力；促进地方经济发展、促进中国文化的传承和发展。

## 第三节　产品开发基本环节

在市场营销学中，一般企业研制新产品的程序大致有以下八个方面：第一，新产品构想；第二，产品构想的筛选；第三，产品概念发展与测试；第四，初拟营销规划；第五，商业分析；第六，新产品研制；第七，市场试销；第八，商业化。这八个方面是按照先后顺序构成的，归纳起来就是：寻求创意—甄别创意—产品概念形成与测试—初拟营销策略—商业分析—新产品研制—市场试销—批量上市。

旅游演艺也是一种产品，与物质产品一样，具有价值和使用价值，但旅游演艺产品在生产、流通、分配、消费和价值实现等方面又都有着自身独特的发展轨迹和运行规律。旅游演艺作为精神产品，是意识形态的载体，但在市场经济成为社会基本生活方式的环境下，其本身必须在市场中传播才能发挥其基本的价值功能，所以，旅游演艺所体现的这种意识形态和商品性二元价值工程，体现了作品本身的"二重性"特征。作为文化审美价值，旅游演艺作品的创作要立足于表现真、善、美的需要；作为市场商品，旅游演艺作品的创作必须以经济成本与收益为指归。因此，旅游演艺产品的开发与一般物质产品开发既有联系，又有区别，本书将旅游演艺产品开发归纳为以下几个阶段：第一，市场分析阶段；第二，内容准备阶段；第三，项目制作阶段；第四，市场营销阶段；第五，消费交换阶段；第六，衍生开发阶段。

## 一、市场分析阶段

市场分析是企业进行市场调研和制定市场策略的重要基础，只有对市场进行全面、深入的分析，才能更好地把握市场机会，提高产品的市场占有率和盈利能力。市场分析包括两个部分：一是市场需求分析，二是可行性分析。

### （一）市场需求分析

对市场规模和趋势进行初步调查研究是市场需求分析的主要内容。此外，还需要对市场特征和竞争对手进行初步分析。通过调查消费者的需求偏好，可以明确市场的潜在需求，进而使旅游演艺项目最大化地满足游客需求，从而为产品的品牌化发展奠定基础。

1. 市场规模和趋势

了解市场的规模和增长趋势，包括市场的总体规模、增长速度、市场份额等，以便评估市场的潜力和吸引力。

2. 市场需求和特征

了解市场的需求和特征，包括产品需求的类型、数量、价格和品质等，以便根据市场需求和特征开发和提供合适的产品和服务。

3. 竞争格局和竞争对手

了解市场的竞争格局和竞争对手，包括竞争对手的产品、品牌、定位、价格、市场份额等，以便制定适当的市场策略和竞争策略。

4. 消费者分析和行为

了解目标消费者的人口特征、消费习惯、购买意愿、消费心理等，以便更好地满足消费者需求和提高市场占有率。

5. 市场环境和政策

了解市场的宏观环境和政策，包括经济环境、政策法规、市场趋势等，以便适应市场变化和制定相应的市场策略和经营策略。

### （二）可行性分析

可行性分析是确定旅游演艺项目是否有可行性的重要工作，通过对资源、技术、经济、社会和环境等多个方面进行综合调查和研究，我们可以预测项目后期可能带来的经济效益和社会影响，并评估项目的风险，从而提出项目开发的可行性方案，可行性研究通常包括以下几个方面。

1. 资源分析

对市场所需的人力资源、文化资源、技术资源、资本资源等进行分析，确定旅游演艺项目的市场开发潜力。

2. 技术分析

对旅游演艺项目的技术要求、技术难度、技术成本等进行分析，确定项目技术可行性。

3. 经济分析

对旅游演艺项目的投资、运营、收益等进行分析，确定项目的经济可行性和投资回报率。

4. 社会分析

对旅游演艺项目对当地社会和文化的影响、旅游业发展的促进作用等进行分析，确定项目的社会可行性。

5. 环境分析

对旅游演艺项目对环境的影响、环境保护措施等进行分析，确定项目的环境可行性。

通过以上分析，可以综合评估旅游演艺项目的可行性，并确定项目的投资规模、运营策略、市场定位等，为项目的成功实施提供基础支持。同时，可行性分析还可以帮助投资者了解项目的风险和机遇，制定合理的投资决策。

旅游演艺项目的开发是一项综合性的经济活动，其投资金额大、开发周期长，要想使旅游演艺项目达到预期收益，实现双重属性，就必须做好市场需求分析和可行性分析。这一阶段是旅游演艺开发的基础，也是最重要的一个环节。

## 二、内容准备阶段

在旅游演艺项目中，内容准备阶段指的是旅游演艺企业在项目开发之前为创造项目所需条件而进行的一系列内外部准备工作。这些准备工作包括资源整合、剧本创作等。在这个阶段，剧本创作环节扮演着核心的角色。

### （一）资源整合

旅游演艺项目是通过整合各种资源来开发的。这些资源主要包括文化、人力、技术、政策和资金等。

**1. 文化资源是核心**

旅游演艺产品的经济效益往往与其文化价值息息相关。文化价值作为其基础，对于旅游演艺产品的经济价值会产生重要影响。高文化价值的旅游演艺产品通常具有较高的附加值，因此也能够获得更大的经济回报。

**2. 人力资源是基础**

良好的演出团队、管理团队、营销团队是旅游演艺企业获利的根本基础，只有建立良好的人力资源基础，夯实人力资源运行机制，才能使企业获得利益最大化。

**3. 技术资源是动力**

高科技、数字化和多媒体媒介等先进技术资源为旅游演艺产品的生产和传播提供更加高效的方式。

**4. 政策资源是引领**

政府可以通过财政、税收等政策支持旅游演艺企业发展，通过简化行政审批、减少制度性障碍等措施，优化旅游演艺企业的营商环境，通过建设演艺场馆、停车场、餐饮、住宿等配套设施，提高旅游演艺企业的服务水平和观众体验，实现旅游演艺企业发展便利性和效率的提高。

**5. 资金资源是保障**

项目融资是旅游演艺产品生产的关键，资金来源可以包括以下几个方面。

第一，旅游演艺企业可以向银行申请贷款，用于演艺项目的策划、场地租赁、设备采购、人员培训等方面的支持。

第二，旅游演艺企业可以向投资机构申请风险投资，用于项目开发、扩大规模等方面的资金支持。

第三，政府可以通过财政补贴、税收优惠等形式，为旅游演艺企业提供资金支持。

第四，旅游演艺企业可以利用众筹平台，通过向广大公众募集资金的方式，获得资金支持。

第五，旅游演艺企业可以与其他公司、机构等建立合作关系，共同开发演艺项目，分享投资风险和收益。

第六，旅游演艺企业可以通过自有资金来支持演艺项目的开发和运营。

通过上述途径，旅游演艺企业可以获得多种形式的资金支持，从而更好地实现演艺项目的发展和扩大规模。

## （二）剧本创作

剧本创作是指设计旅游演艺产品表演内容，通过市场调研、整合资源创作出具有吸引力、互动性和参与性的演艺内容的过程。

剧本创作在旅游演艺企业的价值链中扮演着至关重要的角色，直接决定了产品的质量和市场价值。其过程分为：创意构思—甄别创意—概念形成—确立主题—确立故事情节—确立主要角色—选择呈现方式。

### 1. 创意构思

这一阶段要对旅游演艺产品的市场进行定位，在不同环境中寻找好的产品构思，确认创作诉求的实现途径，构思的主要方法有以下几种。

（1）属性列举法。将产品的主要属性进行列举，然后对每一属性进行归纳总结，提出创意。如旅游演艺里用舞蹈艺术形式进行展现，舞蹈的主要属性包括动作性、情感性和节奏性。动作性是舞蹈动作的构成，包括舞姿、连接性动作（动作连接）以及动态（动态要素强调的是舞蹈的运动特征，在流动中产生美，中国舞蹈的动势具有迂回美和飞旋美）；情感性是舞蹈本质之一，从创作到欣赏都充满情感体验，舞蹈在情感的推动下产生，早期舞蹈体现"求生"（为天地沟通），现代体现"求美"（释放能量、寻求快乐、追逐美好），舞蹈情感应包含从浅层的"感觉、感受"到深层的"思想、观念"；节奏性是动作之间的一种组织关系，一种张弛松紧的变化关系，舞蹈动作节奏因人的呼吸而产生，舞蹈动作内在节奏是舞蹈节奏核心，舞蹈节奏表现在速度的快慢、力度的强弱、能量的大小之中。

（2）强行关系法。列举了多种不同的旅游演艺产品，通过将某一种产品与另一种产品或多种产品强行结合，来产生全新的构思。如《印象·刘三姐》主要产品卖点是自然山水，《又见平遥》主要产品卖点是行进式情景体验，在开发山海关长城旅游演艺时，可以考虑将山水实景与行进体验结合在一起。

（3）多角度分析法。我们首先将产品的关键要素进行抽象，然后对每个要素进行详细分析，以形成新的创意。例如，旅游演艺最重要的属性就是文化性、娱乐性、体验性，根据这三个因素所提供的不同标准，便可以提出不同的新产品创意。

（4）头脑风暴法。首先，需要5～11人会聚在一起讨论某个问题，采用头脑风暴的方法可以激发人们的想象力。其次，参与者需要在会议之前准备并提出与旅游演艺前期开发相关的问题，并在会议上自由发表意见，提出各种设想和建议。最后，通过归纳、概括、分类等方式，将各种想法和建议整合成一个完整的方案，形成旅游演艺的新产品构思。

（5）征集意见法。旅游演艺创意团队通过实地调查、问卷调查、文本分析、大数据挖取、组织召开专家座谈会、公司创意会、行业交流会、创意工作坊等方式了解企业、行业、市场（消费者）的诉求，征求与会专家、学者、演艺设备公司、传媒公司、旅行社、消费者代表等人员的意见，询问企业、营销商等意见，进行问题汇总，寻求最大公约数，实施创意生产。这种方法是目前旅游演艺创意阶段最常用的一种方式，长期坚持意见征集，是企业做大做强的一种良好制度。

另外，旅游演艺产品的剧本创作需要注意主题、情节、角色、舞美、灯光、音乐、体验等方面，具体为以下几点。

第一，剧本主题明确。旅游演艺产品的剧本需要表现明确主题，确保整个演出具有一致性和连贯性。

第二，故事情节生动。剧本需要通过生动的故事情节，吸引观众的兴趣，激发他们的情感共鸣。

第三，角色塑造鲜明。剧本中的角色需要塑造得鲜明有个性，使观众对他们产生认同感和情感共鸣。

第四，场景布置精美。剧本需要合理布置场景，使演艺场地与故事情节相得益彰，达到视觉上的享受。

第五，灯光音响设计。灯光音响是旅游演艺产品重要组成部分，好的灯光音响设计能为旅游演艺故事演绎提供支撑。

第六，音乐配合协调。音乐是旅游演艺产品的重要组成部分，剧本需要与音乐协调配合，使音乐与演艺剧情相得益彰。

第七，引入互动环节。在剧本创作过程中，还需要充分考虑观众的需求和体验，创造出具有吸引力、互动性和趣味性的演艺产品。剧本可以适当引入互动环节，使观众参与其中，增加观众的参与感和互动体验。

创意构思通过确定主题和目的（作品创作的第一步是确定主题和目的，明确要表达的内容和意义）、收集素材和灵感（创作艺术作品需要收集各种素材和灵感，可以通过阅读、观察、旅行等方式获取）、初步构思（在收集素材和灵感的基础上，进行初步构思，确定作品的基本框架和结构）、详细构思（在确定作品框架和结构的基础上，进行详细构思，包括创作内容、表现手法、形式风格等方面的考虑）、草图设计（在构思阶段，可以通过文字或草图的方式，将作品的构思表现出来，以便更好地理解和调整）完成旅游演艺作品第一步设计。

2. 甄别创意

获得大量创意构思后，企业应组织第三方机构对创意进行评估，运用一系列专业评价标准，对各种构想进行比较判断，从中找到最优创意构想。筛选的目标是在早期阶段帮助企业评估各种创意构想的成本、潜在效益和风险，并及时发现并放弃不良创意，剔除不可能成功的创意。

在进行筛选时通常考虑以下几个方面。

（1）市场成功的要素。这包括潜在市场增长率、竞争程度和前景，以及企业是否能够实现高回报。

（2）内部条件评估。主要考察企业的人力、财务和物质资源，技术条件以及管理水平是否适合生产演艺产品。

（3）销售条件。涵盖现有销售结构是否适合销售演艺产品，消费者是否愿意接受由此带来的景区门票价格上涨，以及对外宣传渠道是否畅通。

（4）收益条件。演艺产品是否符合企业的营销目标，其盈利水平以及新产品对企业原有产品销售的影响。

（5）企业声誉的条件。演艺产品的开发、运营，对于企业的形象、影响是否存在不良因素，其占有比重是否过重，企业要考虑开发带来的负面影响，及时消除不良因素。

这一阶段的任务是首先剔除那些明显不合适的旅游演艺产品构思，然后按照标准从剩余创意中选出企业可以接受的产品构思。换言之，就是筛选出符合目标市场和目标客户需求的创意。这一问题可以使用加权平均法[①]分别计算每个构思成功的分值来解决，以秦皇岛碧螺塔旅游股份有限公司开发的《浪淘沙·北戴河》大型海上实景演出使用加权平均法用表为例。（详见表4-1）

表4-1 《浪淘沙·北戴河》旅游演艺产品构想加权平均法

| 指标 | 相对权数（A） | 企业能力水平（B） | | | | | | | | | | | 评分（A*B） |
|---|---|---|---|---|---|---|---|---|---|---|---|---|---|
| | | 0.0 | 0.1 | 0.2 | 0.3 | 0.4 | 0.5 | 0.6 | 0.7 | 0.8 | 0.9 | 1.0 | |
| 企业声誉 | 0.20 | | | | | | | | √ | | | | 0.140 |
| 营销能力 | 0.20 | | | | | | √ | | | | | | 0.100 |
| 研发能力 | 0.20 | | | | | | | | √ | | | | 0.140 |
| 人力资源 | 0.15 | | | | | | | √ | | | | | 0.090 |
| 财务能力 | 0.10 | | | | | | | | | √ | | | 0.080 |
| 生产能力 | 0.10 | | | | | | | | | | √ | | 0.090 |
| 传播能力 | 0.05 | | | | | | | | | | √ | | 0.045 |
| 总计 | 1 | | | | | | | | | | | | 0.685 |
| 评分标准：0.00~0.40 为差；0.41~0.75 为尚佳；0.76~1.00 为佳 | | | | | | | | | | | | | |
| 最低接受标准为：0.70 | | | | | | | | | | | | | |

综上所述，在整个构思过程中，需要不断地反思和调整，直到达到满意的创作效果。因此，作品的构思过程也需要不断地进行实践和尝试，提高企业的艺术创作水平。根据筛选条件，简单来说，企业创意构思的筛选标准就是：第一，符合企业目标；第二，企业具有开发能力；第三，能够为企业盈利；第四，排除"误用"与"误建"。同时，为了确保演艺产品的质量和效果，剧本需要经过反复推敲和修改，不断完善和提升。

3.概念形成

任何一个产品构思都会转化为几种产品概念，比如说某个文旅企业获得一个旅游演艺产品的构思。由此可形成多个产品概念，诸如讲述 20 世纪 50、60 年代发生的故事适用于老年人；剧本杀、角色扮演等方式适用于青年人等。所以，新产品构想经过筛选后，需要进一步发展更具体、明确的产品概念。

---

[①] 加权平均法是一种常见的统计方法，用于计算一组数据的加权平均值。它可以将不同数据的重要性加以区分，对于重要度较高的数据，赋予更高的权重，对于重要度较低的数据，赋予较低的权重。计算加权平均值时，需要将每个数据点乘以其对应的权重，然后将所有乘积相加，最后除以所有权重的总和。这样可以确保更重要的数据对平均值的影响更大，从而更准确地反映整个数据集的趋势。

确定了产品概念，进行产品的市场定位后，就应当对产品概念进行测试①。新产品测试的具体内容包括两个主要方面：第一，新产品概念传播力，以及潜在消费者对新产品概念的需求水平；第二，消费者对新产品概念需求力。因此，只有在市场竞争中具有独特性和优势的产品概念，才能够获得成功。

产品概念形成是对于产品的功能、形态、结构以及基本特征的详细描述，是对产品构思的具体化，可照其制作生产的具体方案设计。

4. 确立主题

旅游演艺产品的主题是非常重要的，它决定了产品的风格和内容，旅游演艺产品通常需要有独特主题，以吸引客户的眼球。可以根据地域特色、受众需求、人文元素、互动体验、契合度、目标市场以及目标客户群体的喜好，确定产品的主题。

第一，地域特色。考虑旅游演艺产品所处的地域特色，例如自然景观、历史文化、民俗风情等等，从而为主题提供基础。

第二，受众需求。了解旅游演艺产品的受众需求，如观众的年龄、性别、文化水平等，从而为主题提供定位。

第三，人文元素。融入人文元素，如传统艺术、民间故事、地方特色等，从而为主题提供文化底蕴。

第四，互动体验。设计互动环节，如观众参与、互动体验、沉浸式体验等，从而为主题提供趣味性和参与感。

第五，契合度。考虑主题与地域、文化、人群的契合度，从而确保主题的合理性和吸引力。

第六，目标市场。目标市场是指旅游演艺产品主要销售和服务的国家和地区，它决定了产品的主题应该符合该国家或地区的市场需求和消费者喜好，从而为主题提供消费选择。

第七，目标客户群体的喜好。目标客户群体是指产品主要服务的人群，总的来说，旅游演艺产品的主题需要符合目标客户群体的喜好，才能吸引他们的注意力，提高产品的销售量。

---

① 所谓产品概念测试，就是用文字、图画描述或者视频建模将产品概念展示给一群目标顾客以观察他们的反应。

以下是确立旅游演艺产品主题的一些方法。

（1）地域特色主题。根据旅游目的地的地域特色，确定产品主题，如自然山水、历史人文、民俗艺术等。

（2）文化传统主题。根据当地的历史和文化传统，确定产品主题，如古代皇家宫廷、民间传说故事等。

（3）活动节庆主题。根据当地的重大节庆活动，确定产品主题，如山海关二月二龙抬头、昌黎元宵节庙会等。

（4）参与体验主题。根据当地的自然景观和特色体验，确定产品主题，如草原漫步、塞罕坝森林探险、长城体验等。

（5）现代文化主题。根据当地的现代文化特点，确定产品主题，如流行音乐、时尚秀等。

（6）空间场景主题。根据场地特点，确定产品主题，如水上乐园、主题公园、沉浸式剧场等。

（7）情感形式主题。根据情感的表现方式，确定产品主题，如爱情主题、亲情主题、励志主题、人性主题等。

在确立旅游演艺产品主题时，首先，需要考虑目标客户群体的需求和喜好。其次，也要考虑产品的市场竞争力和盈利能力。再次，还需要考虑产品的表现形式和场地环境，从而让主题与产品形式和环境相匹配，增加产品的完整性和表现力。最后，主题应该具有一定的创新性和前瞻性，能够吸引观众的眼球和兴趣，提高产品的市场竞争力。

5. 确立故事情节

当主题确立后，就需要故事这一载体为其服务，故事最主要的作用就是将主题讲清楚，而故事情节就是为故事主题服务的。故事主题和故事情节是紧密相关的两个概念，它们之间有以下关系：

故事主题是故事情节的基础。故事主题是故事情节的核心，是故事情节所要表达的主旨和思想。故事情节围绕故事主题展开，通过情节的发展和人物的表现来阐述和体现故事主题。

故事情节是故事主题的表现。故事情节是故事主题在剧情中的展现，是通过情节的安排和人物的表现来体现故事主题的深度和内涵。在故事情节中，故事主题通过人物的经历和情感表达出来，让观众更加深入地理解和体验故事主题。

故事主题和故事情节相互作用。故事主题和故事情节是相互作用的，故事主题的选择和阐述会影响故事情节的发展和表现，而故事情节的安排和表现也会反过来加强或弱化故事主题的表达和阐述。

因此，故事主题和故事情节是剧本构建中不可或缺的两个要素，它们相互作用，共同构成了一个完整、有意义的故事。

确立旅游演艺作品的故事情节需要考虑以下几个方面。

（1）目的。确定剧本的目的，如娱乐、教育、批判、传承等，从而为故事情节提供基础。

（2）时间。选择故事发展的时间，如古代（夏、商、西周、春秋、战国、秦、西汉、东汉、三国、西晋、东晋、南北朝、隋、唐、宋、元、明、清），近代（鸦片战争、辛亥革命、五四运动等），现代（中华人民共和国成立、改革开放等）。

（3）地点。选择场地和地点，如古城、山水、海滨、城市等，从而为故事情节提供发生背景。

（4）人物。确定故事中的主要角色和次要角色，并为每个角色设定特定的性格、经历和目的。

（5）情节。将情节按照时间顺序排列，确定每个情节的内容和发展，从而构建戏剧的整个故事情节。

（6）冲突。为故事情节设定冲突，如人与自然的冲突、人与人之间的冲突、人与神的冲突等，从而增加故事的紧张度和吸引力。

（7）结局。为故事情节设定一个合理的结局，让观众在旅游演艺作品中获得满足感和收获感。

确立故事主题和目的—确定人物—设定背景—写出故事大纲—编写故事情节—增加悬念和高潮是确立故事情节的基本步骤，在确定故事情节时，还需要注意故事的节奏和节目的长度，以确保故事情节能够在适当的时间内得到完整的展示和表现。

**6. 确立主要角色**

主题、情节确定后，下一个环节就是确立角色，在剧本中，角色扮演着非常重要的作用，主要表现在能够推动故事情节发展、塑造故事氛围和背景、传递主题和意义、增强故事情节的可信度。

推动故事情节的发展：角色的行动和决策会直接影响故事情节的发展，他们的行为和言语会引发事件和冲突，推动故事向前发展。

塑造故事氛围和背景：角色的设定和表现可以为故事营造独特的氛围和背景，让故事更加生动、真实和具有感染力。

传递主题和意义：角色的思想、行为和言论可以传递故事的主题和意义，让观众更好地理解和体会故事中想要表达的思想和情感。

增强故事情节的可信度：角色的设定和表现需要与故事情节相符，如果角色行为和言语不符合情节逻辑，会破坏故事的可信度，让观众产生疑虑和不满。

因此，在剧本中确立好角色的设定和表现非常重要，需要注重角色的个性化和情感表达，让观众能够更好地理解和感受故事情节。

角色的确立一般包括以下几个步骤。

（1）确定角色类型。根据剧本中的需要，确定不同角色的类型和特征，包括主角、配角、反派等。

（2）设定角色形象。为每个角色设计外表和服装形象，包括衣着、发型、化妆等。

（3）创造角色个性。为每个角色赋予独特的个性特征，包括性格、爱好、习惯等，以便演员能够更好地理解角色。

（4）训练演员。在确定好角色后，需要进行演员训练，包括表演技巧、台词演绎、角色理解等。

（5）排练演出。在演员训练结束后，开始进行排练演出，通过不断地演练来完善角色表现和故事情节。

（6）调整完善。在演出过程中，需要不断调整和完善主要角色、辅助角色、群演角色的人物定位和结构关系，直到达到预期效果。

确立角色是旅游演艺剧本创作的重要环节，是旅游演艺作品主题表现的核心载体，角色成功与否直接影响旅游演艺产品的成败。

**7. 选择呈现方式**

主题、情节、人物确定后，需要恰当的呈现方式将旅游演艺作品进行表演。呈现方式的选择主要由地点、技术、内容方面构成，具体包括舞台演出、街头表演、互动表演、多媒体演出、景点演出等。

（1）舞台演出。舞台演出是最常见的旅游演艺呈现方式，一般在剧场、表演厅等专门场地进行，采用专业的灯光、音响等设备，让演员在舞台上表演。

（2）街头表演。街头表演通常在旅游景区、商业街等公共场所进行，演员会在街头、广场等地方进行即兴表演，吸引游客驻足观看。

（3）互动表演。互动表演通常是演员和游客之间的互动表演，演员会穿着特定的服装和形象，与游客进行互动，让游客参与其中，增强游客的参与感和体验感。

（4）多媒体演出。多媒体演出通常利用现代科技手段，如3D投影、虚拟现实等技术，将演员和场景投射在大屏幕上，以更加生动、逼真的方式呈现旅游演艺。

（5）景点演出。景点演出通常在旅游景点内进行，将演员和景点融合在一起，让游客在欣赏景点的同时也能够欣赏演出，增强游客的旅游体验感。

此外，呈现方式还体现在旅游演艺体裁类型方面。

（1）山水实景演出。山水实景演出是以旅游景区的自然景观为背景，融合音乐、灯光、舞蹈等元素，打造出一场具有视听效果的演出，如《印象·刘三姐》。

（2）行进情景剧。行进情景剧是一种环绕式的旅游演艺表演，演员会在游客中间穿行，通过互动表演和情节展示，让游客参与其中，增强旅游体验感，如《又见平遥》。

（3）水上实景演出。水上实景演出是在水面上进行的演出，包括水上舞台、水上灯光秀等，通过独特的水上效果和表演形式，打造出一场独具特色的演出，如《如梦上塘》。

（4）主题公园演出。主题公园旅游演艺是在主题公园中为游客提供的各种演艺表演和娱乐节目。这些节目通常与主题公园的主题和氛围相呼应，为游客提供更加丰富多彩的娱乐体验。主题公园旅游演艺的形式多样，包括舞台表演、游行、夜场秀、互动体验等。在一些主题公园中，还会有专门的演艺剧场，为游客提供精彩的演出，如《宋城千古情》。

（5）独立剧场演出。独立剧场旅游演艺是在独立剧场中为游客提供的各种演艺表演和娱乐节目。这些节目通常不受特定主题的限制，可以是戏剧、音乐、舞蹈、魔术等各种形式的表演。独立剧场旅游演艺的特点是具有较高的艺术性和独立性，演出内容通常是由剧场独立策划和制作的，更加注重艺术价值和创意性，如《不眠之夜》。

（6）民俗文化演出。民俗文化演出是将当地的民俗文化元素融入演出中，包括传统音乐、舞蹈、服饰等，展现当地的文化底蕴和特色，如《美丽西江》。

（7）互动体验演出。互动体验演出是一种注重互动和体验的演出形式，演员会与游客进行互动表演，让游客参与其中，增强旅游体验感和参与感，如《知音号》。

综上所述，剧本创作对于旅游演艺产品生产具有非常重要的意义，其核心步骤包括创意构思—甄别创意—概念形成—确立主题—确立故事情节—确立主要角色—选择呈现方式七个环节。剧本创作是旅游演艺企业价值链中的关键环节，直接影响到产品的质量、市场价值，通过剧本创作可以提高产品的质量和吸引力，提高游客体验。

### 三、项目制作阶段

旅游演艺项目的制作阶段是将抽象的创作作品转化为具体产品的过程。在这个阶段，旅游演艺企业通过技术、主题创意和内容生产等流程，追求成本、时间和质量之间的最佳平衡，并为消费者提供高质量的旅游演艺产品。

一般项目制作阶段包括主创团队组建、演员招募和培训、演出设计、舞台制作、设备准备、演出内容生产、演员排练、彩排和试演。

#### （一）主创团队组建

主创团队是整个旅游演艺项目实施的重要参与力量，是整个演出的"大脑"。主要人员构成有导演、编剧、舞蹈编导、戏剧编导、音乐制作、舞美设计、音响设计、视觉设计、舞台特效设计、服装设计、道具设计、化妆设计、威亚设计、杂技设计等。

## （二）演员招募和培训

旅游演艺演员的招募和培训是旅游演艺项目制作的重要环节，招募演员，进行培训，其目的是提高演员的表演技巧和演出水平，完成旅游演艺演出需求。演员招募和培训包括以下几个方面。

### 1. 策略制定

在制定招募和培训方案之前，需要明确项目的目标、项目类型、演员数量和要求等，制定相应的招募和培训策略。

### 2. 招募演员

通过校园招聘、网络招聘、线下面试、推荐等方式招募演员，要求演员具有一定的基本功，有一定的舞台表演经验和演出技巧。重点关注舞蹈、音乐、戏剧、戏曲、杂技、器乐、声乐演员的录用考察。旅游演艺属于表演艺术，为了保证演出质量，对舞蹈演员的身高要有一定要求，男生不低于175厘米，女生不低于168厘米。对于选拔的主要角色，其形象、体重也在考虑范围。

### 3. 培训演员

在招募到适合的演员后，需要进行一定的培训。培训的内容包括肢体语言、情感表达、语言表达等，其中，舞蹈类需要进行芭蕾舞基训课程、古典舞基训课程、现代舞基训课程、技术技巧课程、民族民间舞课程、剧目排练课程、角色塑造课程、舞蹈鉴赏课程、舞蹈表演理论课程等相关课程培训。戏剧类需要进行基础课程（包括身体训练、呼吸训练、声乐训练、表演语言、戏剧史等）、表演课程（包括角色分析、表演技巧、舞台表演、实景表演等）相关课程培训。

### 4. 角色扮演

选择主要角色演员，角色演员需要根据剧本中的角色扮演，进行角色深度剖析，了解角色属性和情感状态，从而更好地表现角色。

### 5. 团队协作

旅游演艺项目通常需要多类型演员共同表演，包括舞蹈演员、戏剧演员、声乐演员、器乐演员、杂技演员等。演员需要进行团队协作，相互配合，互相支持，以达到更好的演出效果。

6. 多次彩排

在演员培训和角色扮演完成后,需要进行多次彩排,以检验演员表演和演出效果,并不断完善演出细节。

旅游演艺演员的招募和培训需要制定招募和培训策略,招募演员、培训演员,进行角色扮演和团队协作,多次彩排,以提高演员的表演技巧和演出水平,从而达到更好的演出效果。

(三)演出设计

演出设计是指根据剧本和演员表演技巧,设计演出场景。包括舞美设计、音响设计、视觉设计、服装设计、道具设计、化妆设计、威亚设计、杂技等内容。

1. 舞美设计

舞美设计包括舞台布景、舞台道具、舞台机械等设计,营造出适合演出主题的舞台空间视觉效果。

2. 音响设计

音响设计包括与制片人、导演、舞美师等相关人员协商,确定音响设计方案。根据演出场地的大小、形状、声学环境等情况,制定音响设备放置和布线方案;选择和配置音响设备,包括音响调音台、话筒、音箱、功放器等;根据演出需要,制作和编辑音效,包括音乐、对白、特效等;进行现场音效调试和演出音响控制,确保音效质量;解决音响设备故障和维护音响设备,保证设备的正常运行;与舞台监督、灯光设计师等其他相关工作人员协调工作,保证演出的整体效果。

3. 视觉设计

视觉设计包括通过多媒体数字技术,为演出提供标志、海报、宣传册、网站、视频、互动、特效等视觉设计内容。

(1)标志设计:设计符合演出主题和风格的标志,以便于宣传和品牌推广。

(2)海报设计:设计演出海报,吸引观众的注意力,提高演出知名度。

(3)宣传册设计:设计演出宣传册,介绍演出的主题、内容、演员等信息,增加观众的兴趣。

(4)网站设计:设计演出官方网站,提供演出信息、在线购票、在线观看等服务，为观众提供便利。

（5）视频制作：制作宣传片、预告片等视频，通过网络平台宣传演出。

（6）互动设计：设计与观众互动的环节，如互动游戏、抽奖等，增加观众的参与感和体验感。

（7）特效设计：设计演出需要的视觉特效，如烟雾、火焰、水幕等，使演出更加壮观。

4. 服装设计

服装设计是指根据演出主题和角色特点，设计出适合演员形象的服装。旅游演艺服装设计是演出中非常重要的一环，主要包括以下方面。

（1）根据演出主题和场景设计服装。根据演出主题和场景要求，设计符合演出需求的服装，如古装、现代装、民族服装等。

（2）根据角色特点设计服装。根据角色的性格、身份、时代等特点，设计符合角色形象的服装，如华丽的礼服、军装、民族服饰等。

（3）选择面料和颜色。选择适合服装款式和演出需求的面料和颜色，如丝绸、麻布、羊毛等材质，颜色搭配要符合演出的氛围和主题。

（4）进行试穿和调整。进行试穿和调整，保证服装的合身和舒适性，使演员能够更好地扮演角色。

（5）注意细节设计。注意服装的细节设计，如装饰、纹样、刺绣等，使服装更加美观精致，符合演出的要求。

（6）考虑实用性。考虑服装的实用性，如是否方便演员表演动作、是否易于清洗等，保证演员能够更好地表演。

总之，旅游演艺服装设计需要考虑演出的主题、场景、角色和演员的需求，通过设计合适的服装，使演员能够更好地扮演角色，增加演出的观赏性和艺术价值。

5. 道具设计

道具设计为一场演出或活动设计、制作和使用各种道具的过程。演出道具设计的目的是增强演出效果，营造出风格独特、视觉冲击力强的舞台效果，从而更好地表达演出的主题和情感。演出道具设计需要考虑演出的主题、场景、人物形象、音乐背景等多个因素，同时还需要考虑道具的实用性、安全性、易于操作和储存等方面。演出道具设计需要具备创意、审美和技术能力，同时还需要与演出策划、导演、造型师、灯光师等人员密切合作，共同完成一场完美的演出。

6. 化妆设计

化妆设计需要根据演出的主题、场景、角色特点等方面对演员的妆面进行设计。旅游演艺的化妆设计主要包括以下方面。

（1）根据演出主题设计化妆。不同的演出主题需要不同的化妆风格，如历史剧、民俗文化演出、神话传说等，需要根据不同的主题进行化妆设计。

（2）根据演员角色设计化妆。演员的角色特点也需要考虑到化妆设计中，例如演员的性别、年龄、肤色、性格等，都需要通过化妆设计使其更符合角色需要。

（3）根据场景设计化妆。演出的场景也需要考虑到化妆设计，如室内演出和室外演出的化妆设计就有所不同。

（4）选择合适的化妆用品。化妆设计需要选择合适的化妆用品，例如粉底、眼影、唇膏等，同时还需要考虑到演员的皮肤敏感度和化妆品的安全性。

（5）确保化妆效果。化妆师需要在演出前进行化妆测试，确保化妆效果符合演出的要求，同时还需要考虑到演员的舞台表现和观众的视觉效果。

7. 威亚设计

威亚设计是指在旅游演艺中起到画龙点睛的艺术效果。其本质是利用舞台机械实现演员和物件升空的动作，并将其与表演艺术相结合。这种表演方式呈现一人、双人和多人升空的精彩场景。一般包括人力威亚、数控威亚、一维威亚（只包含升降）、二维威亚（包含升级与平移）、三维威亚（复合型威亚包含上下、左右、前后）。

8. 杂技

杂技是指杂技演员在表演过程中使用的各种技能和动作，旅游演艺中能够使用的杂技技巧种类繁多，主要包括以下几种。

（1）平衡技巧：单脚站立、手倒立、头顶物品、高跷等。

（2）悬挂技巧：用吊环、吊绳、吊索等工具悬挂表演。

（3）抛掷技巧：球技、刀术、飞碟、魔术等。

（4）翻腾技巧：翻筋斗、空翻、跳跃、跳绳等。

（5）柔术技巧：扭曲、扭转、拆分、盘旋等。

（6）动物表演：狮子跳圈、猴子跳绳、鹰的飞翔等。

（7）道具技巧：借助手推车、自行车、滑板等道具进行表演。

此外，还有一些特殊的杂技技巧，如火焰表演、水上杂技、飞行杂技等，都可以在旅游演艺中应用。

旅游演艺中的杂技设计是指在演出中应用杂技技巧，创造出具有观赏性和娱乐性的表演效果。杂技设计需要考虑以下几个方面。

（1）节目内容设计：杂技节目的内容设计要紧密结合演出主题和场地环境，充分体现地方文化特色和旅游资源。

（2）演员选择：杂技演员需要具备一定的技术水平和表演能力，能够在保证安全的前提下完成高难度的动作。

（3）舞台设置：舞台设置要考虑杂技节目的需要，合理布置杂技器械和安全保护设施，确保演员的安全。

（4）音乐和灯光设计：音乐和灯光是杂技节目中重要的辅助手段，可以增强表演效果，营造氛围，给观众带来视听上的享受。

（5）服装设计：服装设计要考虑舞台效果和演员的表演需要，既要美观大方，又要方便演员进行杂技动作。

总之，杂技设计是旅游演艺中不可或缺的一部分，它能够吸引观众眼球，增强演出的艺术性和观赏性，为旅游演艺的成功举办提供重要保障。杂技演员需要经过长时间的训练和反复练习才能掌握这些技巧，同时，还需要有一定的身体素质和意志力的支撑。

### （四）舞台制作

旅游演艺的舞台制作特别强调视觉效果，工艺流程复杂、资金消耗巨大，一般通过工程建设实现。舞台制作一般包含两种形式，一是整体制作，二是局部制作。

#### 1. 整体制作

整体制作指的是旅游演艺整体空间制作，包括剧场、舞台等空间，是以剧场为开发概念，融入"演出区"与"观演区"整体制作。如杭州《X秀》作为太阳马戏创排的亚洲唯一驻场秀，打破了多维空间的视觉设计，融合现场歌剧、高空绸吊、杂技、跑酷、武术、蹦床等多元艺术，使得观众不出国门，即能感受震撼的国际艺术视听盛宴。73分钟14幕剧情，极致炫幻的舞美，360度旋转座椅可以随剧情移动，沉浸式体验黑科技剧场，设置了全国顶级"M"形可旋转舞台，用56台世界顶级投影设备和3D飞行系统，铺设11米高、100米长的巨型可移动长城幕布，可随剧情展开任意配合3D效果道具、视频映射，及新奇的陷阱门不断变化；悉尼歌剧院同款扬声器系统，360度杜比环绕立体声，完美实现东西双向表演区域零干扰。整场演出由8个专业幕后技术团队提供支持，包含索具、自动化、灯光、音响、舞台机械、道具、服化、通用工程，有近百名技术员共同操控。

整体制作对旅游演艺企业来说要求极为严格，需要对剧场进行精细化运营、设备标准化流程SOP等，对企业的组织、管理、运营都提出极大的挑战，这种类型适合大型、特色型旅游演艺项目制作。

2. 局部制作

局部制作主要指单纯舞台表演空间区域制作。一般旅游演艺都是局部制作的模式，这种做法不用开发观众观看区域，演出位置固定，只开发舞台区域，比较节约资金。如秦皇岛《浪淘沙·北戴河》，作为一部大型海上实景演出，在舞台上采用水幕投影的演出形式，高端科技融合典雅水景，将虚拟的背景与水幕结合在一起，渲染出一种虚幻的梦境，同时也极大地增加了水景的艺术感染力。投影水幕采用2台NEC4K4流明激光投影机，画面内容配合真4K分辨率呈现出高清晰画面，在水介质不平整的客观条件之下，仍能营造出完美的裸眼3D-4K的视觉效果，呈现不同的立体画面感。交互性极好的裸眼3D效果将广大游客们带入如梦似幻的仙境中。采用了国内外最先进的水火特效技术，红红火火、雷霆万钧、特制火海、水柱成幕、三昧真火、生生不息等特效，气势恢宏、变幻万千、效果奇特，带给现场观众极致的观影感和震撼感，既有意境，又展现冲击力，是不容错过的水中舞动的景观艺术之美。该剧目在已有舞美结构和裸眼3D视觉效果的基础上，通过多媒体、VR、AR、XR、多通道交互技术以及舞台数控装置等，实现演出观演模式的突破，使表演不再受空中、地面和水中的限制，进而创新舞台制作模式，引领现场观众在跨越千年的时空隧道中感受北戴河的历史沧桑与发展巨变。

整体制作和局部制作是舞台制作宏观层面把控，微观层面还包括舞台道具、舞台机械、舞美特效。总之，舞台制作是旅游演艺中不可或缺的一部分，它能够为演出提供重要的支持和保障，创造出令观众难忘的视听盛宴。

### （五）设备准备

设备准备指的是准备旅游演艺演出所需的音响、灯光、舞台设备、道具以及表演用的特殊用品等。旅游演艺舞台设备通常包括以下几种。

（1）舞台灯光设备，包括舞台电脑灯、筒灯、AC 灯、成像灯、数字灯控、电脑灯控台调光台、效果灯、激光灯、面光灯、频闪灯、三基色柔光灯、追光灯、聚光灯、电脑扫描灯、电脑换色灯、电脑散光灯、图案灯、舞台天、地排灯、数字硅箱流动灯架 TRUSS 架等。

（2）声响设备，包括音响设备、音频处理器、调音台、功放、音箱、线阵列、均衡器、效果器、分频器、压限器、笔记本、CD 机、MD 机、DVD 机、有线话筒、无线话筒、对讲机、无线胸麦、话筒支架等设备。

（3）视频设备，包括大屏幕、投影仪、投影幕、投影起重机、等离子电视墙、LED 屏幕等。

（4）舞台机械设备，包括升降台、旋转台、特技设备、幕布等。

（5）舞美道具，包括舞台背景、摆设、定制道具、异性装备等。

除了舞台灯光设备、声响设备、视频设备、舞台机械设备和舞美道具之外，还有如下一些其他的舞台设备。

烟雾机和雾机：用于制造舞台上的烟雾效果，增加气氛。

风机：用于制造风的效果，如模拟风暴、风车转动等。

雾森：用于制造薄雾的效果，如模拟仙境。

干冰机：于制造浓雾的效果，如模拟云端、河流。

喷火机：用于制造舞台火柱，增加视觉冲击力。

喷气机：用于制造舞台气柱，增加视觉冲击力。

雪花机：用于制造舞台雪花，营造冬天环境。

泡泡机：用于制造舞台泡泡，营造浪漫气氛。

冷焰火机：用于制造舞台冷焰火柱，增加视觉冲击力。

水幕电影设备：可以在舞台上制造出水幕电影的效果，增加视觉效果。

演出用乐器：钢琴、吉他、鼓等，可以帮助演员进行演奏和伴奏。

视频转播设备：摄像机、视频混合器、视频调音台等，可以将演出现场的画面进行实时转播。

触摸屏幕和交互设备：用于与观众进行互动，如投票、签到等。

这些设备都可以用于制造不同的效果，让演出更加丰富多彩。但需要注意的是，设备的使用需要符合安全规范，以保证演出的顺利进行和演员的安全。

舞台设备可以帮助演员和表演者呈现出更加精彩的演出效果，提升整个演出的质量和观赏性。同时，舞台设备也需要专业的技术人员进行操作和控制，才能确保演出的顺利进行和效果的达到。在旅游演艺中，这些设备的运用可以让观众更好地体验到当地文化和风俗，并且增加旅游的吸引力和竞争力。

### （六）演出内容生产

演出内容生产是指旅游演艺项目内容制作，这里主要指舞蹈编排、戏剧编排。这些项目需要经过专业的编剧、编导、编舞等人员的策划和制作。他们需要根据演出的主题和风格，选择适合的舞蹈、戏剧等形式，并进行编排和创作，以便让演出更加生动、精彩、有吸引力。同时，演出内容生产还需要考虑到演员的特点和能力，以便让演员更好地发挥自己的潜力，呈现出更好的表演效果。演出内容生产是旅游演艺项目中非常重要的一环，它直接关系到演出的质量和观众的感受，因此需要投入大量的人力、物力和财力来支持。

1. 舞蹈编排

舞蹈编排是旅游演艺项目中非常重要的一个环节，旅游演艺舞蹈编排主要包括以下几个方面。

（1）策划。针对演出项目的主题和风格，制订相应的舞蹈构思、舞蹈题材、舞蹈结构编排方案。首先是舞蹈构思。舞蹈思维包含两个意思：其一是指舞蹈艺术家在创作过程中的思维方式，即构思和创作的过程；其二是指舞蹈艺术家的思维成果，即创造出的舞蹈形象。舞蹈思维贯穿于整个创作过程中的三个主要步骤，即选材、构思和创作。编导需要从"生活情景表象系统"和"人体动作表象系统"进行"炼形—炼意—形意互炼"的开发。其次是舞蹈题材。一部作品的诞生，大体分为三个步骤："选材"——题材的选择；"结构"——

题材的处理;"呈现"——题材的表现。舞蹈题材需要经过"撞击""选择""转化"三个阶段。最后是舞蹈结构。舞蹈结构具有形式与内容的双重属性,是对现实时空的重建,具有时空互化、双重时空、自由转换特性。

(2)编排。在策划的基础上,逐步制定舞蹈语言(舞蹈动作和舞蹈构图)。首先,设计舞蹈动作。从舞蹈动作元素(舞蹈的动作层级,包括动态、动速、动律、动力)出发,设计舞蹈短句(舞蹈的舞句层级,包括形式相对完整独立、有较强的射意性、引起观众"回应"),形成舞蹈段落。这里最重要的是确定主题动作和主题舞段,并持续深化其表现内容。其次,设计舞蹈构图。舞蹈构图是指在舞蹈设计过程中,对舞蹈动作、形式和空间位置等方面进行布局和安排,以展现舞蹈的美感和艺术价值。舞蹈构图包括以下两个方面:第一,舞蹈形式。舞蹈形式是指舞蹈的结构和形态,包括线性、圆形、对称等形式,舞蹈构图需要根据舞蹈形式进行布局和安排。第二,空间位置。舞蹈构图需要对演员的位置进行布局和安排,以便体现舞蹈的空间美感和动态效果。

(3)排练。对舞蹈编排方案进行排练,包括舞蹈动作的训练、舞蹈团队的协调配合等。这个阶段需要舞蹈编导带领舞蹈演员对动作进行无音乐练习、代替音乐练习、演出音乐练习三个过程。其核心,也是最重要的解决问题:节奏的把握。在排练中编导需要讲解清楚动作的发力方式、力度大小、舞姿位置、面部表情、身体状态等信息,舞蹈演员需要完整呈现编导意图,实现"舞蹈三一"定律,即动作整体划"一",队形变换统"一",状态齐心协"一"。

舞蹈编排是旅游演艺项目中非常重要的一部分,舞蹈动作、舞蹈节奏、舞蹈构图、舞蹈表情是舞蹈编排的核心,它需要舞蹈编导和编舞人员对舞蹈的动作和形式进行精心设计和安排,同时需要演员们的认真训练和彩排。通过精心的舞蹈编排,可以让旅游演艺项目更加生动、精彩,为观众带来更好的视觉和听觉享受。

2. 戏剧编排

戏剧编排是旅游演艺项目中非常重要的一个环节,主要是戏剧编导或导演为演员提供表演指导、排练指导,保证演出的表演质量。旅游演艺戏剧编排主要包括以下几个步骤。

(1)阅读剧本。演员和导演阅读剧本,了解故事情节、角色和台词等。

（2）确定角色。演员和导演确定每个演员要扮演的角色。

（3）理解角色。演员和导演深入理解角色，包括角色的性格、情感和动机等。

（4）探索情节。演员和导演探索情节和人物关系，确定演员在舞台上的动作、表情和语言等。

（5）分段排练。根据剧本内容将整个剧目分成若干段落，分别进行排练，并逐渐将各段落之间的过渡和衔接处理好。

（6）整体排练。将所有段落整合在一起，进行全剧排练，包括服装、道具、灯光等。

（7）舞台彩排。在演出场地进行彩排，检查漏洞并进行修正和改进。

（8）通场排练。在演出场地进行排练，熟悉舞台布置和灯光效果等。

（9）前排彩排。在演出前最后一次进行彩排，以确保演出的顺利进行。

在排练过程中，演员和导演需要不断进行反复的演练和修改，直到达到满意的效果为止。除了以上的基本排练步骤，还需要注意舞台布置、服装、化妆和灯光等各个方面的细节，以确保演出的效果和质量。此外，演员还需要在排练期间保持良好的身体状况和心理状态，以确保在演出中能够发挥出最佳的表现。

综上所述，无论是舞蹈编排还是戏剧编排，都要围绕演出主题进行形式填充，使旅游演艺作品以完整的表演形式呈现在观众面前，换言之，即通过演出内容生产制作，完成旅游演艺作品呈现。

### （七）演员排练

演员排练是确保旅游演艺演出质量和效果的关键环节。在排练中要明确排练目标、分阶段进行排练、注重演员表演技巧提升、加强团队配合和沟通、及时总结和反馈。以下是一些建议，以指导演员排练的过程。

1. 明确排练目标

在开始排练之前，首先要明确排练的目标和预期效果。这包括演员需要掌握的动作、台词、表情、节奏等要素，以及整体演出的协调性和连贯性。通过明确排练目标，可以帮助演员更好地理解自己的角色和任务，从而更好地投入排练中。

2. 分阶段进行排练

旅游演艺产品的排练通常可以分为多个阶段，如初步排练、细化排练、整体合成等。每个阶段的目标和重点都有所不同，因此需要分阶段进行排练。在初步排练阶段，可以着重让演员熟悉剧本和角色，掌握基本的动作和台词；在细化排练阶段，可以进一步细化演员的表演细节，提高演出的质量；在整体合成阶段，则需要将各个部分整合起来，确保整场演出的连贯性和协调性。

3. 注重演员表演技巧的提升

在排练过程中，要注重演员表演技巧的提升。这包括动作、台词、表情、节奏等方面的训练和指导。通过专业的表演技巧训练，可以帮助演员更好地塑造角色、表达情感、展现魅力，从而提升整个演出的质量和水平。

4. 加强团队配合和沟通

旅游演艺产品通常需要多个演员共同完成，因此加强团队配合和沟通至关重要。在排练过程中，演员之间需要相互支持、理解、配合，共同为整场演出贡献力量。同时，也要加强导演与演员之间的沟通和协作，确保演出内容和效果符合预期。

5. 及时总结和反馈

在排练过程中，要及时总结和反馈。每次排练结束后，可以组织演员进行反思和总结，找出问题和不足，并及时进行调整和改进。同时，也可以邀请专业人士或观众前来观看排练，收集他们的反馈和建议，以便更好地完善演出内容和效果。

综上，进行演员排练是确保旅游演艺产品演出质量和效果的关键环节。通过明确排练目标、分阶段进行排练、注重演员表演技巧的提升、加强团队配合和沟通以及及时总结和反馈等措施，可以帮助演员更好地完成排练任务，为整场演出奠定坚实的基础。

（八）彩排和试演

彩排和试演是指进行多轮彩排和试演，检验演员表演和演出效果，不断完善演出细节。演出节目往往需要市场反馈，一般通过小范围试演来调查观看者的反应，再根据观众的反应来进行调整。几乎所有的旅游演艺节目都有试演的环节。如《印象·刘三姐》在演出前进行了三次试演，试演的观众为旅行社相关人员和导游，其结果不是很理想，大多数旅行社从业人员表示不喜欢观看，导演组在得知反馈后，对形成原因进行分析，对节目进行调整，同时，更换观看主体，选择普通游客进行试演调查，经过半年的努力，试演结果得到观众认可，2004年《印象·刘三姐》正式公演，开了中国山水实景演出的先河，获得巨大的社会效益和经济效益，成为广西的一张"金名片"。

综上所述，项目制作是旅游演艺最重要的环节之一。它确立了旅游演艺的表演内容和形式。主要包括主创团队组建、演员招募和培训、演出设计、舞台制作、设备准备、演出内容生产、演员排练、彩排和试演等环节。

## 四、市场营销阶段

市场营销是指企业为了推广和销售自己的产品或服务，通过市场调研、产品定位、市场策略、广告宣传、销售渠道等手段，以满足消费者需求和实现企业利润最大化为目的的活动。市场营销的核心是以目标顾客的需求和欲望为中心，通过整合和协调各种营销活动来影响消费者的满意度。其目标是赢得和保持顾客的满意，并最大化顾客对产品或服务的价值感知，从而实现盈利。

作为现代目标市场营销理论的核心，STP营销是企业制定有效营销组合策略的基础和前提，涵盖市场细分、目标市场和市场定位。

### （一）市场细分

市场细分是1956年由美国学者温德尔·斯密提出的概念。这个过程是根据消费者需求和欲望的不同特性，将市场划分为多个消费者群体。市场细分的内涵用公式表示的话，即市场＝人口＋购买力＋购买欲望。

1. **市场细分的分类**

市场细分的内在基础是消费者的多元需求、动机和购买行为因素。由于消费者对产品属性的偏好程度不同，因此市场细分的表现形态通常是多样的，既有差异性，也有相似性。基本上可以分为以下三类。

第一，同类型消费者偏好。消费者消费兴趣大致相同（同质性）。

第二，分散型消费者偏好。消费者消费兴趣不集中，类似性不明显（多元性或异质性）。

第三，群集型消费者偏好。整体市场上存在若干自然细分市场，细分市场间消费者偏好差异大。

**2. 影响消费者市场细分的变量**

市场营销中，对消费者进行细分可以帮助企业更好地了解消费者需求和购买行为。细分消费者特征的变量，可以分为两大类，一类是反映消费者特征的变量，另一类是反映消费者对产品的反映。下面是一些常用的变量。（详见表4-2）

表4-2 消费者市场细分的常见变量

| 细分标准 | | 细分子市场举例 |
|---|---|---|
| 人口统计变量 | 年龄（岁） | 6以下、6~11、12~19、20~34、35~49、50~64、65以上 |
| | 性别 | 男性、女性 |
| | 婚姻状况 | 已婚、未婚 |
| | 教育水平 | 小学、初中、高中、大学、硕士、博士 |
| | 收入（元） | 3 000以下、3 000~10 000、10 000以上 |
| | 职业 | 教师、公务员、医生、军人、自由职业等 |
| 地理位置变量 | 居住地区 | 东北、华北、华中、华东、西南、西北等 |
| | 城市规模 | 特大型、大型、中型、小型 |
| | 气候条件 | 温度、湿度、降水、风力 |
| | 人口密度 | 城市、郊区、乡村 |
| 行为变量 | 购买习惯 | 冲动型、理智型 |
| | 购买频率 | 常规消费者、初次消费者、潜在消费者 |
| | 购买金额 | 大量金额、重量金额、少量金额 |
| | 品牌忠诚度 | 实用型、品质型、奢华型 |
| 心理变量 | 个性特点 | 外向、内向 |
| | 价值观 | 传统型、新潮型、节俭型、奢靡型、严肃型、活泼型等 |
| | 兴趣爱好 | 运动、旅游、美食等 |
| | 态度 | 喜爱、一般、讨厌 |
| | 社会阶层 | 工薪族、领导层、权力层 |

人口统计变量：如年龄、性别、婚姻状况、教育水平、收入等。

地理位置变量：如居住地区、城市规模、气候条件等。

行为变量：如购买习惯、购买频率、购买金额、品牌忠诚度等。

心理变量：如个性特点、兴趣爱好、社会阶层等。

除此以外，还有生活方式、态度、需求、产品等变量。以上变量都可以帮助企业深入了解消费者的特点和需求，有针对性地制定营销策略，提高营销效果和客户满意度。

### 3. 市场细分有效性标准

市场细分有效性标准主要有五个。

（1）可测量性，即可以有效地测量和评估市场的规模、购买力等特征。

（2）可进入性，即企业能够有效地集中力量进入并满足目标市场。

（3）可盈利性，即目标市场是容量及获利性值得企业进行开发的程度。

（4）可操作性，即能够设计出吸引并满足目标顾客群的有效方案。

（5）可区分性，即企业所生产的产品有差异性能够进行市场区分。

## （二）目标市场

目标市场是指企业在细分市场的基础上，经过评价和筛选所确定的能以某种产品和服务去满足其需求的消费群体。一般而言，理想的目标市场需同时满足三个条件。首先，该市场需有充足的销售量。其次，企业应具备满足目标市场需求的能力。最后，企业必须在所选目标市场中拥有竞争优势。

### 1. 目标市场覆盖模式

按照产品和市场两大指标，目标市场覆盖模式可以分为五种模式，分别是产品—市场集中化、市场专业化、产品专业化、选择性专业化和全面覆盖。

（1）产品—市场集中化。产品—市场集中化模式是指企业专注于为单一市场提供单一产品，它代表了一种完全专业化的模式。这种模式的特点是适合中小企业，提供特色产品与服务。

（2）市场专业化。市场专业化模式是企业针对特定消费者群体选择目标市场的策略，通过生产满足该市场需求的多样产品来实现。这种模式的特点是适合产品开发能力强的企业，利于与客户建立良好关系。

（3）产品专业化。产品专业化是指企业向多个细分市场销售同一产品的策略。这种模式特点适合规模化、技术专业化企业，利用技术壁垒取得低成本优势。

（4）选择性专业化。在符合市场细分选择原则的前提下，选择性专业化是指企业针对若干个目标市场，提供符合各个市场需求的产品。这种模式因其管理难度大，要求企业具备很强的市场驾驭能力，所以更适合大企业。

（5）全面覆盖。全面覆盖是指企业选择将所有细分市场作为目标市场，并为这些市场提供各自不同的产品。这一模式适用于具备强大实力的企业，如三湘印象股份有限公司（印象系列开发公司）、山水盛典文化产业股份有限公司（山水系列开发公司）。

2. 目标市场的基本选择策略

在选择目标市场的时候，企业需要全面考虑自身的资源（财务、人力、管理等）能力；产品差异性（产品本身的差异程度）、市场差异性（消费者需求偏好）、产品生命周期（引入期/成长期/成熟期/衰退期）、竞争对手选择策略等因素，选择营销策略。（详见表4-3）

表4-3 目标市场的选择策略

| 选择策略 | 特点 | 表征 | 基本途径 | 备注 |
| --- | --- | --- | --- | --- |
| 无差异营销 | 同质市场，产品、组合单一 | 不需要市场细分，生产成本低 | 针对整个市场推出相同的产品和营销策略的营销方式 | 适用于新产品引入期 |
| 差异化营销 | 异质市场，消费者的需求和偏好各不相同 | 需要市场细分，产品多元化 | 生产不同的产品和营销组合，满足不同顾客群体差异化需求 | 适用于成熟期 |
| 集中营销 | 特定的市场细分，以满足该市场的需求和偏好 | 进行市场专业化销售 | 为该市场量身定做产品 | 适用于引入期、成熟期 |

（1）无差异营销。在同质市场的前提下，采用单一产品和单一营销组合的形式，展开市场营销活动。无差异营销的优点在于可以降低生产成本和营销成本，提高生产效率和市场覆盖率。同时，由于产品和营销策略的统一，可以形成强大的品牌形象和市场竞争力。然而，无差异营销也存在一些缺点。由于没有对不同消费者进行细分，可能会导致产品和营销策略的不匹配，难以满足不同消费者的需求，从而影响产品的销售和市场份额。这种营销适用于新产品导入期，需求大于供给的卖方市场。

（2）差异化营销。差异化营销是针对差异化竞争提出的，差异化竞争是指企业通过向顾客提供行业内其他企业无法提供的、独特的产品或服务，以别具一格的特色来获取竞争优势的策略。差异化竞争的重要性体现在：第一，形成竞争壁垒；第二，企业以较高的价格出售产品；第三，形成顾客差异化依赖和顾客忠诚。可以从价值链环节考虑差异化竞争的途径，以及选择独特的顾客价值传达进行差异化竞争。

差异化营销是以市场细分为基础，选取其中几个细分市场为目标市场，通过设计不同的产品和营销组合，满足不同顾客群体差异化需求。优点是容易获得顾客的忠诚、抵御竞争者攻击、树立企业形象，缺点是提高了企业的营销成本和管理难度。

（3）集中营销。集中营销是指企业专注于某一个细分市场，实施专业化生产和销售，为了最大程度地占领市场份额并获得销售利润，必须充分满足市场需求和顾客偏好。集中营销的优点在于可以提高企业的市场专业化程度，使其更好地了解和把握目标市场的需求和趋势。同时，由于集中营销的产品和营销策略都是针对特定市场细分而设计的，因此可以更好地满足消费者的需求，提高产品的市场竞争力和销售效果。然而，集中营销也存在一些缺点。由于市场的专业化程度较高，一旦该市场出现变化或者市场风险增大，企业可能会面临较大的风险和损失。此外，由于企业将所有的资源都集中在一个特定的市场细分上，可能会忽略其他市场的机会和潜力，从而影响企业的长期发展。这种营销适用于引入期、成长期。

因此，在实际营销活动中，企业应该根据市场情况和产品特点选择不同的营销策略，如无差异营销、差异化营销、集中营销或者专业化营销等，以达到最佳的市场效果。

### （三）市场定位

企业可以根据竞争对手产品在市场上的位置以及消费者对产品特征或属性的重视程度，来塑造差异形象。这样做可以帮助企业找到自己在市场中的定位，并通过营销组合传递给消费者，赢得消费者的喜爱。市场定位能够形成竞争壁垒，打造强势品牌，提升企业差异化竞争优势，其实质是实现区隔，达成差异化。

1. 影响市场定位的因素

影响企业市场定位的主要因素包括产品属性、产品性价比、产品类别以及使用者等。

（1）产品属性：因为不同产品具备不同的用途和追求的利益，企业可以依据产品属性特征来进行市场定位的策略制定。

(2)产品性价比：产品性价比是区分不同产品的重要手段之一，提供性价比优势较高的产品将有助于企业提升竞争优势，并吸引更多顾客。

(3)产品类别：根据产品种类的不同，企业还可通过市场定位来强调各种产品之间的差异。

(4)使用者：针对不同使用者的个性特征和类型进行市场定位是重要的。由于不同用户类型对产品的需求不同，因此不同类型的产品应该面向适合的用户。

(5)竞争者：针对竞争对手的定位去确定企业产品的市场定位。

2.市场定位的方法

企业在市场定位方面可以采用六种不同的方法，包括初次定位、重新定位、首席定位、比附定位、迎头定位和避强定位。

(1)初次定位：企业第一次生产产品，整合所有销售策略，使产品符合目标市场需求。

(2)重新定位：当出现竞争者产品时，企业需要再一次对产品进行定位。

(3)首席定位：强调自己是同行业或同类产品中的佼佼者，处于领先地位。

(4)比附定位：通过对竞争品牌进行比较来确定自身在市场中的地位。这种定位实质上是一种借势定位或反应式定位。

(5)迎头定位：企业与企业进行同一区域、同样目标客户的争夺。

(6)避强定位：企业避开市场上处于强势的竞争者，选择强势竞争者没有涉及的领域或"空白点"。

3.市场定位的步骤

企业在市场定位中的步骤通常包括以下几个方面。（详见图4-1）

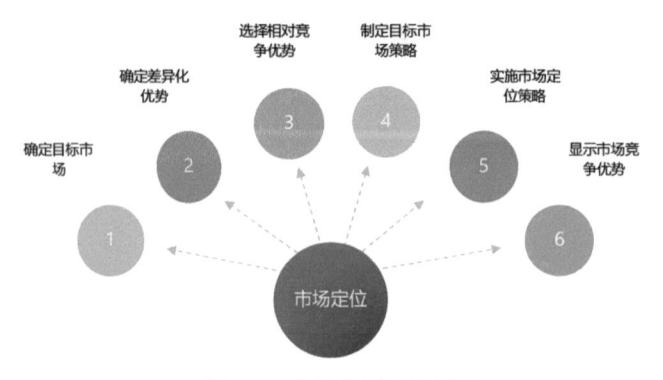

图4-1 企业市场定位过程

（1）确定目标市场：企业需要明确自己的目标市场，即要面向哪些用户或客户群体。这需要考虑到市场规模、竞争情况、消费者需求等因素。

（2）确定差异化优势：企业需明确其与竞争对手之间的差异化优势，这包括产品、服务、品牌等方面的不同之处。

（3）选择相对竞争优势：准确地选择相对竞争优势是一家企业各方面实力与竞争者相比较的过程。比如核心技术、供应链、地理位置、成本等。

（4）制定目标市场策略：企业需要制定针对目标市场的营销策略，包括产品定位、定价策略、推广策略等。

（5）实施市场定位策略：企业需要在实际的市场中运用自己的市场定位策略，进行产品推广、销售和服务，以满足目标市场的需求，并不断进行市场反馈和调整。

（6）显示市场竞争优势：通过营销手段，企业能够将其独特的竞争优势传达给消费者，从而使消费者能够感知到产品的形象。这样的策略使得企业能够通过营销活动获得竞争优势，并让消费者意识到产品的特点。

市场定位是企业获得竞争优势的必要条件，在定位后企业还需要不断监控市场反馈和竞争情况，及时调整市场定位策略，以保持市场竞争力。

**4. 市场营销策略**

市场营销的主要目标是提高产品的知名度和美誉度，增加销售额和市场份额，提高企业的竞争力和盈利能力。作为现代目标市场营销理论的核心——STP 营销是企业制定有效营销组合策略的基础和前提。（详见图 4-2）

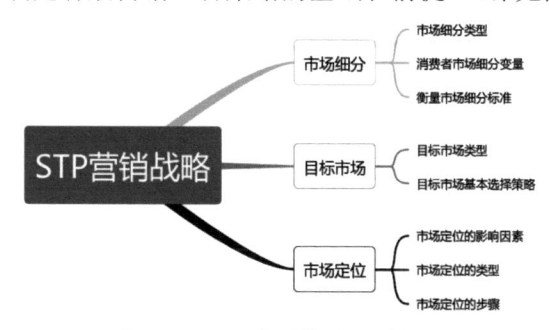

图 4-2　STP 营销战略思维导图

市场营销是企业经营管理中非常重要的一环，需要进行综合规划和实施。同样，旅游演艺产品的市场营销需要充分考虑市场细分情况、目标客户的需求和购买行为，以及产品本身的特点和优势，下面是旅游演艺产品市场营销策略。

（1）市场细分（精准定位）：调研市场情况，考察市场细分类型，研究消费者市场细分变量，衡量市场细分是否符合企业发展需求。根据不同的客户需求，将旅游演艺产品定位为不同的市场细分，如家庭型、情侣型、年轻人型等，以实现更精准的市场营销。

（2）选择目标市场：选择目标市场覆盖模式，根据目标市场策略的选择影响因素，确定目标市场基本选择策略。

（3）进行市场定位：通过市场定位，形成竞争壁垒，打造强势品牌，提升企业差异化竞争优势。

除此以外，制定营销策略、多元化渠道推广、优化服务内容、演出评估和调整、拓展产业链也是市场营销的重要手段。

（1）制定营销策略：根据目标市场的特点和需求，制定相应的营销策略，如打折促销、赠送礼品、优惠券等。

（2）多元化渠道推广：通过多种渠道进行市场推广，吸引游客参与演出，包括线上和线下的方式，如社交媒体、电视广告、宣传单页、展会等。

（3）优化服务内容：通过保证旅游演艺产品的品质和服务质量，提高客户满意度，增加产品口碑，可以形成良好的品牌形象。

（4）演出评估和调整：根据演出效果和观众反馈，评估演出质量，调整演出内容和形式，提升演出品质和市场竞争力。

（5）拓展产业链：与相关旅游企业和景区进行合作，共同打造旅游演艺产品产业链，提高产品知名度和影响力，实现互利共赢。

**5. 旅游演艺市场定位类型**

旅游演艺产品的市场定位是指企业根据目标顾客的需求和市场竞争情况，确定旅游演艺产品或服务在市场中的定位和角色。以下是几种常见的旅游演艺产品市场定位。

（1）休闲娱乐型：旅游演艺产品或服务以提供休闲娱乐为主要目的，注重娱乐性和趣味性，适合家庭、朋友等小团体消费。

（2）文化体验型：旅游演艺产品或服务以展示地域文化、历史传承和艺术表现为主要目的，注重文化内涵和知识性，适合文化爱好者和学生等目标顾客。

（3）主题体验型：旅游演艺产品或服务以特定主题和故事情节为主要目的，注重互动性和体验性，适合年轻人和情侣等目标顾客。

（4）家庭亲子型：旅游演艺产品或服务以提供亲子互动和家庭体验为主要目的，适合带孩子的家庭消费。

（5）企业培训型：旅游演艺产品或服务以提供企业培训和团队建设为主要目的，注重团队合作和领导力，适合企业团队和组织培训等目标顾客。

以上市场定位可以相互结合，形成更有差异化和竞争力的市场定位策略，帮助企业更好地满足不同目标顾客的需求，提高产品或服务的市场竞争力和盈利能力。

## 五、消费交换阶段

### 1. 旅游演艺与艺术消费

艺术消费是指消费者在欣赏、收藏、购买艺术品或参与文化活动等过程中所进行的消费行为。旅游演艺作为一种文化艺术产品，也是艺术消费的一种表现形式。旅游演艺的艺术消费具有以下特点。

（1）体验性强。旅游演艺作为一种旅游文化产品，其消费者往往是为了获得一种文化体验而进行消费。观众在观看演艺的过程中，不仅仅是对艺术品的欣赏，更是对文化的感受和体验。

（2）互动性强。旅游演艺往往包含互动环节，让观众能够更加深入地参与其中，与演员进行互动，增强消费者的参与感和体验感。

（3）价值观传递。旅游演艺作为一种文化艺术产品，往往能够传递某种价值观念，如传承民俗文化、弘扬优秀传统文化等，消费者在进行艺术消费的同时，也能够接受这些价值观的熏陶和影响。

（4）艺术品与服务的综合消费。旅游演艺产品往往不仅仅是艺术品的消费，还包括服务的消费，如接待、导游、餐饮等，从而形成综合消费的模式。

旅游演艺的艺术消费，不仅能够丰富人们的文化生活，增强文化认同感和归属感，同时也对旅游文化产业的发展和推广产生积极的促进作用。

### 2. 旅游演艺的消费交换

消费交换阶段主要指旅游演艺产品正式演出前后发生经历的过程，这一阶段包括预订阶段、到达阶段、消费阶段、服务阶段、感受阶段、反馈阶段、推荐阶段。

（1）预订阶段：消费者在选择旅游演艺产品后，需要进行预订，包括选择时间、座位、门票等。

（2）到达阶段：消费者乘坐交通工具到达旅游演艺的场馆或表演景区及地点，进行入场验票等手续。

（3）消费阶段：由于旅游演艺产品的特殊性，旅游演艺产品是一种精神产品，观看演艺表演即为消费。消费者在观看演艺过程中，会消费各种服务和商品，如饮料、零食、纪念品等。

（4）服务阶段：旅游演艺产品通常会提供各种服务，如接送服务、导览服务、安保服务等。

（5）感受阶段：消费者观看演艺后，会产生各种感受，包括满意度、体验感、文化认同等。

（6）反馈阶段：消费者会对旅游演艺产品进行评价和反馈，包括口碑评价、满意度调查等。

（7）推荐阶段：消费者可以通过互联网媒介，如微博、抖音、快手、微信、小红书、百度、知乎等社交媒体，向他人分享、推荐旅游演艺产品，从而形成口碑效应，对产品的持续推广和销售产生积极影响。

### 3. 旅游演艺消费的核心

（1）旅游演艺最终的目的就是演出。演出是旅游演艺的载体，是旅游演艺能够吸引游客、传承文化、促进旅游业发展的关键因素。演出的质量和内容对于旅游演艺的发展至关重要，只有精心策划、精心制作、精心呈现的演出才能吸引游客，满足游客的需求和期望，让游客有一个难忘的旅游体验。因此，旅游演艺的组织者应该重视演出的质量和内容，不断提升演出的水平，为游客带来更好的旅游体验。

（2）旅游演艺消费交换的核心就是体验。旅游演艺作为一种旅游文化产品，其消费特点是以体验为主导，游客通过观看演出、参与互动等方式，来了解当地的文化、传统和历史，增强旅游的体验感和乐趣。旅游演艺消费的核心是游客对于体验的需求和期望，只有在满足游客的体验需求的前提下，旅游演艺才能获得游客的认可和满意，提升旅游业的品牌价值和市场竞争力。因此，旅游演艺的组织者要注重旅游演艺的体验性和互动性，为游客提供丰富多彩、富有特色、具有互动性的演艺形式，提供更加优质的旅游体验。

旅游演艺演出的意义在于为游客提供一种全新的旅游体验和文化交流的机会。通过观看演出，游客可以了解到当地的文化、历史和传统，深入了解当地的风土人情。演出也可以为游客带来愉悦和享受，增强旅游体验的乐趣和记忆。此外，演出还可以促进旅游业的发展，吸引更多游客前来旅游，提高旅游收入和地区经济发展。所以，旅游演艺一旦进行正式演出，就要不断优化演出效果，提高演员和观众的满意度。

**4. 推进旅游演艺产品的传播**

正式演出就是为了宣传旅游演艺产品，获得良好的社会效益与经济效益。好的旅游演艺产品会形成口碑效应，进行人际传播，因此，我们要分析一下，影响消费者消费的各种因素是什么，然后对应采取合适的调整策略。消费者选择旅游演艺产品过程主要包括以下几个阶段。

（1）认识阶段。在这个阶段，用户开始了解旅游目的地或旅游演艺产品。他们可能会在社交媒体、旅游杂志、电视广告或其他媒体上看到相关信息。此时，信息的传递应该突出旅游目的地或产品的特点，吸引用户的注意力。同时，在新产品的传播过程中，由于社会地位、消费心理、产品价值观、个人性格和偏好等多种因素的影响，不同的消费者对新产品的反应具有很大差异，根据消费者接受新产品的差异，可以将消费者分为五种类型。（详见表4-4）

表4-4 新产品消费者分类

| 类型 | 表现特征 |
|---|---|
| 创新消费者 | 是指那些在市场上追求新奇、时尚、个性化、高品质产品和服务的消费者。（1）他们喜欢尝试和接受新事物，对于新产品和新服务具有高度的敏感性和认知能力，能够为市场的创新和发展提供动力。（2）创新消费者具有较高的消费能力和消费意愿，他们在消费过程中注重品质、品味和个性化，追求独特和个性化的体验感。（3）在旅游业中，创新消费者是旅游产品和服务创新的主要推动力量，他们对于旅游产品的创新和改进具有重要的影响力。因此，在旅游演艺开发中，企业应该重视创新消费者的需求和期望，不断推出新的旅游产品和服务，满足创新消费者的需求和期望，提升旅游产品的竞争力和市场份额 |

(续表)

| 类型 | 表现特征 |
|---|---|
| 早期消费者 | 是指那些在市场上比较早地购买新产品、新服务并进行消费的消费者。(1) 早期消费者通常具有较高的消费能力和消费意愿，他们对于新产品和服务具有较高的认知度和信任度，能够为新产品和服务的推广和普及提供动力。(2) 早期的消费者在消费过程中注重品质、品味和体验感，对于个性化和时尚的产品和服务具有较高的偏好和需求。(3) 早期的消费者的行为往往会对其他消费者和企业产生示范效应，促进市场的快速发展。在旅游业中，早期的消费者对于旅游产品和服务的推广和普及具有重要的作用，他们能够为旅游业的发展提供新的思路和新的市场机遇。因此，在旅游演艺开发中，企业应该注重早期的消费者的需求和期望，积极开发新的旅游产品和服务，不断提升市场竞争力和企业的市场份额 |
| 早期的大多数消费者 | 是指那些在市场上相对较早地购买新产品、新服务并进行消费的消费者，但他们不如早期消费者和创新消费者对于新产品和服务具有高度的认知度和信任度。(1) 早期大多数消费者是市场中相对普遍的一类消费者，他们对于新产品和服务的接受和采用相对保守，但随着市场的推广和普及，他们会逐渐接受和采用新产品和服务。(2) 早期大多数消费者的行为对于市场的推广和普及起到重要作用，他们能够为市场的扩大和推广提供动力。在旅游业中，早期大多数消费者对于旅游产品和服务的推广和普及也具有重要的作用，他们能够为旅游业的发展提供新的市场机遇和潜力。因此，在旅游演艺开发中，企业应该注重早期大多数消费者的需求和期望，积极开发新的旅游产品和服务，不断提升市场竞争力和企业的市场份额 |
| 晚期的大多数消费者 | 是指那些在市场上相对较晚地购买新产品、新服务并进行消费的消费者。(1) 晚期的大多数消费者通常具有相对较低的消费能力和消费意愿，他们对于新产品和服务的接受和采用相对保守，需要经过一定的时间和市场推广来逐渐接受和采用新产品和服务。(2) 晚期的大多数消费者对于市场的推广和普及起到重要作用，他们能够为市场的扩大和推广提供更广泛的消费群体和市场机遇。在旅游业中，晚期的大多数消费者对于旅游产品和服务的推广和普及也具有重要的作用，他们能够为旅游业的发展提供更广泛的市场机遇和潜力。因此，在旅游演艺开发中，企业应该注重晚期的大多数消费者的需求和期望，通过市场推广和营销策略来逐渐拓展晚期的消费者的市场份额，提升旅游业的市场竞争力和企业的市场份额 |
| 落后的消费者 | 是指那些在市场上相对较晚地接受新产品、新服务并进行消费的消费者，他们对于新产品和服务的接受和采用相对困难，需要更长的时间和更多的市场推广和教育。落后的消费者通常具有相对较低的消费能力和消费意愿，他们对于新产品和服务的认知和理解程度较低，需要更多的市场宣传和教育来提高其对新产品和服务的认知度和信任度。在旅游业中，落后的消费者对于旅游产品和服务的推广和普及也具有一定的影响和作用，他们需要更加深入的市场调研和分析，以了解其消费需求和购买意愿，开发出更加符合其需求和期望的旅游产品和服务。因此，在旅游演艺开发中，企业应该注重落后的消费者的需求和期望，通过市场宣传和教育来提高其对旅游产品和服务的认知度和信任度，开发出更加符合其需求和期望的旅游产品和服务，不断拓展旅游市场的消费群体和市场份额 |

综上，企业在推出旅游演艺产品时，应特别重视对创新消费者、早期消费者的识别，并通过有效的交流途径，获得有关信息，为旅游演艺产品服务。并

通过创新消费者和早期消费者的影响，促进旅游演艺产品的市场扩散。

（2）说服阶段。在这个阶段，消费者需要更多的信息来了解旅游目的地或产品。他们可能会在网上搜索相关信息，或者咨询旅行社或其他专业人士。在这个阶段，传播的重点是提供详细和可靠的信息，以说服消费者选择这个旅游目的地或产品。消费者在选择旅游产品时，通常会从以下几个方面获取信息。（详见表4-5）

表4-5 消费者获取信息来源方式

| 信息源 | 获取方式 |
| --- | --- |
| 亲友推荐 | 消费者可能会从朋友、亲戚或同事那里听到有关旅游产品的信息或建议，这些信息通常是消费者最信任的来源之一 |
| 搜索引擎 | 消费者可能会使用百度等搜索引擎来获取有关旅游产品的信息。他们可以通过输入关键词（如旅游目的地、旅游产品名称等）来获得相关信息 |
| 旅游网站和应用程序 | 消费者可以通过使用旅游网站和应用程序来获取有关旅游产品的信息。这些网站和应用程序通常提供详细的旅游产品信息、用户评论和预订服务等 |
| 旅游杂志和书籍 | 消费者可以通过阅读旅游杂志和书籍来获取旅游产品信息。这些杂志和书籍通常提供有关旅游目的地、景点、文化和历史的详细信息 |
| 旅行社和导游 | 消费者可以通过与旅行社和导游联系来获取旅游产品信息。这些旅行社和导游通常提供有关旅游产品的详细信息、预订服务和旅游建议 |
| 社交媒体 | 消费者可以通过社交媒体平台（如微信、微博、抖音、快手、小红书等）来获取旅游产品信息。他们可以通过关注旅游产品的官方账号或搜索相关话题来获取信息 |

总之，消费者可以通过多种渠道来获取有关旅游产品的信息，他们通常会选择多个渠道来获取信息，并进行比较和选择。

（3）决策阶段。在这个阶段，用户已经了解了旅游目的地或产品，需要做出决策。传播的重点是提供方便快捷的预订服务，如网上预订、电话预订或微信预订等，以方便用户做出决策。影响消费者购买旅游演艺产品的因素主要有以下几项。

熟人态度。周围的熟人态度会影响消费者是否购买，熟人推荐，一般成功率较大。

知名程度。旅游演艺产品的知名程度会影响消费者到底看不看演出产品。

交通情况。旅游演艺演出地点的交通便捷性是影响消费者前往观看演出的因素之一。

口碑效果。旅游演艺产品的口碑会影响消费者选择观看与否。

价格高低。旅游演艺的价格会影响消费者的购买欲望,一般来说,价格高于 300 元,大多数消费者很难愿意出钱购买。

服务水平。旅游演艺相关的服务水平会影响消费者的购买,如售票人员、安检人员、引导人员等。

意外情况。突发某些事情使消费者无法继续购买演出产品,如公司临时有事、运动受伤、购买当天天气不好等。

总之,消费者已经形成了对旅游演艺产品的认知和了解,需要做出决策。他们会考虑产品的价格、品质、服务和行程安排等因素,然后做出是否购买旅游演艺产品的决定。

(4)实施阶段。实施阶段包括购买和体验阶段。购买阶段是消费者已经决定购买旅游演艺产品,并开始进行购买操作。他们可能会在旅行社、在线旅游平台或其他渠道上完成购买,并支付相关费用。

体验阶段是消费者已经购买了旅游演艺产品,并进入旅行阶段。他们会在旅行过程中体验产品的特点和服务,并根据自己的感受和评价来判断旅游演艺产品是否符合自己的要求。

在这个阶段,用户已经决定选择旅游目的地或产品,购买旅游演艺门票,并开始准备旅行。传播的重点是提供相关的旅行信息和服务,如演出信息、机场接送、酒店预订、旅游包车、导游服务等,以满足用户的需求。

(5)证实阶段。在这个阶段,用户已经完成旅行,需要分享自己的旅行经验。传播的重点是提供方便快捷的分享渠道,如社交媒体、旅游论坛、评论区等,以提高旅游目的地或产品的知名度和影响力。同时,也要及时处理用户的反馈和投诉。针对消费者会对旅游演艺产品进行评价和反馈,如在社交网络上分享旅游经历,向旅游演艺产品提供反馈和建议等,旅游演艺企业要有专人负责收集与整理,这些信息可以帮助旅游演艺产品不断改进和优化,提高用户的满意度和忠诚度。

在推进旅游演艺产品的传播中,认识阶段、说服阶段、决策阶段、实施阶段、证实阶段是非常重要的五个阶段。因此,旅游演艺企业要提高产品质量、提供优质服务、利用互联网和社交媒体平台、提供优惠和奖励、与用户建立互动关系等方法来提高用户的满意度和忠诚度。

提高产品质量：产品质量是说服用户选择的一个重要因素。提高产品的质量，提升用户体验，这将增加用户对产品的信任和忠诚度。

提供优质服务：提供优质的服务，如贴心的接待、专业的导游和热情周到的服务，都可以让用户在旅游演艺产品中感受到更好的体验和服务，增加用户对产品的好感度。

利用互联网和社交媒体平台：在互联网和社交媒体平台上提供有关旅游演艺产品的信息和评论，可以让用户更好地了解产品的特点和优点，从而提高用户的兴趣和信任度。

提供优惠和奖励：提供一些优惠和奖励，如打折、赠送小礼品或积分等，可以吸引更多用户尝试旅游演艺产品，提高用户的满意度和忠诚度。

与用户建立互动关系：与用户进行互动，了解用户的需求和反馈，这可以帮助旅游演艺产品不断改进和优化，提高用户的满意度和忠诚度。

## 六、衍生开发阶段

在产品上市后，需要考虑衍生产品的开发，开发衍生产品是一种常见的营销策略，可以扩大产品影响力，提高品牌知名度和销售额。

1. 衍生产品开发类型

旅游演艺衍生产品（周边产品）包括以旅游地文化、节目为特色的服装、食品、饰品、装饰品等实物产品，同时也包括音乐、书籍、明信片等文化产品。这些不同形式的产品能在旅游演艺产品周围形成一个庞大的产业链。旅游演艺衍生产品（周边产品）包括以下几种。

（1）纪念品：演出海报、明星签名照、限量版 T 恤等。

（2）周边商品：与演出主题相关的手办、文具、卡通人物玩偶等。

（3）艺术品：与演出主题相关的画作、雕塑、摄影作品等。

（4）录音制品：演出的录音 CD、DVD 等。

（5）旅游产品：与演出地点相关的旅游线路、景点门票等。

（6）餐饮产品：与演出主题相关的美食、饮品等。

（7）电子产品：与演出主题相关的手机壳、电脑包、充电宝等。

（8）礼品卡：演出门票礼品卡、周边商品礼品卡等。

出色的旅游演艺周边产品不仅可以带动旅游演艺产品本身的人气，还可以创造可观的收入。但是目前国内的旅游演艺产品，对周边开发不够重视。周边产品的开发和销售是一个非常重要的商业模式，可以增加旅游演艺产品的收入，同时也为消费者提供了更多的选择。

### 2. 衍生产品开发途径

目前国内的旅游演艺产品对周边的开发不够重视，很少有真正有特色、有品质的周边产品，大多数都是简单的T恤、帽子、明信片等。这不仅限制了旅游演艺产品的商业价值，也不能满足消费者的需求。为了更好地开发旅游演艺周边产品，我们需要从以下几个方面入手。

（1）加强产品设计和研发，打造独特的周边产品。

（2）与知名品牌合作，共同开发周边产品。

（3）利用社交媒体和电商平台进行推广和销售。

（4）建立完善的售后服务体系，提高消费者满意度。

只有在加强周边产品的开发和销售方面下功夫，才能真正提高旅游演艺产品的商业价值和影响力。

### 3. 衍生产品开发关键因素

在产品上市后，开发衍生产品是一种常见的营销策略，可以扩大产品影响力，提高品牌知名度和销售额。以下是考虑衍生产品开发的一些关键因素。

（1）市场需求：衍生产品的开发需要根据市场需求进行定位，考虑目标受众、市场规模和竞争情况等因素。

（2）品牌价值：衍生产品需要与原产品的品牌定位和价值观保持一致，加强品牌形象的传播和推广。

（3）产品特色：衍生产品需要具有独特的特色和卖点，与原产品形成差异化竞争，吸引更多消费者的关注和购买。

（4）生产成本：衍生产品的生产成本需要控制在合理范围内，确保产品的利润空间和市场竞争力。

（5）渠道销售：衍生产品的销售渠道需要与原产品相匹配，可以通过线上、线下等多种渠道进行销售。

综上所述，开发衍生产品需要考虑多个因素，需要根据实际情况进行综合考虑和分析，以达到最佳的营销效果和经济效益。

4.衍生产品的拓展——数字艺术藏品

数字艺术藏品是一种基于数字技术的艺术作品，它可以通过数字形式进行展示和传播，具有高度的可持续性和可复制性，对于保护和传承文化遗产具有重要意义。数字艺术藏品可以应用于博物馆、艺术馆、演艺产品等领域，并具有很高的文化价值和商业价值。旅游演艺数字艺术藏品可以通过数字化的方式记录、展示和传播旅游演艺的文化价值和艺术魅力。以下是旅游演艺数字艺术藏品开发的一些关键步骤。

（1）数字化内容采集：通过摄影、录音、录像等方式，对旅游演艺的各个方面进行数字化记录和采集。

（2）数字化内容整理：将采集到的数字内容进行整理、编辑和加工处理，制作成高质量的数字藏品。

（3）数字化展示平台：选择适合数字藏品展示的平台，如网站、App、虚拟展厅等，进行数字化展示。

（4）数字化宣传推广：通过网络、社交媒体、广告等方式进行数字化宣传和推广，吸引更多的用户进行访问和浏览。

（5）数字化版权保护：为确保数字化藏品的知识产权和商业利益，需要采取措施进行版权保护，以防止盗版和侵权行为的发生。

（6）数字化收益分配：针对数字化藏品的销售和使用，进行收益分配，确保数字化藏品的商业可持续性和经济效益。

综上所述，数字艺术藏品是新时代技术进步的产物，旅游演艺数字艺术藏品的开发需要考虑多个方面，包括数字化内容的采集和整理、数字化展示平台的选择和数字化版权保护等，需要进行全面的规划和实施，以达到最佳的商业效果和文化价值。

## 第四节 产业开发路径

旅游演艺是文旅融合重要载体，将文化与旅游相结合，形成既有文化内涵又具有旅游吸引力的产品和服务，是推动长城文化和旅游产业融合发展的必然选择。长城沿线各地要深入挖掘长城文化价值、景观价值和精神内涵，推动长城精神与时代元素相结合，通过整合文化旅游资源，提升创作生产，完善产业体系，注重科技创新，以"万里长城"为核心，打造演艺品牌。使之成为新时代弘扬民族精神、传承中华文明、宣传中国形象、彰显文化自信的亮丽名片。

## 一、整合文化旅游资源，提升创作生产

坚持以社会主义核心价值观为引领，坚持以人民为中心的工作导向，坚定文化自信，遵循社会主义市场经济发展规律，遵循文化产品生产传播规律，不断推出优质旅游演艺作品，为满足人民日益增长的美好生活需要作出积极贡献。

旅游演艺产品整合文化旅游资源可以从以下几个方面入手。

### （一）挖掘文化旅游资源

深入挖掘当地的文化旅游资源，包括历史文化、非遗资源等，为旅游演艺产品提供创作灵感和素材。

#### 1. 历史文化

河北长城沿线承载着悠久的历史文化，拥有众多珍贵的历史文化遗产和深厚的文化底蕴。这些资源不仅是中华民族悠久历史的见证，也是研究古代军事、政治、文化等方面的重要载体。通过深入挖掘这些资源，可以更好地理解长城的历史价值和文化内涵，进一步推动河北长城文化的传承和发展。首先是深入研究历史文献和考古资料。这些资料记录了长城沿线的历史事件、建筑特点以及当时的社会生活状况。通过梳理和分析这些资料，可以揭示长城背后的文化内涵。同时还应关注长城沿线历史事迹和建筑遗迹背后所存在的价值与意义。这些价值和意义体现在军事防御、民族团结、文化交流等多个方面，具有重要作用。

推动长城文化建设，就是让文物说话、让历史说话、让文化说话。用文旅融合的方式生动呈现中华文化的独特创造、价值理念和鲜明特色，推动中华优秀传统文化创造性转化和创新性发展。同样，旅游演艺改革创新的最终目的，就是为了实现长城文化资源的创造性转化和创新性发展，以中国长城元素为选

材和以百姓生活为视角的旅游演艺作品的创作生产为基础，打造中华文化重大标志。因此，我们既要强化全球视野、中国高度、时代眼光，又要破除制约性瓶颈和深层次矛盾。既着眼长远又立足当前，既尽力而为又量力而行，务求符合基层实际、得到群众认可、经得起时间检验，将长城打造民族性世界性兼容的国家文化名片。

2. 非遗资源

文化遗产是指一个民族或一个社会群体，在长期的生产实践和社会生活中逐渐形成的文化艺术事项。河北省历史悠久、文化底蕴深厚，其独特的地理、气候和历史文化背景，形成了多元化、多样性的非物质文化遗产。目前河北长城沿线国家级非遗资源包含民间文学，传统音乐，传统舞蹈，传统戏剧，曲艺，传统体育、游艺与杂技，传统美术，传统技艺，传统医药，民俗10类。如何充分利用这些非遗资源进行旅游演艺项目开发呢？我们要寻找其内在精神、外在形式与旅游演艺的契合点。

河北长城沿线的非遗资源，无疑是这片古老土地上的一颗颗璀璨明珠。它们以各自独特的表演形式，诉说着这片土地上的历史与文化，为长城旅游演艺产品注入了丰富的内涵和生命力。河北长城沿线的非遗资源主要包括传统音乐、传统舞蹈、传统戏剧、曲艺。

首先，要挖掘非遗资源的历史文化内涵，追溯传统音乐、舞蹈、戏剧、曲艺的起源，了解它们是如何在历史的长河中逐渐发展和演变的。并深入剖析这些艺术形式所蕴含的文化内涵、象征意义和精神价值，探索它们与长城文化、地方民俗的关联。其次，挖掘非遗资源的表现形式和特点。记录和分析传统音乐、舞蹈、戏剧、曲艺的表演形式、动作技巧、风格特点以及它们在创作过程中体现出的独特审美观念等，总结此类资源所具有的艺术文化特色。再次，挖掘并分析非遗资源的社会功能与影响，主要围绕传统艺术在当地社会生活中的角色和功能，如娱乐、教育、信仰等方面的作用。同时评估这些非遗资源对当地文化生态、旅游业发展等方面的贡献和影响。最终，根据调查当前对非遗资源的保护现状，分析存在的问题和不足。提出针对性的传承与发展策略，促进河北长城旅游演艺项目的开发。

综上所述，河北省的非遗资源十分丰富，旅游演艺企业需要充分利用这些资源，采用多种方式进行文化旅游资源的开发，实现文化旅游资源的保护和传承，促进文化旅游产业的发展。

## （二）设计创意节目

根据当地的文化旅游资源，设计创意节目，如民俗文化表演、历史人物故事演绎等，既有观赏性，又具有文化内涵，吸引游客参与。以下是一些基于当地文化旅游资源设计创意节目的建议。

### 1. 民俗文化表演

邀请当地的民俗表演团队，在现场演出传统的舞蹈、音乐和戏剧，让游客了解当地的传统文化。

### 2. 历史人物故事演绎

邀请当地的演员表演历史人物的故事，如明代的戚继光将军、昌黎出生的文学家韩愈或秦始皇求仙等，让游客了解当地的历史文化。

### 3. 手工艺制作体验

组织游客到当地的手工艺人家里或工作室，让游客亲手体验手工制作的过程，如制作陶瓷、编织、绘画等。

### 4. 美食文化体验

与当地的厨师或餐厅进行合作，给游客提供当地特色美食，让游客了解当地的饮食文化和传统食材。

### 5. 传统服装试穿

邀请游客试穿当地传统服装，让游客了解当地的传统服饰和文化。

### 6. 文化遗产参观

组织游客参观当地的文化遗产，如古建筑、博物馆和历史遗迹等，让游客了解当地的文化和历史。

### 7. 民间艺术展览

邀请当地的民间艺术家展示他们的作品，如民间绘画、雕刻、刺绣等，让游客了解当地的民间艺术和文化。

### 8. 自然生态探索

组织游客到当地的自然保护区或景点，让游客了解当地的自然生态和文化。

以上是一些基于当地文化旅游资源设计创意活动的建议，通过这些活动，可以吸引游客参与，同时也可以让游客更好地了解当地的文化和历史。

**（三）创作团队建设**

建立多学科的创作团队，包括文化、旅游、舞美、音乐、舞蹈等专业人才，通过协作创作，提高作品质量。建立一个多学科的旅游演艺产品创作团队可以确保作品在各个方面都能够得到充分的展现和表达。下面是针对创作团队建设给出的一些建议。

*1. 确定项目目标和主题*

在确定创作团队之前，需要确定旅游演艺产品的项目目标和主题。这将有助于吸引到相关领域的专业人士，并确保他们的技能和专业知识能够在项目中得到充分利用。

*2. 寻找专业人才*

一旦项目目标和主题确定，就可以开始寻找专业人才。需要注意的是，要寻找那些具备相关专业知识和经验的人才，以确保团队的多样性和协作效果。

*3. 建立良好的沟通机制*

在多学科的旅游演艺产品创作团队中，建立良好的沟通机制非常重要。这可以通过定期会议、在线沟通工具、共享文件等方式实现。这将有助于确保团队成员之间的理解和合作，并最大化地发挥团队成员的潜力。

*4. 制定创作计划和时间*

制定创作计划和时间表可以确保项目按照预定计划顺利进行。这可以通过制定里程碑和时间表来实现，以确保每个团队成员都知道自己的任务和完成期限。

*5. 鼓励创新和实验*

在多学科的旅游演艺产品创作团队中，鼓励创新和实验可以激发团队成员的创造力，并提高作品的质量。这可以通过提供自由发挥的空间、鼓励团队成员交流意见和想法等方式实现。以下是《印象·刘三姐》的主创团队，他们的成功经验对其他旅游演艺产品的创作团队也具有一定的借鉴意义。

总策划：梅帅元

总导演：张艺谋、王潮歌、樊跃

编剧：张仁胜

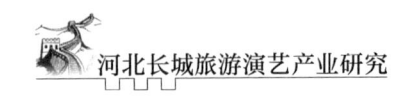

舞美设计：刘朝晖

音乐设计：刘彤、窦唯、孟可、程池、严俊

灯光设计：王宇钢

服装设计：董韬

参演人员：600多名当地村民与张艺谋漓江艺术学校的学生

剧场设计：清华大学建筑学院

《印象·刘三姐》团队是一个非常优秀的旅游演艺产品创作团队，他们的成功得益于团队成员的专业知识和经验、创意和设计、技术创新以及团队协作等多个方面的优势。目前，这批团队成员，已然成为中国旅游演艺行业的领军人物，梅帅元成立了山水集团，制作出许多山水实景系列演出；张艺谋、王潮歌、樊跃组成的"铁三角"也成立了观印象艺术发展有限公司，制作出印象系列、又见系列等演出。

总之，建立一个多学科的旅游演艺产品创作团队可以提高作品质量，并为团队成员提供各种学习和发展的机会。同时，这也有助于促进旅游文化的发展和推广。

### （四）创意产品开发

除了传统创意产品开发外，元宇宙创意产品开发也是选择之一。文旅实体场景是元宇宙最天然的入口。文旅空间类元宇宙应用，是指通过元宇宙技术赋能景区、乐园、历史古迹、博物馆等旅游景点，突破传统旅游"时"与"空"的局限，使用户获得沉浸感和科技感体验。主要涉及四大场景：3D数字空间、AR数字化景区、数字博物馆、数字艺术展览区。

通过整合文化旅游资源，开发创新的旅游演艺产品，使旅游演艺产品与文化旅游资源有机结合，创造更具有旅游吸引力和文化内涵的产品，提高创作生产的质量和效益，最终提升旅游演艺产品的市场竞争力。

## 二、完善产业体系，注重科技创新

旅游演艺作为文旅融合的重要载体，具有完整的产业链条，包括演艺创作、设备制造、演员培训、旅游营销等环节，为文旅融合产业的发展提供了良好的产业基础。产业化是旅游演艺开发的链化要求。因此，旅游演艺企业要思考如何在建立长效机制、完善产业链条的同时注重产品研发，强调内容打造，着力推进旅游演艺转型升级、提质增效。

### （一）核心产业

旅游演艺企业的核心产业是演出。演出是旅游演艺企业的主要产品，也是旅游演艺企业最主要的盈利来源之一。演出的成功与否，直接影响到企业的经济效益和市场竞争力。因此，旅游演艺企业需要坚持演出核心，以创意取胜，不断提高演出质量和创新能力，不断推出新颖、独特的演出项目，满足不同人群的需求，吸引更多的观众和游客。同时，企业还需要加强营销推广，提高品牌知名度和市场占有率，建立稳定的客户群体，实现可持续发展。

演出中主创团队组建、演员招募和培训、演出设计、舞台制作、设备准备、演出内容生产、演员排练、彩排和试演，每一个环节都是保证演出完成的重要组成部分。其中，主创团队是整个旅游演艺项目实施的重要参与力量，是整个演出的"大脑"。导演、编剧、舞蹈编导、戏剧编导、音乐制作、舞美设计、音响设计、视觉设计、舞台特效设计、服装设计、道具设计、化妆设计、威亚设计、杂技设计等每一个工种都对应一个行业。而这些行业就是组成核心产业必要因素。

除此以外，技术的融入也可以促进旅游演艺核心产业良性发展，以元宇宙赋能旅游演艺为例。元宇宙与旅游演艺的深度融合，具有身临其境的内容呈现和角色互换观看体验的特点。元宇宙的应用能够打破舞台固有的时空限制，打造更为宽阔且真实的演出空间，极大地刺激观众的感官。

元宇宙为文化演艺行业带来了多种新兴技术手段，包括 3D 渲染、VR、全息投影等。这些技术可以实时呈现舞台上的 3D 画面，让观众多感官、全方位地沉浸体验演出时的情境和气氛，深度融入到故事当中。

同时，元宇宙的技术应用，还能够打破舞台角色的禁锢。在演出表演中，观众可以选择通过数字虚拟人物作为演员投入表演当中，真正实现了角色互换，极大地延展了观众的体验广度。比如《夜上黄鹤楼》光影演艺。

《夜上黄鹤楼》以黄鹤楼公园为载体，围绕特有的历史文化，采用声、光、电、舞、美、化结合的手法，通过 VR、全息投影等数字科技，打造集实景化、沉浸式、体验型于一体的文化旅游演艺。

利用黄鹤楼主楼体、崔颢题诗壁、诗碑廊、鹅池等经典景点作为创造数字画面的承载体，以黄鹤楼的历史为创作内容，进行数字画面创作、设计、制作，将黄鹤楼特有的历史文化融入艺术表演，将黄鹤楼打造成城市夜游体验新地标。

《夜上黄鹤楼》运用了多种创新的光影技术，包括激光投影、前景纱屏、3D动画灯光等。这些技术的运用实现了光影技术与艺术的完美融合，演艺内容包括黄鹤楼变迁等沉浸式故事场景。同时，为了让千年名楼黄鹤楼变得更加鲜活立体，主楼前设置了12块移动屏，使用投影技术将历史画卷徐徐展开，串联起历史与未来。

游客既可深入体验黄鹤楼文化，在多个场景中拍照"打卡"，可以在登楼观赏月亮或俯瞰长江灯光秀的同时，以全新的视角感受城市的壮丽景色，体验其雄伟而美丽的景象。

### （二）支持产业

旅游演艺的支持产业是围绕核心产业，为演出提供各种服务的相关产业。旅游演艺的支持产业有很多，主要包括以下几个方面。

（1）旅游酒店：旅游演艺需要提供表演场地和住宿场所，因此旅游酒店是旅游演艺的重要支持产业之一。

（2）餐饮业：旅游演艺通常与餐饮业联合，提供餐饮服务，为观众和游客提供完整的旅游体验。

（3）交通运输业：旅游演艺需要提供交通运输服务，包括接送服务、观光巴士等，因此交通运输业也是旅游演艺的支持产业之一。

（4）旅游购物业：旅游演艺通常设立购物场所，为游客提供购物体验，因此旅游购物业也是旅游演艺的支持产业之一。

（5）旅游咨询业：旅游演艺需要提供旅游咨询服务，包括旅游攻略、景点介绍等，因此旅游咨询业也是旅游演艺的支持产业之一。

（6）文化传媒业：旅游演艺是文化传媒业的重要组成部分，因此文化传媒业也是旅游演艺的支持产业之一。

（7）金融业：为旅游演艺企业提供金融服务。

以上这些支持产业与旅游演艺之间相互配合、相互依存，共同构成了旅游演艺产业生态系统，促进了旅游演艺产业的健康发展。旅游演艺串联关联产业，创新演艺活动，使演艺活动与大众休闲娱乐有机结合，衍生出一个创新的文化艺术综合产业链，达到在旅游活动过程中提升产品本身的品牌，发挥后续联动效应的目的。

（三）衍生产业

旅游演艺最主要的目标是创造品牌 IP，通过 IP 带动衍生产业发展。旅游演艺的衍生产业是产品创造新的盈利空间，扩大旅游市场影响，加深旅游演艺产品认可度的有效手段。旅游演艺的衍生产业有很多，主要包括以下几个方面。

（1）旅游纪念品：旅游演艺场所通常设有纪念品店，销售与演出相关的纪念品，如明星签名照、角色扮演的服装等。

（2）视频制作：旅游演艺场所可以制作演出录像，出售给观众或游客，作为纪念或推广演出的手段。

（3）周边产品：旅游演艺场所可以开发与演出相关的周边产品，如玩偶、手办、服装、饰品等，以增加收入。

（4）移动应用：旅游演艺场所可以开发移动应用，提供演出信息、预订服务、演出回顾等，加强与用户的互动。

（5）活动策划：旅游演艺场所可以提供活动策划服务，为企业、组织、个人提供各类演出、庆典、会议等活动的策划和执行。

（6）旅游咨询：旅游演艺场所可以提供旅游咨询服务，为游客提供旅游攻略、景点介绍等，以促进旅游产业的发展。

以上这些衍生产业与旅游演艺之间相互关联、互相促进，共同构成了旅游演艺产业的生态系统，为旅游演艺产业的发展提供了更多的机会和潜力。此外，数字藏品作为一种新型旅游演艺衍生产业，逐步走入大众视野。

在数字衍生产品的开发过程中，参与各方的投入与产出将更加清晰。他们将共同完成数字藏品的全流程。通过合作方式，不仅可以为每一位游客提供独一无二的个性化商品，还能借众人之力解决文创衍生品在差异性等方面所面临的问题。

由于数字藏品具备区块链认证属性，发布具有独特艺术效果的产品，能够增加产品的艺术增值空间。同时，数字藏品发行的低成本和真实可靠保障，增加了产品的投资和市场价值。例如清华版《山海经》数字藏品。

2022年4月，由清华大学出版社与琥珀数字艺术合作开发的3 500份《山海经》系列首款数字藏品《精卫》正式对外发售，仅用时3分钟便全部售罄。

清华版《山海经》数字藏品包括五大系列，除分属女神系列的首款数字藏品《精卫》外，还有神、天地通道、龙元素、鸟元素四个系列。

依托区块链技术独有的去中心化、公开透明、不可篡改等优势，经平台发售的每份数字藏品都拥有独一无二、不可篡改、可实时查验的ID。

依托《山海经》故事中的知名传统文化IP，传统文化的内在价值将在元宇宙时代生动再现。通过元宇宙的技术加持，将为文化产业发展和实现中华传统文化的"IP元宇宙化"创造新的机遇。

综上所述，旅游演艺通过核心产业（旅游演艺节目策划制作、舞台设计、人员演出、灯光、音响、舞台机械、威亚、服装、道具、化妆）、支持产业（高科技演艺设备企业、金融业、传媒业餐饮业、住宿业、娱乐业、休闲商业）、衍生产业（印刷出版物、工艺品制造业、音像制品、纪念品、潮流玩物、数字藏品）之间的耦合机制，利用品牌效应，形成品牌IP，扩大品牌优势，通过品牌IP延伸到产业的上下游，形成旅游演艺产业链，加强其基础固链、技术补链、融合强链和优化塑链能力，从而增强产业链的韧性和竞争力。同时，在构建现代产业体系的过程中，旅游演艺企业应更好地发挥支撑引领作用。

### 三、以"万里长城"为核心，打造演艺品牌

#### （一）需求分析——"万里长城"价值挖掘

旅游演艺产业是以消费者需求为向导，旅游演艺产品属于消费者的精神需求产品，这种产品是艺术家或艺术工作者以提供艺术活动的方式满足消费者审美需要的艺术活动。在旅游演艺产品消费过程中，人们主要是"内容消费"，即选择符合自己偏好的精神内容，通过储存于大脑的记忆、联想、类比以及推理等形式，一种文化沉淀或精神文化形态得以形成，从而在潜移默化中影响着

人们的思维和行为方式。[①]因此，只有满足消费者现实需求或者潜在需求的旅游演艺产品才能实现盈利。

长城是中华民族精神和中华文化传承的重要载体，体现着中华民族特有的精神维度和价值内涵，长城文化涵盖了政治、经济、社会、文化、科学、艺术等多个方面，其具有深厚的文化价值、独特的美学价值，以及严谨的科学价值。长城最吸引人之处在于其所体现的长城精神，这一精神包括以下几个方面：首先是团结统一、众志成城的爱国精神；其次是坚韧不屈、自强不息的民族精神；最后是守望和平、开放包容的时代精神。长城以这些精神特质赢得了广大消费者的心。

1. 团结统一、众志成城的爱国精神

长城的爱国精神，突出体现在团结统一与众志成城两个方面。

（1）团结统一是长城爱国精神的外在表现。长城的修建，是无数中国民众合一的产物。修筑长城是一项极其耗费人力、物力、材料的国家防御工程体系。长城的修筑既体现着团结一心，又体现着融合统一。从先秦开始，中国人持续两千多年不断地修建长城，这种坚守是其他国家难以理解与想象的，体现的就是中国人骨子里团结一心的毅力与决心。

长久以来，长城作为一条有形的建筑实体将农耕地区与游牧地区隔离开来，但另一方面，长城又将其与周围环境如地形、耕地、水源及前方、后方紧密联系到一起，千万座连通长城内外的关隘又将农耕地区和游牧地区有机联系起来，因此，长城在数千年历史上起到了连通各地区、各民族的融合统一作用。就像费孝通先生在《中华民族多元一体格局》中提到："中华民族作为统一的民族实体早就已经形成，但长城内外各族对彼此之间内在联系的一体性认识却是一个发展的过程。"而长城则起到了联络互通的桥梁作用。

（2）众志成城是长城爱国精神的内在核心。爱国是中华民族的优良传统，是中华民族精神所包含的内容中的核心价值观。鸦片战争以来，西方列强对中国的侵略使中国沦为半殖民地半封建社会国家，中国人民在面对前所未有的苦难时没有屈服，而是坚定地挺起脊梁，勇敢地奋起抗争。林则徐虎门销烟、三

---

① 庞彦强. 艺术商品论 [J]. 河北学刊，2003（2）：107-111.

元里抗英、香港中国造船工人罢工、台湾人民与总兵刘永福抗日、左宗棠收复新疆、冯子材镇南关大捷、丁汝昌殉国、义和团运动、太平天国运动、辛亥革命等旧民主主义革命；以及"五四运动"以来，由中国共产党参与、领导的北伐战争、土地革命战争、抗日战争、解放战争等新民主主义革命，推翻了帝国主义、封建主义、官僚资本主义三座大山，正是因为中国人民前赴后继、勇往直前的抗争，我们的国家和民族才能够屡受侵略而不灭。面对磨难，中国人民以众志成城的爱国精神，进行了一场场气壮山河的斗争，谱写了一部部可歌可泣的史诗。

因此，每当《义勇军进行曲》旋律响起，都有力鼓舞着中华儿女继续英勇奋斗，特别是"把我们的血肉，筑成我们新的长城"，①明确了长城的重要作用，构筑了保家卫国、众志成城的爱国精神。

2. 坚韧不屈、自强不息的民族精神

长城专家董耀会认为："在人类社会生活和人类文明的发展过程中，人类始终面临三大基本问题：生死存亡、构建文明发展秩序、文明发展和延续。"而坚韧不拔、自强不息恰恰回答了这个问题。

（1）坚韧不屈是长城民族精神的基本特征。中华民族是勤劳、勇敢、智慧的民族，而坚韧不拔品格内在的三个维度恰恰能与之呼应。这三个维度分别是吃苦耐劳、不畏强难、刚柔并济。

第一，吃苦耐劳是中华儿女骨子里的品质。在两千多年的长城修筑过程中，在施工技术极为落后的条件下，劳动人民用手搬、用肩扛，在崇山峻岭之间、在悬崖峭壁之上，完成了 21 196.18 千米的修建。这种"奇迹"背后，彰显着中华民族吃苦耐劳的品格。

第二，不畏强难是中华民族坚韧品格的重要体现。万里长城在修筑过程中，一定会遇到这样或那样的难题。摆在建筑者面前最核心的难题就是材料与设计。石头如何开采、材料如何运送上山，防御如何设计，路线如何规划。面对困难，历代中华儿女都没有畏惧与退缩，柳条、芦苇、糯米汁等就地取材，因材施技的土长城，悬崖上的石长城，湖泊下的水长城（喜峰口、潘家口），

---

① 王玉玉，谷卿，刘先福. 长城文化论纲 [J]. 艺术学研究，2021（1）：20-32.

入海的海长城（老龙头）就是不畏强难最好的答案。

第三，刚柔并济是中华民族不屈品格的又一重要体现。中华民族在处理社会现实问题时的"智慧"——懂变通，不偏激。延绵万里，雄伟多姿的长城所展现出的"多元"面貌、"多样"形态不就是最好的例证吗？纵观万里长城的构筑方法，版筑夯土墙、土坯垒砌墙、青砖砌墙、石砌墙、砖石混合砌筑、条石、泥土连接砖等施工方法也不正体现中国人的"智慧"吗？

（2）自强不息是长城民族精神的深层内涵。自强不息是中国人最本质、最深层的性格特征。修建长城，充分体现出了这样的顽强精神。长城是中国人民汗水的结晶，没有自强不息的民族精神，不可能建造出长城这样伟大的人类奇迹。

中华民族漫长的历史发展过程中，从先秦到鸦片战争，从鸦片战争到辛亥革命，从辛亥革命到"五四运动"，从"五四运动"到中华人民共和国成立，自强不息的精神始终在发挥着作用。古人在长期的实践中，为了谋求生存与发展，探索出了各种修建长城的方法，适应各个时期的政治、军事和经济形势，推动了社会的发展。

长城存在的价值与人类解决面临的生死存亡、构建秩序、传承发展这三个基本问题的努力，始终息息相关。人类首先要解决生存问题，才能构建社会秩序，有健康的秩序才能传承发展文明。而这些关系之中，最重要的因素就是人，而人的精神又是核心中的核心。长城代表的精神已经深深融入中华民族的脊梁，成为实现中华民族伟大复兴的强大力量！

3.守望和平、开放包容的时代精神

（1）守望和平是长城时代精神的本质要求。长城是中国古代由连续性墙体及配套的关隘、城堡、烽燧等构成体系的军事防御工程。从长城的概念我们就可以得知，长城是为不打仗而修建的防御工程，长城是和平的象征。世上战争基本形态有二：一是以侵略为目的的无道之战；二是为抵御侵略而发动的反抗之战。中国长城始建于春秋时期，各诸侯国选择以修建长城来相互防御，这是一种具有深刻东方智慧的"和合之道"。中国古代两千多年中不断修建和使用长城，就是这种"和合"思想的体现。

古人修建长城，以自身生存发展需求改变环境的社会实践，通过适应、利用和改造环境，使生存理念和价值观念得以实现和深化。长城以其坚固庞大的威慑力及巧妙的地形优势起到了防止杀戮的作用，让众多侵略者望而却步，从而起到维护和平的作用。

（2）长城时代精神的外在体现是开放包容。互市，长城开放包容最好的实践案例。自长城修筑以来，长城沿线的互市就有很多。据史料记载，在明朝时，长城沿线就开设十一处名为马市的蒙汉民族官方交易的市场，一年开市一次到两次，后来随着贸易需求的增长，每月举行一次互市开放。长城关、红门口、得胜口、威宁口、张家口等，就是当时最繁忙的几个互市之一。由长城脚下发源的贸易，逐渐成为区域之间，甚至是国与国之间开放交流最稳定的基础，经济的往来无疑会增进文化的交流，互市让长城内外的人民有了更多的交流机会，并因交流而产生了理解。

党的二十大报告强调"推进高水平对外开放"。自改革开放以来，我国始终坚守对外开放的基本国策。通过以开放为动力，推动经济的快速发展。同时，这一进程还重新塑造了我国在全球经济格局中的地位。目前，我国正迈入新的发展阶段，其中改革与创新相互融合的特点日益凸显。因此，我国必须毫不动摇地推进高水平的对外开放。

长城在每个历史时期，都不同程度地体现当时的社会发展特点及规律。春秋战国时期，它是兼并与开疆拓土的产物；秦汉时期，它是游牧与农耕的分界；北朝金元时期，它是多元与融合的见证；明清时期，它是防御与封禁的转变。但无论哪个时代，长城的本质特色都是中央王朝大一统政治的诉求，是农耕与游牧政权争夺的核心。长城的存在延缓了朝代兴衰更替的周期，一定程度保证了各朝代的政治稳定，进而促进了经济的发展互通、文化的融合交流。农耕和游牧文化在长城内外相互影响，构成了中华民族的文化形态，长城内外各族在融合过程中，逐渐形成了对中华文化的认同，铸就了中华民族多元一体的意识。

综上所述，长城的价值和长城精神在长城两万余公里的弧形文化带上得到完整阐释。在这个文化带上，东北地区的辽东文化，华北地区的燕赵文化、三晋文化，西北地区的关中文化和陇右文化无一例外地展现了长城精神。长城所传承的中华文化基因深厚而庞大，它已成为中华民族的精神象征，对中国人的思维方式、审美意识和情感表达产生了深远影响。因此，爱国精神、民族精神以及时代精神充分展示了长城的价值和长城精神。

旅游演艺产品是思维、创造、文化的结晶，包含了丰富的社会信息，因此旅游演艺消费的结果呈现出多样化和复杂化的文化价值取向。艺术消费过程需要以消费者本身的素养和阅历为基础，借助于分析、推理、演绎、联想、想象、体验等逻辑思维或形象思维方式，完成消费体验。因此，我们需要梳理长城精神，提取和探索长城文化的核心内涵。这意味着必须以当代的眼光审视长城的历史，理解长城精神，并关注游客的核心需求。换句话说，长城、长城精神和长城文化在当代视角下代表了中华民族精神的多个方面，同时也是中国文化的象征。我们需要不断向世界传递中华文明核心价值的信息，关注长城文化在新时代语境下的创造性转化与创新性发展，吸引更多的观众和游客，打造具有影响力的演艺品牌。

**（二）内容创作——"万里长城"价值创作**

旅游演艺产业的价值创造始于消费者感受，亦以其终结。唯有满足消费者的需求，方能实现价值创造和市场占有。内容创作则成为旅游演艺产品创造价值的重要环节，为了提高旅游演艺产品的观念价值，需要通过整合资源并不断完善开发环节。只有这样，才能创造出独具特色的"产品"。

万里长城是中国的国家文化标志和世界文化遗产，拥有悠久的历史和文化内涵。将其作为旅游演艺的内容创作，通过整合各种资源，不断完善创作过程是创造旅游演艺产品差异化和观念价值的关键所在。可以从以下几个方面着手。

1. 利用长城历史人文资源

利用长城背后的历史故事和文化内涵，创作具有故事性的表演剧目，如讲述长城抵御外敌的历史、长城保卫战的故事等。

2. 善用长城生态环境资源

善用长城的地理环境和景观，创作具有视觉冲击力的演出，如利用长城所在地域的山峦、悬崖、峡谷等地形特点，创作出具有震撼效果的演出。

3. 活用长城文化符号资源

活用长城的文化符号，创作具有文化内涵的演出，如结合中国传统文化元素，创作出具有中国风格的长城演出，或者利用长城文化元素，创作出具有长城特色的实景演出。

4.运用现代技术手段资源

利用现代科技手段，创新长城演出形式，如利用数字技术、光影技术、5G、超高清、AR、VR、3D mapping、全息投影、球幕等科技手段，打造出具有现代感和科技感的演出。国内不少旅游企业积极推进旅游数字化升级，并引入数字化体验项目，以欢乐谷为例，它与知名 IP 如"梦幻西游"等合作，共同打造了丰富多样的数字体验主题活动。同时，宋城演艺也推出了一系列引人入胜的旅游演出，如《张家界千古情》和 5D 实景体验剧《大地震》。这些活动和演出都将数字科技与景区和项目紧密结合，旨在提升旅游产品和项目的科技水平，并为游客带来更加多元的沉浸式体验。

总之，万里长城作为中国的文化遗产，具有丰富的历史和文化内涵，可以通过创新的方式，将其融入旅游演艺中，创作出具有差异化和观念价值的旅游演艺产品。

旅游演艺产品的创作过程需要汇聚多方面的资源，包括人力、物力、财力、知识等方面的资源。为了创造出独特的旅游演艺产品，需要不断完善创作过程，并整合可用资源。同时，观念价值也是旅游演艺产品的重要方面，只有通过不断创新，打破传统观念，引领潮流，才能够创造出更高的观念价值。因此，整合资源、不断创新是创造旅游演艺产品差异化和观念价值的必要手段。同时，营销策略也是价值创造的重要环节之一，可以通过巧妙的营销手段吸引更多的游客，提高产品的知名度和美誉度。总之，旅游演艺产业的价值创造要从消费者的角度出发，全方位地考虑产品的内容创作、营销策略和服务质量等多个方面的因素。

### （三）生产制作——"万里长城"价值开发

通过对内容创作进行产业化开发的生产制造，才能真正提供满足消费者现实需求和潜在需求的旅游演艺产品。生产产品在旅游演艺产业中扮演着非常重要的角色。通过对内容创作进行产业化开发，可以让旅游演艺产品更加贴近消费者的需求，提高产品的市场竞争力和满意度。同时，生产制作还可以实现演艺产品的快速制作和标准化管理，提高产品质量和效率。在生产制作过程中，技术资源和人力资源的整合非常重要。一流的主创班底可以带来创新和高水平的演艺制作，而数字化技术和人工智能等技术则可以帮助更好地理解消费者需求和市场趋势，从而更好地开发演艺产品。总之，生产制作是旅游演艺产业实现产业化、提高效率和品质的重要手段，需要通过各种资源的整合来实现。未来随着技术的进一步发展，生产制作将会在旅游演艺产业中发挥越来越重要的作用。

长城旅游演艺生产制作阶段是旅游演艺企业通过技术、主题创意、内容生产等流程将"心象"作品转化为"物象"产品的过程。一般项目生产制作阶段包括主创团队组建、演员招募和培训、演出设计、舞台制作、演出内容生产、演员排练、彩排和试演。

1. 主创团队组建

主创团队的组建是生产制作阶段的基石。这个团队通常由导演、编剧、音乐制作人、舞美设计师等专业人员组成，他们共同负责将旅游演艺项目的主题创意转化为具体的演出方案。在组建团队时，需要充分考虑各个成员的专业背景和经验，确保他们能够在项目中发挥各自的优势，共同创造出高质量的演出作品。

2. 演员招募和培训

演员招募和培训也是生产制作阶段的重要一环。针对长城旅游演艺项目的特点和需求，需要招募一批具有表演天赋和专业技能的演员。在招募过程中，要注重演员的形象、气质和表演能力等方面的考察。同时，还需要对演员进行专业的培训，包括表演技巧、历史文化知识、舞台表现力等方面的提升，以确保他们能够充分理解演出的内容。

3. 演出设计

演出设计包括舞台设计、灯光设计、音响设计等多个方面。在设计过程中，需要充分考虑长城的历史文化背景和旅游演艺项目的主题，营造出符合项目氛围的舞台效果。此外，还需要注意观众的观赏体验，确保演出的视觉效果和听觉效果能够给观众带来震撼和享受。

4. 舞台制作

舞台制作和设备准备是生产制作阶段的具体实施环节。这包括舞台的搭建、

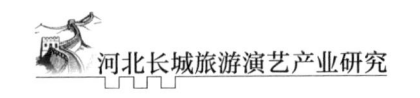

布景的制作、灯光音响设备的安装和调试等。在这个阶段，需要严格按照设计方案进行施工和安装，确保舞台效果和演出质量达到预期效果。

5. 演出内容生产

演出内容生产是生产制作阶段的核心环节。在这个阶段，需要根据项目主题和设计方案，创作出具有长城特色和文化内涵的演出内容。这包括剧本的编写、歌曲的创作、舞蹈的编排等多个方面。在创作过程中，需要注重内容的创新性和观赏性，以吸引观众的眼球和心灵。

6. 演员排练

在排练过程中，演员和导演需要不断进行反复的排练和修改，直到达到满意的效果为止。除基本排练步骤，还需要注意舞台布置、服装、化妆和灯光等各个方面的细节，以确保演出的效果和质量。此外，演员还需要在排练期间保持良好的身体状况和心理状态，以确保在演出中能够发挥出最佳的表现。无论是舞蹈排练，还是戏剧排练都要围绕演出主题进行形式填充，使旅游演艺作品以完整的表演形式呈现在观众面前，换言之，即通过演出内容生产制作，完成旅游演艺作品呈现。

7. 彩排和试演

彩排和试演是生产制作阶段的最终环节。在这个阶段，演员们需要按照演出内容进行反复的排练和磨合，确保在正式演出时能够呈现出最佳的表演状态。同时，还需要进行彩排和试演，以检查演出的效果和观众的反馈，进一步调整和优化演出方案。

（四）营销推广——"万里长城"价值捕捉

旅游演艺产品的核心是内容，而营销推广则是将这些内容转化为商品的关键环节。通过巧妙的营销手段，可以将旅游演艺产品的吸引力和感染力发挥到极致，从而吸引更多的游客和消费者，推动旅游演艺产业的发展。

在营销推广方面，"万里长城"旅游演艺可以成为吸引游客和提升品牌知名度的重要卖点之一。通过打造具有高品质、高水平的旅游演艺，可以将"万里长城"的文化和历史价值与现代艺术相结合，为游客带来独特的体验和感受。

首先，可以打造与"万里长城"相关的主题演艺，如古代战争、历史传说等，通过现代化的表现手法和创意，将这些故事以音乐、舞蹈、戏剧等形式呈现给游客，让他们在欣赏演艺的同时，更深入地了解"万里长城"的历史和文化价值。

其次，可以将"万里长城"作为演艺背景，打造具有中国特色的演艺项目，如民族舞蹈、歌曲、器乐表演等，通过艺术形式来展现中国优秀的传统文化和艺术魅力，为游客带来独特的文化体验和艺术享受。

最后，可以利用先进的科技手段，打造具有高科技含量的演艺项目，如3D影像、虚拟现实等，通过数字化、互动化的形式，让游客身临其境，更加真实地感受"万里长城"的壮美和历史厚重感。

营销推广作为一项重要手段，在旅游演艺产品的价值捕捉过程中扮演着关键角色，它能够使得旅游演艺作品转化为商品。旅游演艺产品作为精神价值的载体，其核心在于内容及其表达方式，这些因素能够有效地打动消费者。为了增强旅游演艺产品的吸引力和体验力，可以从以下几个方面入手。

1. 突出文化特色

旅游演艺产品应该充分体现所在地区的文化特色，通过独特的表演形式和内容，将当地的历史、传统和文化价值传递给游客。

2. 制作精良的演出节目

精良的演出节目是吸引游客和消费者的重要因素之一。旅游演艺产品应该注重制作精良的演出节目，包括音乐、舞蹈、戏剧等方面，以提高游客的观赏体验。

3. 借助互联网和社交媒体

互联网和社交媒体已经成为旅游产业营销推广的重要渠道。旅游演艺产品可以通过这些渠道，利用各种网络营销手段和社交媒体的传播力量，吸引更多的关注和参与。

4. 推出优惠活动和套餐

优惠活动和套餐是推动旅游演艺产品销售的重要手段。可以通过联合促销、赠品礼包等方式，吸引更多的游客和消费者前来参与和体验。

通过以上措施，可以将"万里长城"旅游演艺作为品牌推广和营销的重要卖点，吸引更多的游客前来体验，提升品牌知名度和美誉度。从而，增强旅游演艺产品的吸引力和体验力，提高产品的市场营销效果，创造出新的消费市场，促进旅游演艺产业的发展。

**（五）消费交换——"万里长城"价值实现**

消费者作为价值链的最终环节，对于旅游演艺产业的发展和演变起着至关重要的作用。消费者的需求和反馈不断推动旅游演艺产业的创新和发展，同时也促进着旅游演艺产业与其他关联产业的融合和交叉，从而形成一个更加完整和多元化的旅游演艺价值系统。因此，旅游演艺产业需要密切关注消费者需求和反馈，积极创新和改进产品和服务，不断提升消费者的旅游演艺体验，从而实现产业的可持续发展。

"万里长城"旅游演艺作为一种旅游演艺产品，其价值实现需要通过消费交换实现。为了使旅游演艺产品获得市场认可，必须通过适当的销售渠道将其传递给消费者，并赢得消费者的认同和购买，从而实现其价值并取得市场效益。在这个过程中，消费者的偏好和需求、销售渠道的选择和管理、产品的创新和升级，都是旅游演艺产品实现价值的关键因素。

首先，可以通过旅游演艺的传播，实现"万里长城"的文化价值。作为著名的旅游景点，万里长城吸引了大量的游客前来参观和体验。旅游演艺的发展不仅可以为经济发展带来巨大的贡献，还能够让更多的人了解和体验"万里长城"的历史和文化价值。还可以通过旅游演艺的文化传承和教育功能，实现"万里长城"的历史价值。可以通过各种形式的文化传承和教育，让更多的人了解和认识"万里长城"的历史和文化价值，增强对文化遗产的保护和传承意识。

其次，可以通过旅游演艺的商业开发和创新，实现"万里长城"的经济价值。可以开发与"万里长城"相关的商业产品和服务，如旅游演艺产品、纪念品、文化体验等，让消费者通过购买和使用这些产品和服务来了解和体验"万里长城"的价值和魅力。

再次，可以通过旅游演艺企业联合社会公益和慈善活动，实现"万里长城"的社会价值。可以通过各种形式的社会公益和慈善活动，为"万里长城"提供支持和帮助，同时让更多的人了解和认识"万里长城"的价值和意义。

通过以上措施，可以实现"万里长城"的多重价值，增强文化传承和教育意识，促进旅游业的发展，推动商业创新和发展，另外，销售渠道是旅游演产品能否得到市场认可和实现价值的关键因素之一。销售渠道的选择和管理，不仅影响着产品的销售和推广，还直接影响着消费者的购买体验和满意度。因此，旅游演艺产业需要密切关注销售渠道的选择和管理，积极探索新的销售渠道，同时也需要加强对现有销售渠道的管理和优化，提升产品的销售和推广效果，从而实现旅游演艺产业的可持续发展。

为了使旅游演艺产品在市场上获得认可，并实现其价值和市场效益，必须通过适当的销售渠道将其传递给消费者，促进消费者认同并购买该产品。消费交换是产品价值实现的终极目标，消费者对整个价值链的反馈和互动至关重要。由于不断变化的消费需求，旅游演艺产业的价值链和其他相关产业的价值链不断交叉和融合，推动了旅游演艺价值系统的发展。

综上所述，通过整合文化旅游资源提升创作生产，在完善产业体系的同时注重科技创新，以"万里长城"为核心打造演艺品牌是旅游演艺产业开发的"三件法宝"。这三个方面的措施可以有效地促进旅游演艺产业的发展和提升，从而实现更好的经济效益和社会效益。通过整合文化旅游资源，可以丰富演艺表现形式和内容，提高表演质量和观赏性；完善产业体系和注重科技创新，通过提高演艺产业的生产力和竞争力，同时推动旅游产业的发展。以"万里长城"为核心，打造演艺品牌，就能更好地展示中国独特的文化特色和旅游资源优势，吸引更多游客和观众，并推动旅游演艺产业的长远发展。

### 四、《万里长城·镜门赋》——大境门长城旅游演艺产品开发

大境门长城作为中国著名的游览地，拥有丰富的人文色彩和较高的观赏价值。本部分主要研究如何开发张家口市大境门长城旅游演艺产品，向游客彰显"军事要塞"的重要作用，凸显"陆路商埠"的重要价值，尽显"民族交融"的文化内涵，进一步促进河北长城沿线文旅融合的发展、长城文化的传承和长城精神的延续。首先，探讨开发大境门长城旅游演艺产品所具有的价值意义。其次，通过市场分析、可行性分析、剧本创作来确定产品形式和内容。再次，展开大境门长城旅游演艺项目的生产制作，从历史文化、艺术表演和科技创新三个方面入手，通过加深文化解读、互动体验等方面来开发旅游演艺产品。最后，开发大境门长城旅游演艺的衍生项目，扩大产品影响力，提高品牌知名

度。通过该部分的研究，可以更好地推动大境门长城旅游演艺产品的开发，为游客提供独特的旅游体验，促进河北旅游产业的升级和发展，促进当地经济发展，弘扬中华优秀传统文化。

### （一）大境门长城旅游演艺的开发意义

#### 1. 提升旅游体验的独特价值

大境门长城旅游演艺产品的开发将为游客提供独特而丰富的旅游体验，超越传统的观光模式。这些产品将融合历史、文化、艺术和科技等元素，通过创新的方式展现长城的魅力，为游客带来视听、心灵和情感上的全方位感受。游客可以通过沉浸交互式的浏览模式，深入了解大境门长城的历史背景、人文内涵和民俗风情，与之互动并参与其中，使其拥有一次独特而难忘的文化体验。

#### 2. 弘扬中华文化的历史使命

作为中国悠久历史文化的象征，大境门长城承载着丰富的历史和文化内涵。通过开发旅游演艺产品，可以将这些宝贵的文化资源传递给游客，推广和弘扬中华文化。这些产品不仅展示了长城的壮丽景观，更通过故事性的演绎和艺术表达，生动地讲述了长城的历史传奇、英雄故事和文化符号，加深了游客对中国文化的认识和理解。通过这种方式，大境门长城旅游演艺产品将成为传统文化传承与创新的桥梁，引领观众走近历史，感受文化的力量。

#### 3. 促进文旅产业升级和当地经济发展

大境门长城旅游演艺产品的开发将为河北旅游演艺产业带来全新的发展机遇，进一步推动产业升级和当地经济的发展。

首先，大境门长城旅游演艺产品的引入，将吸引更多的游客来到大境门长城，增加旅游人次和游客滞留时间。这将带动酒店、餐饮、交通等旅游配套服务的需求，促进相关产业的发展。当地的酒店业可以提供高品质的住宿服务，餐饮业可以推出特色美食供游客品尝，交通业可以提供方便快捷的交通方式，形成全方位的旅游服务链条。

其次，旅游演艺产品的开发将创造更多的就业机会。旅游演艺产品的运营需要演员、导演、舞美师、音响师等专业人才，同时也需要管理、销售、推广等各个层面的人员。这将直接增加当地居民、周边城市高校毕业生以及相关从业人员的就业机会，并推动旅游演艺人才培养和产业链的健康发展。

此外，旅游演艺产品的推出还将提高游客的消费水平和旅游消费的质量。在传统观光模式中，游客的消费主要集中在门票、纪念品等方面，而旅游演艺产品的开发将为游客提供更多高品质、高附加值的消费选择。游客可以购买观演门票，同时还可以选择购买与演艺内容相关的周边产品或体验项目，进一步丰富旅游消费的内容和方式。

大境门长城旅游演艺产品的开发不仅能满足游客对独特体验和文化探索的需求，同时也能为旅游产业升级和地方经济的发展带来新的机遇。通过提升旅游体验、弘扬中华文化和促进旅游产业发展，大境门长城旅游演艺产品将成为推动地方经济腾飞的重要引擎。

### （二）市场情况分析

1. 市场规模与趋势分析

张家口市位于河北省北部，自然风光秀丽，有着丰富的旅游资源和历史文化底蕴。张家口旅游市场的规模逐年增长，冬奥会的举办提升了张家口的知名度和吸引力，引来了更多的游客和观众，同时也带动了旅游市场的发展，2023年春节期间，张家口共计接待游客151.71万人次，综合收入11.34亿元，预计未来几年，张家口旅游市场将保持增长趋势。但目前张家口市并未开发出知名的旅游演艺产品，其市场相对空白，与省内承德、石家庄、秦皇岛等地区相比，产业竞争能力较弱，如此境况并不利于张家口市历史文化传播与经济发展。近年来，国家及河北省内有关部门颁布的政策文件，是推动张家口市旅游演艺发展的第一动力，因此，张家口市可抓住此次契机，开发一系列大众喜闻乐见的旅游演艺产品，推动当地旅游与文化产业的融合发展。

2. 市场需求情况分析

游客和观众对于张家口旅游演艺的需求通常包括体验当地文化、欣赏精彩表演、参与互动活动等方面。他们希望通过旅游演艺活动更好地了解当地的历史文化和风土人情。

张家口旅游演艺市场的消费者主要包括外来旅游者和当地居民。旅游者群体涵盖了各个年龄段和社会群体。年轻人更倾向于追求新奇和创新性的演艺形式，他们对于现代音乐会、流行舞蹈等有活力以及有科技感和时尚感的演出更

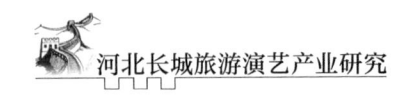

感兴趣。中年和中老年人对传统文化演艺有一定的偏好，他们对传统戏曲、民俗表演等充满文化底蕴的演出有较高的欣赏意愿。消费者在选择旅游演艺项目时，注重演艺质量、内容创新和服务体验。他们希望通过观看演艺节目获得愉悦和享受，并且愿意支付相应的票价。

旅游演艺市场的消费者具有一定的购买意愿。他们在旅行中愿意安排时间和预算参观旅游演艺节目，将其视为旅游体验的重要组成部分。消费者对于旅游演艺的观看决策受到多种因素的影响，如价格、口碑、推荐和宣传等。口碑和推荐在消费者购买意愿中起到重要作用，他们更愿意选择评价良好、口碑传播广泛的旅游演艺项目。消费者的消费心理倾向于追求美好的体验和情感共鸣，他们希望通过观看演艺节目获得情感上的满足和艺术上的享受，对于能够触动情感、留下深刻印象的演艺形式更感兴趣。

3. 市场竞争情况分析

张家口旅游演艺市场存在一定的竞争格局，竞争者不仅包括市内大中小型演艺公司、文化艺术机构和旅游景点，还有省内各地区热门演艺机构。演艺公司和文化艺术机构在演艺项目的策划、创作和表演方面具有竞争优势，一些知名演艺公司在市场上拥有较高的知名度和专业水平，如制作《鼎盛王朝·康熙大典》的承德鼎盛文化产业投资有限公司。旅游景点作为旅游演艺的场地和背景，也参与到竞争中，如秦皇岛碧螺塔景区制作了《浪淘沙·北戴河》，他们通过提供特色的演艺项目来吸引游客，增加景区的吸引力。

(三) 可行性分析

1. 资源分析

张家口大境门长城旅游演艺开发所需的资源主要包括文化资源、人力资源、技术资源，这些资源从不同程度上决定了旅游演艺开发的主题、内容和品质。

文化资源主要包括非物质文化遗产资源，这是大境门长城旅游演艺开发不可或缺的基础资源。可以辅助大境门长城旅游演艺开发，提供主题构思、节目表演、艺术体验、游戏互动等相关活动方面的帮助，拥有较大的挖掘潜力。例如：历史事件、传说故事等，可以来丰富的演艺内容；传统婚俗、节日庆典等，可以为演艺项目增加独特的地方特色；民间音乐、舞蹈、戏剧等，将其融入到演艺表演中，展示当地的文化魅力。目前张家口市共有国家级非物质文化遗产6项，分别是晋剧、蔚县秧歌、二人台、蔚县剪纸、蔚县拜灯山习俗以及蔚县打树花。

人力资源主要包括演出团队、管理团队、技术团队以及营销团队。张家口市内共有河北建筑工程学院、张家口学院、河北北方学院、张家口职业技术学院以及宣化科技职业技术学院5所高校，龙盛演艺集团、新艺苑演艺等若干演艺集团，可以为大境门长城旅游演艺项目的开发提供专业人才支撑。

技术资源主要包括舞台技术、灯光音响技术、虚拟现实技术。

2. 技术分析

对张家口大境门长城旅游演艺项目的技术要求、技术难度、技术成本等进行分析，确定项目技术可行性。

大境门长城实景类旅游演艺项目与全沉浸交互式旅游演艺项目相比，对数字技术应用的难度要求相对较低，技术成本也相对较低，主要应用有多媒体技术，如激光、全息投影、AR投影、VR技术等；音响；LED屏；演出特效，如战争、水、火、冷火、烟花、风沙等；大型艺术装置；舞台机械等现代化数字技术，增强演出的视觉、听觉、触觉，为观众带来身临其境般的观感体验。

3. 经济分析

对张家口大境门长城旅游演艺项目的投资、运营、收益等进行分析，确定项目的经济可行性和投资回报率。

结合前期市场调研，对大境门长城旅游演艺项目开发的投资、运营、收益和投资回报率进行模拟分析。

（1）投资成本：需要考虑投资大境门长城旅游演艺项目的初期成本，包括土地购置、建筑和设备建造、营销费用等。这些成本将直接影响项目的经济可行性。

（2）运营成本：需要估计项目的日常运营成本，如员工工资、维护费用、市场推广费用、保险费用等。这些成本将对项目的盈利能力产生影响。

（3）收益预测：通过市场调研和行业分析来预测项目的收益。考虑到大境门长城的吸引力和旅游需求，可预估每年的游客数量和平均消费水平，并将其与运营成本进行对比，以计算预期的净利润。

（4）投资回报率：投资回报率是评估项目经济可行性的重要指标。投资回报率计算公式为：

投资回报率＝（净利润／初始投资）×100%

假设以下数据：

初始投资成本：8 000万元人民币

年运营成本：2 000万元人民币

年游客数量：30万人次

平均游客消费：200元人民币／人次

首先，计算每年的净利润：

净利润＝（年游客数量×平均游客消费）－年运营成本

净利润＝（30万人次×200元／人次）－2 000万元

净利润＝6 000万元－2 000万元

净利润＝4 000万元人民币

然后，计算投资回报率：

投资回报率＝（净利润／初始投资）×100%

投资回报率＝（4 000万元／8 000万元）×100%

投资回报率＝50%

在这个模拟例子中，假设每年有30万游客访问大境门长城旅游演艺项目，每人的平均消费为200元。在考虑了运营成本后，每年的净利润为4 000万元。根据初始投资8 000万元，投资回报率为50%。

注：此模拟数据并没有考虑其他因素如季节性变化、市场竞争等情况。

**4. 社会分析**

对张家口大境门长城旅游演艺项目对当地社会和文化的影响、旅游业发展的促进作用等进行分析，确定项目的社会可行性。

（1）经济效益：旅游业是张家口市的重要支柱产业，该项目的建设和运营将带来直接和间接的经济效益。项目将吸引大量游客，增加旅游消费和就业机会，促进当地商业和服务业的发展。当地居民可以通过旅游项目提供的工作岗位获得收入，推动当地经济的增长。

（2）文化保护与传承：大境门长城作为中国历史文化遗产的一部分，其保护和传承对于维护当地文化的重要性不言而喻。旅游演艺项目可以通过展示当地历史和文化元素，加深游客对当地文化的了解和认同，进而提高文化保护的意识。该项目可以激发当地居民对传统文化的自豪感，并促进文化的传承和发展。

（3）地方形象提升：旅游演艺项目的成功运营可以提升张家口市的知名度和形象，吸引更多游客和投资者前来参观和投资。当地居民也会对项目感到自豪，增加对家乡的归属感和认同感。这将进一步推动张家口市的整体发展，吸引更多的人才和资源。

（4）社会互动与交流：旅游演艺项目为游客和当地居民提供了一个互动和交流的平台。游客可以通过参与演艺活动和体验当地文化，与当地居民建立联系和沟通。这种互动和交流有助于促进不同文化间的理解和包容，增进社会和谐与稳定。

5. 环境分析

对张家口大境门长城旅游演艺项目对环境的影响、环境保护措施等进行分析，确定项目的环境可行性。

环境影响主要存在四个方面的弊端。一是土地，旅游项目可能需要占用一定的土地资源，可能会对周边生态系统造成一定的破坏。二是水资源，如果旅游演艺项目需要大量使用水资源，可能会对附近水源造成压力，产生浪费。三是生物多样性，旅游演艺项目可能会引起物种迁移、干扰当地野生动植物的栖息地，对生物多样性产生影响。四是噪声和空气污染，演艺表演和旅游活动可能会产生噪声和排放尾气，对周边环境和居民健康造成影响。

针对以上问题提出以下环境保护措施。一是生态修复和保护，在项目实施前后，对受影响的生态系统进行评估，并采取必要的修复和保护措施，确保生态环境的恢复和保护。二是节约用水，合理规划和管理水资源，采取节约用水的措施，如使用节水设备、水资源循环利用等。三是采用清洁能源和低碳技术，减少能源消耗和温室气体排放，采用清洁能源，如太阳能和风能等，并推广使用低碳技术。四是垃圾管理，建立有效的垃圾分类和处理系统，减少环境污染。五是噪声和污染控制，采取措施减少噪声和污染排放，例如使用噪声隔离设施、低排放车辆等。六是游客教育，加强游客教育，提高游客的环保意识,倡导文明旅游行为,减少对环境造成的不良影响。

### (四)剧本创作

#### 1.确立主题

根据张家口地区的地域特色、受众需求、人文元素、互动体验、契合度以及目标市场和目标客户群体的喜好等条件,确立大境门长城旅游演艺项目以长城修建历程为背景、以长城商贸互市、民族交融为主题,展现"永恒的屏障"——大境门长城的历史文化内涵与壮丽景观。同时结合张家口的草原文化和民族文化,创作具有地方特色的演艺节目,并合理运用当地赋存的各类资源,让游客在欣赏长城的景色的同时,也能深入了解当地的文化和历史。

#### 2.确立主要角色

男主角:宋长明,故事的引导者。"长"代表着长城的壮丽和雄伟,而"明"则代表着智慧和光明。他是一个有着强烈热情和知识广博的年轻人,他在重点大学的历史专业攻读硕士研究生学位。作为即将毕业的研三学生,他已经在历史领域中建立了扎实的基础,对于中国的历史文化有着深入的理解和独到的见解。他身材高大挺拔,面容英俊,眼神炯炯有神,展现出聪慧和决心。他身上散发着一种坚韧不拔的气质,这源于对历史的无尽热爱和对知识的不断追求。作为长城的热情倡导者,宋长明将自己的人生使命视为向世人展示这座伟大建筑的魅力和历史意义。他花费了大量的时间研究长城的历史,深入挖掘它的起源、建设和传说,以及与之相关的文化和人物。他沉浸在书籍和文献中,通过考古发现和专家的解读,逐渐拼凑出一幅全面而丰富的长城画卷。宋长明是一个既有学者气质又富有冒险精神的人。他渴望亲身探索长城的每一个角落,发掘那些尚未被揭示的秘密。他不畏艰险,勇敢面对各种挑战,同时,他也希望通过自己的努力,将长城的历史传承下去,让更多的人了解和珍惜这座世界奇迹。

作为故事的主要讲述者,宋长明以他深入研究的知识和独到的见解,为游客带来一个更加全面和生动的长城故事。

女主角:叶琪霞,大境门长城周边居民。"琪"字意为珍贵、瑰丽,代表着长城作为中华民族的宝贵文化遗产,象征着中华文明的辉煌。"霞"字表示美丽的云霞,象征着长城的壮丽景色。叶琪霞出生在大境门长城周边的一个小村庄，她的家族代代守护着这片土地的安宁和秩序。叶琪霞是一个坚强而勇敢的女性。她面对生活中的困难和挑战从不退缩，总是努力克服难关。她有着坚定的意志和决心，不轻易放弃。叶琪霞拥有探索精神和冒险精神。她对未知的事物充满好奇心，愿意冒险去尝试新的经历和挑战。

历史人物（每个章节中的不同人物），代表过去不同时期的商人、士兵、百姓等，通过回忆和表演展示大境门长城的历史。

群演（演员、舞者等），扮演不同角色，展现长城各个历史时期的商贸活动和故事。

3. 确立故事情节

时间背景设定：宋长明在家中查阅历史资料时，偶然发现了一本从未见过的古籍，在好奇心的驱使下，他翻开了那本古籍，与此同时，眼前浮现出"5、4、3、2、1"的计时画面，再睁开眼，他竟然到了大境门长城脚下，并邂逅了一直生活在这里的叶琪霞，于是他们二人便展开了穿越时空的神奇之旅。每个章节跳跃到不同的历史时期，从秦汉时期开始，到明清时期，最后回到现代。

第一幕：荒野孤城（秦汉时期）

背景设定：长城初建，商贸兴盛的起点。

故事主线：宋长明和叶琪霞两人同时翻开那本古籍，二人的眼前同时浮现出倒计时的数字，整个时空在为他们颤抖，他们穿越时空，恍惚间来到了先秦时期，亲眼看见了长城初建的壮丽景象，并与历史人物互动，展示了秦汉时期的商贸盛况。

第二幕：烽火连天（唐宋时期）

背景设定：边境军事防御的巅峰时期。

故事主线：宋长明和叶琪霞参加了一场古代军事演练活动，体验了唐宋时期边境的军事防御方式。通过与历史人物的互动，展示了唐宋时期长城的军事防御和商贸交流。

第三幕：盛世繁华（明清时期）

背景设定：长城成为经济中心和文化交流的枢纽。

故事主线：宋长明和叶琪霞在一个历史重建的村庄里，参与了一场明清时期的盛大集市。他们穿越时空，见证了长城周边的繁华景象，欣赏了丝绸、茶叶等各种商品的交易。通过与历史人物和表演团队的互动，展示了明清时期长城的商贸繁荣和文化交流。

第四幕：岁月留痕（近代时期）

背景设定：战火洗礼下的长城和历史的变迁。

故事主线：宋长明和叶琪霞探访了一座被战火摧毁的长城遗址。通过回忆和表演，展示了近现代时期长城的沧桑和历史的变迁。他们了解到长城曾经面临过战争和破坏，但依然屹立不倒的精神鼓舞着人们。

第五幕：永恒的屏障（现代时期）

背景设定：长城的保护与传承。

故事主线：宋长明和叶琪霞一同参与了长城的保护与传承工作。他们参观了现代的长城保护基地，了解到当代人对长城的保护努力。最后，他们回顾了整个旅程，用表演和讲述的形式，展示了大境门长城作为永恒的屏障，连接历史与现代的重要意义。

通过这五个章节的编排，剧本《永恒的屏障》将展现大境门长城的历史传承、商贸繁荣和保护传承的故事。

4. 选择呈现方式

根据旅游演艺主题、故事情节、人物确定大境门长城旅游演艺为实景行进式，通过角色的互动和表演团队的演绎，观众将被带入一个富有魅力的历史时空，感受长城在世世代代历史变迁下仍保留的永恒魅力。

## 五、项目制作

### （一）主创团队组建

主创团队主要包括导演、编剧、舞蹈编导、戏剧编导、音乐制作、舞美设计、音响设计、视觉设计、舞台特效设计、服装设计、道具设计、化妆设计、威亚设计和杂技设计，除此之外还需要相关技术人员、场地维护人员以及表演人员。

舞台技术人员。包括舞台监督、舞台机械师、舞台照明师等，负责舞台布置、舞台设备运作和灯光控制等工作。

录音师和音频技术人员。负责音频录制和混音等工作，确保演艺表演的音响效果良好。

录像师和视频技术人员。负责录制和制作演艺表演的视频内容，如大屏幕背景、摄影和后期制作等。

剧务人员。负责演艺表演的组织、协调和后勤工作，包括演员排练安排、剧本管理、场地预订等。

行政人员和办公室支持。负责日常办公事务、人员管理、文件处理和行政支持等工作。

宣传和市场营销团队。负责演艺表演的宣传推广和市场营销策划，包括广告、宣传品设计、媒体关系等。

票务和客服人员。负责票务销售和客户服务，提供观众和游客的相关信息和支持。

安保人员。负责演艺场地的安全和秩序维护，保证观众和演职人员的安全。

表演人员。演员通过表演技巧和演艺训练，将剧本中的角色栩栩如生地呈现出来。

具体每个部门所需的人数可能因项目规模和需求而有所不同，以下是根据大境门长城旅游演艺的前期市场调研以及主题、形式、内容、规模进行模拟的人数范例：

导演：1～2人。

编剧：1～2人。

舞蹈编导：1～2人。

戏剧编导：1～2人。

音乐制作：1～2人。

舞美设计：1～2人。

音响设计：1～2人。

视觉设计：1～2人。

舞台特效设计：1～2人。

服装设计：1～2人。

道具设计：1～2人。

化妆设计：1～2人。

威亚设计：1～2 人。

杂技设计：1～2 人。

舞台技术人员：根据舞台规模和复杂性，可能需要 5～10 人或更多。

录音师和音频技术人员：1～2 人。

录像师和视频技术人员：1～2 人。

剧务人员：2～3 人。

行政人员和办公室支持：2～3 人。

宣传和市场营销团队：1～2 人。

票务和客服人员：1～2 人。

安保人员：根据场地规模和安全要求，不能少于 5 人。

主角：男主角 1 名，女主角 1 名，同时配备应对特殊状况的替补演员各 1 名。

配角：根据表演内容的不同，需要 5 人或更多。

群众演员：数十人至数百人之间。

（二）演员招募和培训

1. 策略制定

定义演员需求。确定项目所需的演员数量、类型和技能要求。考虑对演员在表演、舞蹈、歌唱、互动能力等方面的要求，以及他们对旅游文化的理解和兴趣。旅游演艺属于表演艺术，为了保证演出质量，对舞蹈演员的身高要有一定要求，男生不低于 175 厘米，女生不低于 168 厘米。对于选拔的主要角色，其形象、体重也在考虑范围。

制定招募策略。根据项目需求和目标，选择适当的招募渠道和方法。可以通过广告、面试、试镜、推荐等方式来吸引潜在的演员参与招募过程。

设计培训计划。根据演员的需求和项目目标，制定全面的培训计划。这包括基础技能培训、角色理解和创造力培养、团队合作培训以及观众互动培训等方面。确保培训计划能够提高演员的表演技巧和与项目的契合度。

持续评估和反馈。建立评估机制，定期对演员进行综合评估，并提供具体的反馈。这有助于确定培训的效果，以及对演员进行进一步指导和调整培训计划。

个性化发展计划。对于有潜力的演员，可以设计个性化的发展计划，针对其特长和兴趣进行深入培训，以提高其在项目中的表现和潜力发展。

2.招募演员

发布招募通告。通过在戏剧院、艺术学校、演艺网站、社交媒体等渠道发布招募通告，吸引对旅游演艺感兴趣的人士参与。

面试和试镜。通过面试和试镜的方式筛选合适的演员。面试可以包括个人面谈、演技测试、口头表达能力测试等环节。

观察演员的潜力。除了专业技能，考虑到旅游演艺项目的需求，观察演员的表演潜力、与观众互动的能力、对旅游文化的理解等因素也很重要。

3.演员培训

基础技能培训。提供基础演技培训，包括表演技巧、身体语言、声乐训练、舞蹈等方面的培训，以提高演员的技能水平。

角色理解和创造力培养。培养演员对角色的理解和创造力，让他们能够准确地诠释剧本中的角色，并为旅游演艺项目增添个人特色。

团队合作培训。演员在旅游演艺项目中通常需要与其他演员、舞台工作人员和导演等紧密合作。因此，团队合作培训对于提高整体演出质量和协作能力非常重要。

观众互动培训。针对旅游演艺的特点，培训演员与观众的互动能力，包括演员在演出中与观众互动的技巧和方式。

综合评估和反馈。定期对演员进行综合评估，以确定培训效果并提供反馈。可以通过观众的反馈、导演和培训师的评估，以及录像回放等方式进行。

（三）视觉设计

1.标志设计

选择合适的图形元素。在标志中使用象征性的图形元素可以有效传达主题和风格。考虑使用长城的剪影或轮廓，或者使用古代建筑和传统文化的图像元素，如城楼、亭台、山水等。

融合艺术元素。大境门长城旅游演艺强调艺术性和表演，因此在标志中可以融入艺术元素，如音符、舞蹈姿势、表演道具等，以展示其独特的演艺特色。

使用适当的颜色。选择与主题和风格相符的颜色方案。通常，大境门长城旅游演艺与中国传统文化紧密相关，可以考虑使用红色、金黄色等富有东方特

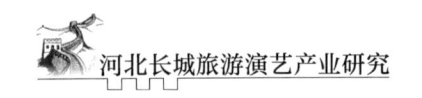

色的颜色。此外，绿色可以用于象征大境门长城的自然环境。

选择适合的字体。使用特定的字体可以增强标志的艺术感和独特性。考虑使用书法风格的字体或具有古代气息的字体，以表达中国传统文化的特点。

设计简洁易识别。确保标志设计简洁明了，容易识别和记忆。避免过于复杂的图案和细节，保持清晰度和可读性。

结合文化元素。大境门长城旅游演艺的主题与中国传统文化紧密相关，可以结合相关的文化元素，如汉字、传统装饰、剪纸等，以展示其独特的文化底蕴。

2. 海报设计

确定海报的主题。大境门长城旅游演艺的主题可能涵盖中国历史文化、壮丽的长城景观、传统艺术表演等。

选择符合主题的色彩，以提升海报的视觉吸引力。可以使用中国传统的红色和金色来突出中国文化的特点，或者使用大境门长城的自然景色的色调，如褐色和绿色。

在海报中使用长城的图像必不可少。可以使用一张具有壮丽景观的长城照片作为主要背景，并在其上添加其他图像元素，如传统艺术表演的形象或中国历史文化的象征。

选择适合主题和风格的字体。如仿宋体或楷体，以增强中国文化的感觉。确保字体清晰易读，同时注意字体的大小和排列方式，以确保信息的传达。

布局和构图。将主要元素放置在海报的中心或顶部，以引起观众的注意。使用对比和平衡的原则来组织图像、文本和其他元素，确保整体视觉效果的和谐与平衡。

标语和口号。在海报中添加一个引人注目的标语或口号，以吸引观众的兴趣并传达核心信息。这个标语可以突出大境门长城旅游演艺的独特卖点或宣传口号。

3. 宣传册设计

封面设计。使用与海报风格一致的图片或插图展示大境门长城的壮丽景色和演出的特色元素。同时在封面上突出显示演出的名称和日期，以及口号或标语。

内页设计。在宣传册的第一页或前言部分，简要介绍演出的主题和背景。如通过艺术形式展示大境门长城的历史文化，传承民族艺术等。

演员介绍。为主要演员和艺术家创建个人简介页面，包括他们的名字、背景、专业成就和演出经历。使用演员的照片，展示他们在演出中的角色形象或特别的舞台服装。

行程和票务信息。提供演出的日期、时间和地点，以便观众能够方便地计划参加。列出票务购买方式，如网上购票、电话预订或现场购票的方式和联系信息。

联系方式和社交媒体。在宣传册的底部或最后一页，提供相关的联系方式，如电话号码、电子邮件地址和官方网站。鼓励观众关注演出的社交媒体账号，以获取最新的演出信息和更新。

设计风格和排版。选择与演出主题以及海报相符合的设计风格和颜色方案，以营造出独特的氛围。使用清晰易读的字体和合适的排版，确保文字内容清晰可见，并避免过度拥挤或混乱的布局。

4. 网站设计

清晰的导航菜单。在主页顶部或侧边，提供易于访问的导航菜单，包括主页、演出信息、购票、在线观看、关于我们等选项。

引人注目的页面头图。使用吸引人的高质量图片或视频，展示大境门长城的壮丽景色和演出场景，以吸引观众的兴趣。

快速链接。在主页上提供快速链接，使观众可以直接访问最受欢迎的演出或购票页面。

演出列表。创建一个演出信息页面，列出所有可观看的演出，并提供简要描述、时间表和价格等详细信息。

分类和筛选。允许观众根据类型、时间、价格等条件对演出进行分类和筛选，以便他们可以找到符合自己兴趣和时间的演出。

详细页面。为每个演出创建详细页面，包括演出描述、演员介绍、场地信息和座位图等。

在线购票。提供一个安全的在线购票系统，允许观众选择演出、日期和座位，并进行支付。

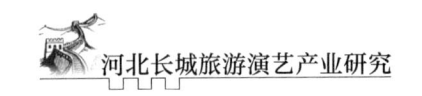

电子票务。向观众发送电子票务，可以通过手机或打印作为入场凭证。

视频直播或录播。允许观众在线观看演出，提供直播或录播选项，并确保视频流畅播放和良好的观看体验。

注册和登录。允许观众创建个人账户，并通过登录访问特定功能，如购票记录、收藏演出和个人设置等。

个人信息管理。提供一个简单的界面，允许观众管理他们的个人信息、收货地址和付款方式。

联系信息。在网站上提供联系方式，如电话号码、电子邮件地址和客服工作时间等，以便观众能够与演出团队联系。

在线客服支持。提供一个在线聊天功能或帮助中心，以解答观众的疑问和提供技术支持。

响应式设计。确保网站具有响应式设计，能够在各种设备上（包括电脑、平板和手机）提供一致的用户体验。

在网站上整合社交媒体链接和分享按钮，让观众可以方便地与朋友分享演出信息和购票链接。

使用社交媒体插件或小部件，显示最新的社交媒体帖子和用户评论，以增加互动性和社交参与度。

多语言支持。如果目标观众来自不同国家或地区，考虑提供多语言支持，让观众能够在自己的首选语言下浏览和购票。

用户反馈和评价。提供一个用户反馈和评价系统，让观众可以分享他们的演出体验和提供意见反馈。

新闻和公告。在网站上提供最新的新闻和公告板块，包括演出更新、特别活动和促销信息等。

安全和隐私保护。使用安全协议保护用户数据和在线支付信息的传输。提供清晰的隐私政策，说明如何处理用户的个人信息，并确保符合相关法律法规的要求。

### （四）演出设计

1. 舞台设计

舞台位置。将舞台设置在大境门长城脚下，使观众能够在舞台上欣赏到长城的壮丽景色,并且能够感受到大境门的氛围。

舞台形状。除了半圆形的舞台外,可以考虑在舞台两侧延伸出几段弧形舞台,以增加表演的多样性和层次感。

舞台装饰。利用仿古的石材和木质装饰,使舞台融入自然环境,与大境门长城的风格相呼应。

舞台灯光。利用不同色彩和亮度的灯光照射,突出舞台上的重点区域和演员形象。

2. 特效设计

投影技术。利用先进的投影技术,将长城的景色、历史照片和视频素材投射在舞台的背景上,实现动态的景观变化和视觉冲击。

雾气和烟幕效果。通过释放适量的雾气和烟幕,营造出长城云雾缭绕、神秘莫测的氛围,增加观众的沉浸感。

虚实结合。利用透明幕布和悬浮技术,将演员或道具呈现在观众面前,创造出虚实交错的效果,增加神秘感和戏剧性。

(五)服装设计

为男女主分别设计出现代服装以及穿越到不同时期的民族服装。

士兵:演员扮演守城将士的角色,可以设计出威武庄重的守城将士服装,包括铠甲、头盔、战袍等,突出他们的威武形象和军事气息。

古代民众:演员扮演古代民众的角色,可以穿着各个历史时期的民族服饰,如汉服、蒙古族服装、满族服饰等,展示不同民族的特色和文化。

(六)道具设计

大境门长城模型:可以在舞台的中央放置一个比例缩小的大境门长城模型,用来展示长城的建筑风格和规模。

古代军事设施:在舞台的两侧可以摆放一些古代的军事设施,如箭塔、守城门等,以突出长城的防御功能。

壁画和壁饰:可以在舞台背景上绘制具有中国传统风格的壁画,或者悬挂一些织锦、丝绸等传统壁饰,增添华美感。

(七)化妆设计

男女主无特殊妆容设计,贴合人物设定,着一般舞台妆即可。

群众演员 - 士兵妆容。威严肃穆：通过浓厚的眉毛、深邃的眼线和粗犷的轮廓线，突出守城将士的威严形象。高亮肤色：使用粉底和高光修饰，使肤色看起来健康有光泽，突显战士的精神状态。唇色适中：选择自然或略微深色的唇膏，使嘴唇看起来有活力但不过于突出。

群众演员 - 古代女性民众妆容。柔和清逸：采用淡雅的眼妆和淡色系唇妆，突出女性的纯洁和温婉气质。粉嫩肤色：使用轻薄的粉底和腮红，打造出健康而粉嫩的肌肤效果。配合服装：根据不同历史时期和民族的服饰特点，选择相应的妆容风格，使整体造型和谐统一。

特殊角色妆容。皇帝或皇后：使用高亮的粉底和明亮的眼妆，突出贵族气质，同时配合精致的嘴唇妆容，突显尊贵感。巫师或神秘人物：通过浓重的眼妆、暗色系的嘴唇妆和独特的装饰元素，营造出神秘而威严的形象。

特效妆容。伤痕和创伤效果：使用特效化妆技术，为守城将士或其他角色添加适当的伤痕、划痕等特效妆容，突出剧情的紧张和战斗的激烈性。古代面具：通过特殊的面具和化妆技巧，为某些角色增加神秘感和戏剧性，使其形象更加引人注目。

## （八）表演元素设计

武术表演。安排精彩的武术表演，包括刀剑舞、枪棒术等，展示守城将士的英勇和高超的战斗技艺。

舞蹈表演。编排具有中国传统舞蹈元素的舞蹈，以优美的舞姿、矫健的动作展示长城的壮丽和优雅。

音乐表演。邀请乐团演奏古典音乐，结合传统乐器和现代乐器，创造出激情澎湃或婉转动人的音乐氛围，使观众沉浸在历史情节中。

## （九）互动设计

观众参与。设计一些互动环节，如观众和演员共同演绎场景、学习武术动作、互动游戏等，增加观众的参与感和亲近感，让观众亲身体验大境门长城文化。

演员互动。演员与观众进行互动，可以与观众合影、对话、分享长城文化知识等，增加观众与演员之间的互动和联系。

## 六、演出内容生产

### （一）舞蹈编排

为突出大境门长城商贸互市、民族交融的主题，舞蹈类型上主要运用民族民间舞蹈以及当代舞。

在表达修建长城的艰难和坚韧时，舞蹈演员可以通过模拟建筑工人的动作，像蜂拥的蚂蚁一样运送石块、砌砖，展现出修建长城的辛勤劳动和精湛的工艺。在展现大境门长城的壮丽景观时，舞者可以通过模拟长城的形状，以有力的动作和肢体语言表达出长城的坚固和巍峨之感。在展现商贸互市与民族交融情节时，舞台布景变换为繁忙的贸易场景，舞者们身着各个民族的传统服装，手持特色道具，代表不同的商品和文化。他们以欢快的舞步展示出商人和旅行者漫步在长城上的热闹场景，通过交换商品和文化交流，促进了不同民族之间的交融。在展现长城的辉煌和不朽时，舞者们可以展现出统一的舞步和壮观的动作，音乐的节奏逐渐加快，营造出紧张和激动的氛围。舞者们的动作如潮水般奔涌，展现出长城作为永恒的屏障的象征意义，使观众仿佛能够感受到长城的坚实和力量。在庄严的音乐声中，舞者们以庄严的姿势和动作结束舞蹈。他们的肢体语言表达着对长城的敬意和赞美，向观众传递出长城作为历史文化遗产的珍贵价值。

### （二）戏剧编排

阅读剧本。演员和导演集中精力阅读剧本，仔细研究其中的情节发展、对白和台词。尝试理解故事的主题和核心信息，以及每个角色的目标和发展。

确定角色。演员和导演进行讨论和协商，以确定每个演员将扮演的角色。这可能包括考虑演员的个人特点、演技以及与角色性格、年龄和性别的匹配度。

理解角色。演员和导演花时间深入理解每个角色。探索角色的性格特点、情感状态和内心动机，以便能够准确地传达角色的感情和意图。

探索情节。演员和导演一起讨论和探索剧本中的情节发展和人物关系。讨论角色之间的互动，分析剧本中的冲突和转折点，并制定角色在舞台上的动作、表情和语言选择。

### （三）彩排试演

分段排练。基于剧本的结构和内容，演员和导演将整个剧目分成若干段落。然后，逐个段落进行排练，确保每个部分的表演流畅自然，并且过渡和衔接顺畅。

整体排练。在整体排练阶段，演员和导演将所有段落整合在一起，进行全剧排练。这包括演员们穿上他们的服装，使用适当的道具，演示出灯光和音效等元素，以便演员和导演适应整体的舞台效果。

舞台彩排。在实际演出场地进行舞台彩排是至关重要的。演员和导演在舞台上进行彩排，以检查舞台布景、灯光效果、音响和舞台效果等。这个阶段可以发现漏洞和不足，并进行必要的修正和改进。

通场排练。在演出场地进行通场排练，使演员和相关工作人员熟悉舞台布置、舞台上的移动和位置，以确保演出的流程和细节得以完善。这个阶段还可以调整演员的演技和表演，确保演员在舞台上的动作、表情和语言与整体演出一致。同时细化舞台上的细节，例如演员的入场和退场、道具的使用以及舞台上的互动。

演前彩排。在演出前的最后一次彩排，通常在演出前几天进行。这个彩排旨在确保演员和工作人员在演出中的配合和默契，并为最终的演出做最后的调整和改进。在这个阶段，导演和演员检查演出中的细节，确认演员的台词、动作和表演是否符合预期。

试演是演艺剧目在正式演出前进行的一次模拟演出，旨在检验剧目的效果、发现问题并进行改进。试演通常会邀请一些特定的观众，如演艺公司内部成员、家属、朋友或特邀嘉宾。其中可能包括行业专业人士、剧目顾问、媒体代表等，他们的反馈意见对剧目的进一步完善至关重要。试演时，演员将在实际的舞台上进行表演，以模拟正式演出的环境。他们会按照剧本和导演的指导进行表演，包括台词、动作、舞蹈等。观众在试演结束后会提供反馈意见。他们可能就剧目的故事情节、角色塑造、表演技巧、舞台设计等方面提出意见和建议。这些反馈可以帮助剧组了解观众的感受和期望，并对剧目进行改进。剧组在试演后会组织讨论会议，与观众一起评估试演效果。导演、编导、编剧和其他相关人员将共同参与讨论，分析试演中的问题和优点，并提出改进方案。同时根据调整和改进的方案进行进一步的排练，以确保剧目在正式演出时达到最佳状态。排练过程中可能会进行多次试演，直到剧组满意为止。

## 七、衍生品设计

### （一）非遗项目体验

张家口地区富有丰富的非物质文化遗产资源，可以开设非遗项目体验活动，确定具体的非遗项目，如蔚县剪纸、传统木雕、陶瓷制作等，与相关的非遗传承人或专家合作。设计一个专门的工作坊或体验馆，提供教学和体验活动，使游客可以亲自参与其中，学习并制作属于自己的手工艺品。提供导览解说和展示区域，介绍每个非遗项目的历史背景、技艺传承和文化意义。

### （二）实景游戏

开发基于大境门长城历史和文化的实景游戏，如寻宝、解谜或角色扮演等。设计游戏场景和谜题，使游客通过探索长城和周边景点来解决问题和完成任务。结合现代科技，如 AR、VR，为游戏增添更多趣味和互动性。

### （三）美食体验

规划一个专门的美食区域或街区，集中展示当地的传统美食文化。合作当地的餐厅和厨师，提供正宗的张家口特色菜肴和独特的烹饪技巧。安排美食展示和烹饪表演，让游客近距离观察和学习当地菜肴的制作过程，并有机会品尝美食。

### （四）民俗活动

策划定期的民俗文化节日或活动，如蔚县拜灯山习俗、蔚县打树花、传统音乐会、民间艺术表演等。邀请当地的民间艺术团体或表演者参与，展示当地的传统音乐、舞蹈、戏曲等表演形式。为游客提供互动体验，如学习基本的舞蹈步伐或乐器演奏，并组织参与性的民俗活动，如民间游戏或手工艺品制作。

### （五）传统戏剧表演

建设一个适合传统戏剧表演的剧场或演出场所，提供专业的灯光、音响和舞台设备。邀请当地知名的晋剧、秧歌戏和二人台或其他具有地方特色的传统戏剧团体或演员进行定期演出。确定演出计划，包括不同剧目的轮番演出，以满足不同观众的需求。提供演出票务预订系统，并制定合理的票价政策，吸引更多观众参与。同时，可以考虑举办传统戏剧培训班或工作坊，为有兴趣学习的人提供机会学习和体验传统戏剧表演技巧。

## （六）一站式酒店和餐厅

建设一座设备齐全、环境舒适的一站式旅游服务设施，包括酒店、餐厅、购物中心和休闲娱乐设施。酒店可以结合当地文化元素进行装修和设计，提供符合不同需求的房型和设施。餐厅可以提供当地特色美食，同时也提供国际菜系，以满足各种口味的游客需求。购物中心可以销售当地特产和手工艺品，让游客能够购买纪念品和礼品，支持当地的手工艺产业发展。

# 第五章　河北长城旅游演艺品牌运营

对于旅游演艺企业来说，品牌定位是非常重要的，因为它可以帮助企业树立自己独特的形象和特点，从而吸引更多的消费者和市场份额。正确的塑造品牌定位可以帮助企业在竞争激烈的市场中脱颖而出，在提升市场地位和增加利润方面，起到关键性作用。同时，通过品牌定位，企业能够更深入地了解目标消费者，进而更好地满足他们的需求和期望。因此，对于旅游演艺企业来说，正确的品牌定位是超越竞争对手的重要手段之一。

## 第一节　品牌构建

美国营销协会（American Marketing Association）对品牌的定义是"一种名称、术语、标记、符号或设计，或者他们的组合运用，其目的是借以辨认某个销售者，或某群销售者产品与服务，并使之与竞争对手的产品与服务相区别"。品牌的象征含义主要体现在产品质量、产品价值、企业精神和企业理念等方面，属于精神意识层面，需要人们进行联想、想象、迁移才能体会，品牌的象征含义是决定消费者对企业满意度、忠诚度的重要因素之一。因此，企业能够在竞争中脱颖而出，前提是能够构建品牌，并保持与企业竞争对手之间的差异，给顾客创造出更高的价值。

### 一、品牌确立

旅游演艺品牌的确立需要充分考虑市场需求和消费者的精神需求，同时结合产品的实质形态、形式形态和延伸形态等特点，以确保品牌定位准确、市场定位合理。此外，了解目标消费者的需求、喜好、消费习惯、旅游偏好等，以及竞争对手的情况，包括他们的产品特点、价格、市场份额、营销策略等，也是品牌决策的重要依据。同时，旅游演艺运营企业的整体能力也是品牌决策的重要考虑因素，包括文化资源开发能力、技术资源开发能力、人力资源开发能力和运营能力等方面。最终，需要综合考虑投入与产出的平衡状态，以确保品牌的投资回报和商业效益。

河北长城旅游演艺品牌应建立在长城文化及区域地理资源基础上，其表现主题应是"万里长城"这一核心思想。根据上章分析，可以将山海关长城旅游演艺打造为"万里长城·山海赋"，将大境门长城旅游演艺打造为"万里长城·镜门赋"，将金山岭长城旅游演艺打造为"万里长城·雄关赋"。

### （一）万里长城·山海赋

以秦皇岛市山海关长城为开发重点，结合"万里长城"文化标识，挖掘"山""海"内涵，呈现巍峨的角山、磅礴的渤海之魂。利用交互式旅游演艺，利用红色长城、闯关东文化、天下第一关、长城奇观等元素，建构大、中、小以及特色型旅游演艺产品。大、中型旅游演艺可以从宏观上挖掘长城精神，包括长城所代表的民族精神，小型、特色型旅游演艺要从微观入手，以点带面，呈现长城"烟火气"。

《万里长城·山海赋》推广词：欢迎来到秦皇岛市山海关长城！这里有着悠久的历史文化和神秘的传说故事，有着自然风光和人文景观。现在，我们为您推出全新的旅游演艺项目——《万里长城·山海赋》，通过舞蹈、音乐、戏剧和现代科技元素，让您深入了解山海关的魅力，感受历史沉淀和现代化建设的结合，欣赏自然风光和山海奇观的壮美。快来加入我们，一起领略山海关的神秘与魅力！

### （二）万里长城·镜门赋

以张家口市大境门长城为开发重点，结合"万里长城"文化标识，挖掘"商贸""互市""民族交融"内涵，展现长城在商贸交流和民族交融中的重要地位。

通过研究历史文献、民间传说和考古发掘等方式，深入挖掘大境门段长城的历史文化内涵，重点突出商贸、互市和民族交融等方面的特点，形成独特的文化品牌。可以建立以商贸文化为主题的旅游演艺，如"丝路贸易""商人故事"等，通过音乐、舞蹈、话剧等多种形式，展现长城作为商贸和互市的重要场所，让游客感受到长城在历史上的重要地位。

《万里长城·镜门赋》推广词：《万里长城·镜门赋》旅游演艺项目，让你身临其境，感受大境门长城的历史文化和自然风光。演出融合了武术、戏曲、舞蹈等多种表演形式，让你在欣赏表演的同时，感受到长城的独特魅力和历史文化价值。快来加入我们，一起探索大境门长城的美丽风光和历史文化！

### （三）万里长城·雄关赋

以承德市金山岭长城为开发重点，结合"万里长城"文化标识，挖掘"自然""和谐""两山理论"内涵，金山岭长城作为万里长城的精华地段之一，已经成为传播长城文化、讲好中国故事的重要窗口。杏花节、国际摄影节、国际马拉松比赛以及国际艺术节是金山岭景区的四个"王牌"，金山岭长城旅游演艺可以结合"自然"和"和谐"的文化内涵，打造以环保、生态为主题的旅游演艺。例如"生态保护""绿色长城"等，通过旅游演艺的表现形式，展现长城所处的自然环境和长城文化与生态保护的关系，让游客感受到长城在自然保护中的重要地位。同时，可以推出"金山岭长城与两山理论融合"的旅游演艺，通过文化表演、讲解和互动，让游客了解到金山岭长城所处的自然环境和和谐共处的理念，感受到长城文化与自然保护的紧密联系。《万里长城·雄关赋》推广词：

《万里长城·雄关赋》，带您领略长城的壮丽和文化的深厚！

《万里长城·雄关赋》，让您在演出中感受人与自然和谐共生的美好！

《万里长城·雄关赋》，让您在长城上留下难忘的回忆和感动！

《万里长城·雄关赋》，让您在承德市金山岭长城上度过一个充满历史、文化和自然风光的美好假期！

综上所述，品牌是以消费者为中心的一种企业无形资产，它具有排他性，是企业竞争的一种重要工具。以山海关、大境门、金山岭长城为开发重点，结合"万里长城文化"标识，挖掘文化内涵，打造旅游演艺项目，可以有效提升河北省长城旅游业发展水平。同时，通过以上旅游演艺产品开发，可以让游客更加深入地了解长城文化，感受长城与自然环境的和谐共处，从而提升旅游体验和吸引力，也可以促进当地经济发展，推动旅游业的繁荣。

## 二、品牌定位

在品牌定位前，要对品牌竞争者进行分析。换言之，可以利用某种分析方法来辨别竞争对手，并对他们的目标、资源、市场实力以及当前战略要素进行评估。其目的是准确判断竞争者的品牌定位和发展方向。一般分流程为"识别并确定自己的竞争者—识别并判断竞争者的目标—确认并分析竞争者的战略—评估竞争者的优势和劣势—预测市场竞争者的反应—选择进攻或者回避的竞争者"。

基于市场调研的结果，根据旅游演艺项目的主题和特点，可以确定六种旅游演艺品牌的定位方法，包括目标消费者定位、产品特点定位、产品价格定位、竞争对手定位、产品文化定位、差异化竞争定位等。

### （一）目标消费者定位

目标消费者品牌定位是企业制定品牌策略的重要一环。为了更好地满足目标市场和目标消费群的需求，并建立品牌认知度，企业必须深入了解消费者的消费习惯、偏好和需求。企业的目标消费群不仅要多，还要便于区分，这样才能有效地传达品牌特点和优势，突出品牌，从而吸引目标消费者进行关注和购买。同时，企业还需要结合自身的产品和服务特点，制定相应的营销策略，包括产品定价、渠道推广和客户服务等方面，以满足目标消费者的需求和提高品牌的竞争力。

为了突出品牌的核心价值和特点，企业必须准确把握自身的目标市场和目标消费群，这种定位要求企业的目标消费群规模庞大且易于区分，只有这样，才能有效凸显品牌的独特性。例如《又见平遥》品牌定位，平遥品牌定位是指旅游者对平遥的印象和认知，以及平遥旅游局对目标市场的定位和营销策略。平遥作为中国历史文化名城和世界文化遗产，其品牌以文化旅游和生态旅游为主要特色。平遥旅游局的目标市场主要是国内外文化和历史爱好者、生态旅游爱好者和高端奢华旅游消费者。为了实现品牌定位，平遥旅游局采取了一系列的营销策略，如推出文化旅游线路、打造生态旅游区域、举办文化活动、建设高端酒店等。

### （二）产品特点定位

针对产品性能和特点，品牌定位还体现了产品的独特之处。旅游演艺产品通常具有独特的演出形式、主题和故事情节等特点，企业需要通过多种宣传途径，强调产品的独特性和优势，吸引目标消费者关注和购买。同时，企业还需要结合目标市场和目标消费群的需求和特点，制定相应的营销策略，包括票价定价、渠道推广和客户服务等方面，以满足目标消费者的需求和提高品牌的竞争力。建立品牌认知度和优势，从而在市场竞争中获得更大的份额和利润。

### （三）产品价格定位

产品价格定位则需要综合考虑市场需求、成本费用以及竞争情况等多种因素。企业在制定价格策略时，必须全面评估这些因素，以确保价格的合理性，既能满足市场需求，又能保证企业的盈利和竞争力。

首先，企业需要考虑市场需求，了解目标市场和目标消费群对旅游演艺产品的需求和价格敏感度，以制定适当的价格策略。其次，企业需要考虑成本费用，包括演出制作、场地租赁、人员工资等成本，以及销售、宣传等费用，以确保价格策略的合理性和经济效益。最后，企业还需要考虑竞争情况，了解同行业竞争对手的价格策略和市场份额等情况，从而制定具有竞争力的价格策略。

总之，旅游演艺产品价格定位需要全面考虑市场需求、成本费用和竞争情况等因素，制定合理的价格策略，以满足市场需求，保证盈利和竞争力。

### （四）竞争对手定位

竞争对手定位是一种将企业品牌和竞争对手的品牌进行比较和对比，以突出企业的优势和特点的品牌定位方法。在这种品牌定位策略中，企业可以借用竞争对手的品牌，与其进行间接联系，以强调自己品牌的独特性和优势。

举个例子，某旅游演艺企业可能与其他同行业的公司竞争，这些竞争对手品牌都有自己独特的特点和优势。企业可以通过对比分析，找出自己品牌的独特性和优势，并借用竞争对手的品牌，强调自己品牌的特点和优势，从而突出品牌。

但是，企业在借用竞争对手的品牌时，不能侵犯竞争对手的知识产权或形象权等权益，同时也需要避免借用过多而失去自己品牌的独特性。因此，在进行旅游演艺竞争对手定位时，企业需要根据自身情况和市场需求，谨慎地选择借用竞争对手的品牌，以建立自己品牌的认知度和竞争优势。

### （五）产品文化定位

产品文化定位是一种市场营销策略，旨在将旅游演艺产品或服务与某一特定的文化相联系，以吸引目标顾客并提高产品或服务的价值。通过将产品或服务与文化相联系，可以传达特定文化的价值观、历史和传统，从而让目标顾客更好地了解和欣赏该文化，使其中蕴含的文化感染目标顾客，使顾客产生情感共鸣。这种文化定位可以为旅游演艺产品或服务带来更深层次的意义和体验，提高消费者的满意度和忠诚度，进而增加市场竞争力。

### （六）差异化竞争定位

差异化竞争品牌定位和旅游演艺产品文化定位都是旅游演艺市场营销中的重要策略。旅游演艺差异化竞争品牌定位是指通过独特的差异化策略，将旅游演艺产品或服务与竞争对手区分开来，从而建立独特的品牌形象和市场地位。常用的差异化策略包括主题差异化、艺术表现差异化、地域文化差异化、服务质量差异化和价格差异化等。

旅游演艺差异化竞争品牌定位和旅游演艺产品文化定位可以相互结合，通过差异化的品牌定位来突出产品或服务所蕴含的文化底蕴，从而提高品牌的知名度和美誉度。同时，文化定位也可以为品牌差异化提供更具有吸引力和独特性的元素，进一步提高品牌的市场竞争力。（详见表 5-1）

表 5-1　部分旅游演艺品牌定位

| 序号 | 旅游演艺名称 | 品牌定位 |
| --- | --- | --- |
| 1 | 印象·刘三姐 | 大型山水实景演出 |
| 2 | 长恨歌 | 中国首部大型历史实景舞剧 |
| 3 | 浪淘沙·北戴河 | 大型海上实景演出 |
| 4 | 又见平遥 | 情景式行进演出 |
| 5 | 闽南传奇 | 一部会跑的实景演出 |
| 6 | 知音号 | 漂移式剧场、移动式沉浸 |
| 7 | 大宋·东京梦华 | 中国首部大型皇家园林水上演出 |
| 8 | 宋城千古情 | 给我一天，还你千年 |

## 三、品牌策略

旅游演艺品牌策略是制定和实施旅游演艺品牌的计划和行动，以提高品牌知名度、美誉度和销售额。旅游演艺品牌策略包括品牌定位、品牌形象、营销策略、服务质量和合作伙伴等方面，旨在建立一个独特、有吸引力、高品质的品牌形象，吸引更多的客户，提高品牌忠诚度和市场份额。旅游演艺品牌策略需要根据市场需求、竞争环境、客户需求等因素进行合理的规划和实施，以实现品牌的长期稳定发展。

### （一）定位策略

确定旅游演艺的定位，包括目标市场、目标客户、核心竞争、演艺类型、演出场地等方面。明确的定位可以更好地满足客户需求并提升品牌知名度。同时，制定品牌的市场营销策略，包括品牌推广、宣传和营销活动等，也以提高品牌知名度和美誉度。

### （二）形象策略

为了吸引消费者的关注和认可，需要建立旅游演艺的品牌形象。在品牌形象的构建过程中，应注重品牌文化、品牌故事以及品牌形象等方面的塑造。这些方面包括品牌名称、标志、口号、形象、色彩等元素，以及与品牌形象相一致的营销活动和广告策略。

### （三）营销策略

制定有效的营销策略，包括线上线下的宣传推广、促销活动等方面。通过有效的营销策略，可以吸引更多的客户，提高品牌知名度和销售额。例如在旅游景点、酒店、机场等地方展示品牌标识，举办品牌宣传活动等。

### （四）产品策略

设计和开发旅游演艺的产品，包括演出内容、场地、表演者、服装、音乐、灯光等方面，以满足目标客户的需求和期望。

### （五）渠道策略

选择和管理旅游演艺的销售渠道，包括直销、代理商、电子商务等，以确保产品的广泛传播和销售。

### （六）服务策略

提供高品质的服务，包括演出质量、场地设施、客户服务等方面。通过提供高品质的服务，可以增强客户满意度，提高品牌忠诚度。

### （七）管理策略

建立品牌管理体系，包括品牌保护、品牌维护和品牌升级等，以促进确保品牌的长期发展和成功。

## （八）合作策略

与相关的旅游企业、演艺团队、文化机构、媒体等建立合作伙伴关系，共同推广品牌。通过与合作伙伴的合作，可以扩大品牌影响力，提高品牌知名度和销售额。

此外，河北万里长城旅游演艺品牌策略规划需要考虑以下因素。

定位：确定品牌的定位，强调长城的历史和文化、自然风光和生态保护等。

主题：根据定位，确定旅游演艺项目的主题。例如，以长城为主题，展现长城的壮丽和历史。

内容：根据主题，设计旅游演艺项目的内容。例如，通过音乐、舞蹈、戏剧等形式，展现长城的历史和文化。

场景：选择合适的场景。例如，在长城上、长城下、长城周围等地进行演出，营造出不同的氛围和场景。

演员和团队：选择专业的演员和团队，包括编剧、导演、音乐人、舞蹈家、演员等，确保演出质量和效果。

营销策略：制定营销策略，选择合适的推广渠道，如广告、宣传、公关活动等，提高品牌知名度和美誉度。

创新：不断创新，推出新的旅游演艺项目，满足不同人群的需求和品味，提高品牌影响力和竞争力。

合作：与当地旅游企业、景区、酒店等合作，提供全方位的旅游服务，增强品牌的竞争力和市场份额。

以上是河北万里长城旅游演艺品牌规划的主要因素，需要根据实际情况进行具体实施和调整。

综上所述，旅游演艺的品牌策略应该以客户为中心，注重产品质量和服务质量，同时与相关企业和机构建立合作关系，提高品牌知名度和市场占有率。

## 四、核心竞争力

确定旅游演艺品牌的核心竞争力，如独特的演出形式、高品质的服务、创新的营销策略等。这都有助于品牌在市场上获得竞争优势，吸引更多消费者。河北万里长城系列旅游演艺的核心竞争力可以从以下几个方面来分析。

### （一）独特的主题

河北万里长城系列旅游演艺的主题都与长城文化相关，可以开发《万里长城·山海赋》《万里长城·镜门赋》《万里长城·雄关赋》等旅游演艺项目，这些主题独特而鲜明，能够吸引游客的兴趣和好奇心。

### （二）丰富的内容

河北万里长城系列旅游演艺的内容非常丰富，包括舞蹈、音乐、杂技、戏剧、曲艺、体育等多种艺术形式，能够满足不同游客的需求和兴趣。

### （三）高水准的演出

河北万里长城系列旅游演艺的演出水准非常高，表演者技艺精湛、舞美效果出色、音乐灯光配合默契，能够给游客留下深刻的印象。

### （四）独特的场景

河北万里长城系列旅游演艺的演出场景都在长城附近或长城内部，这些独特的场景能够增强游客的体验感和参与感。

### （五）全方位的服务

河北万里长城系列旅游演艺的服务非常周到，包括接送服务、导游服务、餐饮服务等，能够让游客感受到贴心的关怀和照顾，为游客提供便利和舒适的旅游体验。

综上所述，河北万里长城系列旅游演艺的核心竞争力在于独特的主题、丰富的内容、高水准的演出、独特的场景和全方位的服务，这些优势能够吸引游客、提高游客的满意度和忠诚度，增强品牌竞争力。

## 五、建立"万里长城"演艺 IP 品牌矩阵

建立"万里长城"演艺 IP 品牌矩阵的意义非常重大，能够提高品牌的认知度和影响力，丰富产品线和拓展市场，提高品牌的忠诚度和稳定性，实现品牌的价值最大化。第一，增强品牌的认知度和影响力。通过建立 IP 品牌矩阵，可以将"万里长城"演艺的品牌形象和价值观念传递给更多的人群，提高品牌的认知度和影响力。第二，丰富产品线和拓展市场。通过 IP 品牌矩阵，可以将"万里长城"演艺的品牌延伸到更多的产品线上，如周边产品、衍生品等，从而满足不同消费者的需求，拓展市场。第三，提高品牌的忠诚度和

稳定性。通过IP品牌矩阵，可以让消费者更好地理解和认同"万里长城"演艺的品牌文化，从而提高品牌的忠诚度和稳定性。第四，实现品牌的价值最大化。通过IP品牌矩阵，可以将"万里长城"演艺的品牌价值最大化，提高品牌的商业价值和社会价值。建立"万里长城"演艺IP品牌矩阵可以从以下几个方面来考虑。

### （一）品牌定位

根据"万里长城"旅游演艺项目的特点和目标受众，确定品牌的定位。例如，可以定位为高端文化旅游品牌，或者定位为亲民休闲旅游品牌。

### （二）品牌形象

为确保品牌形象具有独特性和吸引力，需要确定包括品牌名称、标志、口号等在内的品牌形象，以及品牌的视觉形象和语言形象。

### （三）品牌传播

制定品牌传播策略，包括广告、宣传、公关活动等，选择合适的传播渠道和方式，提高品牌知名度和美誉度。

### （四）品牌拓展

根据品牌定位和目标受众，开发不同的品牌产品和服务。例如，可以推出长城文化衍生品、长城文化主题酒店等，拓展品牌的影响力和市场份额。

### （五）品牌保护

为了确保品牌的独特性和价值，需要加强品牌保护，包括注册商标、维护知识产权以及防范品牌侵权等措施。

### （六）品牌评估

为了品牌的发展，需要定期进行品牌评估，对品牌的知名度、美誉度以及价值等方面进行评估。这样可以为品牌的进一步发展提供宝贵的参考和指导。

通过以上步骤，可以建立"万里长城"演艺IP品牌矩阵，包括品牌定位、品牌形象、品牌传播、品牌拓展、品牌保护和品牌评估等方面，为品牌的发展和推广提供基础和支持。

## 第二节 品牌营销

品牌营销是指企业通过各种市场营销手段，以品牌为核心，向目标受众传递品牌价值和品牌形象，从而提高品牌知名度、美誉度和市场份额的过程。品牌营销的目的是让消费者对品牌产生好感和认同，从而选择购买该品牌的产品或服务。品牌营销需要综合运用各种营销手段，如广告，促销，公关，线上线下活动等，来传递品牌信息和品牌文化，吸引目标受众的注意力和兴趣，提高品牌的美誉度和忠诚度。

旅游演艺品牌营销是指以旅游演艺项目为核心，通过品牌建设和营销手段，提升演艺项目的知名度、美誉度和市场竞争力，吸引更多的游客参与演艺体验，达到提升旅游业收益和地方经济发展的目的。

### 一、营销渠道

旅游演艺品牌营销的关键在于建立演艺项目的品牌形象和品牌价值观，以区分其他同类演艺项目，吸引目标客户群体。常见的品牌营销手段包括线上、线下营销，异业联盟等。在演艺项目的设计和表演中，也需要注重内容的创新和质量的提升，以保持消费者的兴趣和信任。

同时，旅游演艺品牌营销也需要注重目标客户的需求和体验，提供优质的服务和便捷的订票流程，以满足客户的期待和需求。通过不断提升演艺项目的品牌形象和服务水平，旅游演艺品牌营销能够为地方旅游业的发展带来更多的机遇和价值。

#### （一）线上营销渠道

线上营销渠道是通过互联网等媒介平台进行推广，包括社交媒体、搜索引擎优化、电子邮件营销、内容营销、短信、微信公众号、小程序等。可以通过这些平台发布项目信息、预订门票、提供旅游服务等，扩大项目的曝光度和市场份额，以下是旅游演艺产品可以运用线上营销的几个具体例子。

1. 社交媒体

通过在微博、微信、抖音等社交媒体平台上发布演艺项目的宣传视频、图

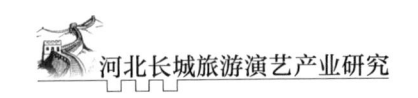

片、文字等内容，吸引目标客户群体关注和参与。可以在社交媒体上开展互动活动，如抽奖、打卡等，增加用户黏性和参与度。

2. **搜索引擎优化**

通过优化演艺项目的关键词、网站结构、内容等，提高演艺项目在搜索引擎结果页面的排名，增加曝光率和点击率

3. **电子邮件营销**

通过发送电子邮件给潜在客户，介绍演艺项目的特色、优惠等信息，吸引客户关注和参与。可以结合客户的历史购买记录、兴趣爱好等信息，进行个性化营销，增加转化率。

4. **内容营销**

通过在博客、论坛、视频网站等平台上发布与旅游演艺相关的内容，如旅游攻略、演艺介绍、用户评价等，提高品牌知名度和用户黏性。可以结合内容营销和社交媒体营销，进行传播和互动。

综上，旅游演艺产品可以通过线上营销手段，提高品牌知名度、曝光率和转化率，吸引目标客户群体关注和参与。

### （二）线下营销渠道

线下营销渠道可以通过实体店面、展览会、路演、宣传单、户外广告、宣传活动等方式进行推广。通过这些方式向目标受众展示项目特色和魅力，提高项目的认知度和吸引力。以下是旅游演艺产品可以运用线下营销的几个具体例子。

1. **实体店面**

可以在旅游景区、商业街区等人流密集的地方开设实体店面，进行演艺产品的展示和销售。可以在店面内设置演艺项目的宣传海报、展示视频等，吸引目标客户群体关注和了解。

2. **展览会**

可以参加旅游、文化、娱乐等相关行业的展览会，展示演艺项目的特色和亮点，吸引目标客户群体关注和了解。可以在展览现场设置互动体验区，让客户深入了解演艺项目的特色和魅力。

### 3. 路演

可以在商业街区、旅游景区等人流密集的地方进行路演，展示演艺项目的特色和亮点，吸引目标客户群体关注和了解。可以结合互动环节、抽奖等方式，增加用户参与度。

### 4. 宣传单

可以制作演艺项目的宣传单、手册等宣传材料，发放给目标客户群体，介绍演艺项目的特色和亮点，吸引客户关注和参与。可以结合优惠活动、折扣等方式，增加用户转化率。

### 5. 户外广告

可以在商业街区、旅游景区、地铁站等人流密集的地方设置户外广告牌、推广展示牌、海报、电子屏幕等宣传材料，吸引目标客户群体关注和了解，可以结合优惠活动、折扣等方式，增加用户转化率。也可以结合演艺项目的特色和亮点，设计创意性的广告内容，增加曝光率和转化率。

### 6. 宣传活动

可以组织各种形式的活动，如演出、签售、见面会等，与目标客户群体互动，增加品牌知名度和用户黏性。可以结合节日、纪念日等特殊时期，开展主题活动，增加用户参与度。

综上，旅游演艺产品可以通过实体店面、展览会、路演、宣传单、户外广告等方式进行推广。旅游演艺产品可以通过线下营销手段，增加品牌知名度、用户黏性和转化率，吸引目标客户群体关注和参与。

### （三）异业联盟

异业联盟是一种基于互惠互利的合作方式，可以通过与其他旅游企业、景区、酒店等合作，实现资源共享、协同发展、优势互补等目的。通过异业联盟，可以共同推广产品或服务，降低营销成本，提高市场竞争力。具体的合作方式可以包括共同开发市场、联合营销、共享客源、互换资源等。异业联盟可以为企业带来更广阔的市场空间和更多的商业机会，是一种值得考虑的合作方式。

旅游演艺作为一种旅游产品，可以通过异业联盟形式与其他旅游企业、景区、酒店等进行合作，共同推广产品或服务，提高市场竞争力和销售额。以下是几种旅游演艺运用异业联盟的形式。

1. 联合促销

旅游演艺可以与周边酒店、景区等进行联合促销，为客户提供优惠套餐，吸引客户前来体验。

2. 互换资源

旅游演艺可以与其他旅游企业、景区、酒店等互相交换资源，如互换客源、舞台设备等。

3. 共同开发市场

旅游演艺可以与旅行社、景区等共同开发旅游线路，将旅游演艺作为旅游产品的一部分，提高市场竞争力。

4. 联合投资

旅游演艺可以与其他旅游企业、景区、酒店等合作投资某个项目，共同分享收益。

5. 联合品牌

旅游演艺可以与周边餐饮、购物等商家联合打造一个品牌，如美食街、文化街等联合品牌。

通过异业联盟形式，旅游演艺可以实现资源共享、协同发展，提高市场竞争力和销售额，是一种值得尝试的合作方式。

综合线上营销、线下营销、异业联盟营销三个方面的营销渠道，可以实现河北长城旅游演艺项目的全方位、多角度、多层次的品牌推广，提高项目的知名度、美誉度和市场份额。

河北长城旅游演艺项目的营销渠道也可以从以下几个方面来考虑：

第一，旅游平台。与旅游平台合作，包括在线旅游平台、OTA 平台（在线旅行社）、旅游社交平台等，通过这些平台发布项目信息、预订门票、提供旅游服务等，扩大项目的曝光度和市场份额。

第二，旅游媒体。与旅游媒体合作，包括旅游杂志、旅游节目、旅游网站等，通过这些媒体进行项目宣传、报道、推广等，提高项目的知名度和美誉度。

第三，地方政府。与地方政府合作，包括旅游局、文化局、外事办等，通过政府渠道推广项目，获得政府支持和资源，提高项目的影响力和地位。

第四，社交媒体。通过社交媒体，包括微信、微博、抖音等，发布项目信息、推广活动、互动交流等，吸引更多的目标受众关注和参与。

第五，线下推广。通过线下推广活动，包括路演、展览、演出等，向目标受众展示项目特色和魅力，提高项目的认知度和吸引力。

第六，合作伙伴。与合作伙伴合作，包括旅游企业、景区、酒店等，通过合作推广、联合营销等方式，共同开发市场，提高项目的销售额和市场份额。

综上所述，品牌营销的重要性不可忽视。一个成功的品牌营销策略能够帮助企业建立品牌形象和品牌忠诚度，提高市场占有率和销售额。品牌营销还能够帮助企业打造品牌口碑和品牌信誉，增强品牌的竞争力和市场地位。在品牌营销过程中，企业需要注重品牌文化和品牌价值的传递，让消费者对品牌产生认同感和情感共鸣。为适应市场变化和满足消费者需求的变化，企业需要持续创新和改进品牌营销策略，以提升品牌的可持续发展能力。

## 二、营销方案

营销方案主要由两方面构成。一是团队定制推广，指的是向企事业单位、社团组织等推广团队定制服务，提供个性化的演艺服务，拓展新的客源。二是建立客户数据库，指的是建立客户数据库，维护老客户和开发新客户，为后续的营销和客户关系维护提供基础数据。

### （一）目标市场

定位目标客户市场。通过市场调研和分析，确定目标客户群体，如家庭游客、团队游客等，以及他们的消费习惯和需求，为后续的营销工作提供基础数据。

国内游客市场：主要以家庭自驾游、文化游、休闲度假游为主。

国际游客市场：主要以亚洲、欧洲、北美洲等地区的文化、历史、艺术爱好者为主。

通过市场分析，根据目标客户群体的需求和市场竞争状况，制定适合市场的产品策略，如推出特色演出、打造主题旅游线路等。

### （二）营销策略

通过多种渠道推广，如电视、广播、报刊、网络等，向目标客户群体传递产品信息，提高产品曝光率和销售量。利用宣传和推广，打造河北长城旅游演艺项目的品牌形象，提高品牌知名度和美誉度，包括口碑营销、服务营销、知识营销、体验营销、跨界营销、新媒体营销、借势营销、品牌宣传、旅游包装、活动营销、合作营销等。

1. 口碑营销

通过提供优质的旅游演艺服务和完善的旅游体验，让游客感受到项目的价值和魅力，从而产生口碑效应，吸引更多游客前来参观。

2. 服务营销

通过提供贴心、周到的服务，包括接待、导览、餐饮、住宿等，让游客感受到项目的人性化服务，提高游客满意度和忠诚度。

3. 知识营销

通过向游客提供丰富、有趣的历史文化知识，让游客了解万里长城的历史和文化背景，增强游客对项目的认知和信任。

4. 体验营销

通过创新的旅游演艺形式和互动体验，让游客参与其中，感受项目的独特魅力和价值，提高游客的满意度和忠诚度。

5. 跨界营销

与其他行业或品牌进行合作，共同推广产品或服务，扩大项目的曝光度和市场份额。

6. 新媒体营销

通过微信公众号、小程序等新媒体平台，发布项目信息、提供旅游服务、与游客互动等，提高项目的曝光度和知名度。

7. 借势营销

通过结合当地的文化活动、旅游节庆等，借助热点事件和话题，扩大项目的影响力和知名度。

8. 品牌宣传

通过各种媒体渠道，如电视、广播、报纸、网络等，对河北长城旅游演艺项目进行全方位的品牌宣传，提高品牌知名度和美誉度。

9. 旅游包装

将河北长城旅游演艺项目与周边景区、酒店、餐饮等进行旅游包装，推出各种优惠套餐和特色游产品，吸引更多游客前来参观。

10. 活动营销

通过线上、线下营销活动建立品牌影响力，其中线下活动可选择快闪活动、合作活动、体验活动，线上活动可选择内容营销、数字营销以及社交媒体活动。

11. 合作营销

与旅游机构、景区、酒店、航空公司等进行合作，共同推广河北长城旅游演艺项目，拓展市场份额。

## 三、营销手段

营销手段主要包括旅游宣传册、海报、宣传片，线上推广，活动推广，合作推广等。通过营销手段，提高长城旅游演艺品牌效应。

### （一）旅游宣传册、海报、宣传片

旅游宣传册、海报、宣传片等，这些传统的宣传手段可以通过图文、视频等方式展示旅游项目的特色、亮点等，吸引客户的注意力和兴趣。可以在景区、旅行社、酒店等地方发放或展示。制作具有吸引力和美感的宣传册、海报、宣传片，介绍河北长城旅游演艺项目的特色、历史、文化等，吸引游客的兴趣。

### （二）线上推广

社交媒体平台是现在年轻人获取信息的主要渠道，可以通过微信公众号、微博、抖音、快手等社交媒体平台进行线上宣传推广，发布有关河北长城旅游演艺项目的文章、图片、视频等内容，提高产品曝光率和客户转化率。可以通过发布优惠信息、用户评价、互动活动等方式吸引客户。

### （三）活动推广

在节假日等特定时间节点，如春节、端午节、中秋节等，推出各种特色活动，如文化展览、互动体验、文艺演出等，增加游客的参观体验和互动性。可以组织相关的活动，如主题演出、互动游戏、特色美食等，吸引客户前来参加，并在活动中宣传推广旅游项目，增加游客的参观体验和互动性。也可以通过门票优惠、礼品赠送等方式增加客户参与活动的欲望。

### （四）合作推广

可以与旅游机构、景区、酒店、航空公司等进行合作，进行合作联名，共同推广河北长城旅游演艺项目产品。开展联合促销、门票优惠、特色产品套餐、旅游线路套餐等活动，提高市场竞争力和销售额。

## 四、营销效果评估

营销效果评估包括游客数量、品牌知名度、营销费用效益、线上转化率、口碑效应、新客户占比、客户留存率、毛利率和ROI（投资回报率）等。这些评估指标可以从不同角度对营销效果进行评估，帮助企业了解营销策略的优劣和问题所在，从而及时调整和优化营销策略，提高市场占有率和经济效益。

### （一）游客数量

通过门票销售量、游客统计等方式，对营销效果进行评估。

### （二）品牌知名度

通过市场调查、问卷调查等方式，了解品牌知名度和美誉度的提升情况。

### （三）营销费用效益

通过对营销费用和效益的比较分析，评估营销策略的有效性和经济性。

### （四）线上转化率

通过分析线上推广活动的点击率、转化率、留存率等指标，评估线上推广的效果。

### （五）口碑效应

通过游客的评价、分享、转发等行为，了解游客的满意度和口碑效应，评估营销策略的影响力和可持续性。

### （六）新客户占比

通过分析门票销售数据，了解新客户占比的变化情况，评估营销策略对新客户的吸引力。

### （七）客户留存率

通过分析客户的复购率、再次参观的频率等指标，了解客户的忠诚度和留存率，评估营销策略的长期效益。

### （八）毛利率和 ROI

通过分析营销费用和销售收入的比例，计算毛利率和 ROI，评估营销策略的经济效益和可持续性。

以上指标不仅可以评估营销效果，还可以帮助企业优化营销策略，提高效率和效益。

综上所述，品牌营销是指企业在市场上通过各种手段和渠道，借助自身品牌的形象和声誉，提升消费者对产品或服务的认知度、好感度和忠诚度，从而达到增加销售和市场份额的目的。品牌营销的核心是建立品牌形象和品牌价值观，通过品牌传播和品牌体验来吸引和留住消费者。品牌营销的成功需要企业在产品质量、服务水平、社会责任等方面做好基础工作，以保持品牌的可信度和稳定性。

## 第三节 品牌管理

长城旅游演艺品牌管理需要从多个方面进行综合考虑和实施，包括队伍建设、终端建设、渠道管理、品牌维护、售后保障、质量管理和创新发展等方面。只有全面推进品牌管理，才能实现品牌的长期发展和价值最大化，提高企业的竞争力和市场占有率。

### 一、品牌管理模式

长城旅游演艺品牌管理的模式包括以下五种。

#### （一）直接经营模式

由长城旅游自己投资、建设、经营和管理演艺项目，包括演艺团队、剧本编排、场地布置等。这种模式可以更好地掌控演艺项目的品质和服务水平。

#### （二）合作经营模式

长城旅游与其他演艺公司或文化机构合作，共同投资、建设、经营和管理演艺项目，共同分享收益。这种模式可以减轻长城旅游的经济压力，同时也可以借助合作伙伴的资源和优势。

## （三）版权授权模式

长城旅游将自己拥有的演艺项目的版权授权给其他演艺公司或文化机构，由其进行经营和管理，并向长城旅游支付版权费用。这种模式可以为长城旅游带来一定的收益。

## （四）品牌授权模式

长城旅游将自己的演艺品牌授权给其他演艺公司或文化机构，由其进行经营和管理，并向长城旅游支付品牌授权费用。这种模式可以为长城旅游带来品牌价值和收益。

## （五）外包经营模式

长城旅游将演艺项目的经营和管理外包给其他演艺公司或文化机构，由其承担全部责任和风险，长城旅游只负责提供演艺项目和品牌支持。这种模式可以减轻长城旅游的经营压力和风险。

## 二、品牌管理内容

### （一）队伍建设

长城旅游演艺品牌管理可以有效进行队伍建设，吸引和留住优秀人才，提高企业的核心竞争力和市场影响力。长城旅游演艺品牌管理可以通过以下方式进行队伍建设。

1. 制定人才培养计划

长城旅游演艺品牌管理可以针对不同职位和岗位制定相应的人才培养计划，包括培训课程、培训方式、培训周期等。

2. 建立人才选拔机制

长城旅游演艺品牌管理可以通过招聘、内部选拔等方式选拔优秀人才，同时建立人才晋升机制，让员工有更大的发展空间。

3. 提供职业发展规划

长城旅游演艺品牌管理可以为员工提供职业发展规划，包括晋升路径、薪资待遇、职业技能等，让员工有明确的目标和方向。

4. 建立绩效考核机制

长城旅游演艺品牌管理可以建立科学的绩效考核机制，通过考核结果激励员工积极性和创造力。

**5. 加强员工福利待遇**

长城旅游演艺品牌管理可以加强员工福利待遇，包括薪资、保险、健康等方面，提高员工的生活质量和工作满意度。

**6. 增强员工团队建设**

长城旅游演艺品牌管理可以增强团队建设，增强员工的归属感和凝聚力，形成良好的企业文化和品牌形象。

队伍建设对于企业的长远发展非常重要。除了制定人才培养计划、建立人才选拔机制、提供职业发展规划、建立绩效考核机制、加强员工福利待遇和增加强员工团队建设，长城旅游演艺品牌管理还可以通过以下方式进行人才建设。

第一，加强企业文化建设。长城旅游演艺品牌管理可以创建一种积极向上、团结协作、勇于创新的文化氛围，以激发员工的归属感和荣誉感，从而提升员工的工作热情和创造力。

第二，建立员工交流平台。长城旅游演艺品牌管理可以建立员工交流平台，让员工之间进行知识和技能的交流，增强员工之间的合作和沟通能力。

第三，提供培训和学习机会。长城旅游演艺品牌管理可以提供各种培训和学习机会，包括内部培训、外部培训、在线学习等，让员工不断学习和进步。

第四，充分发挥员工潜能。长城旅游演艺品牌管理可以根据员工的兴趣爱好、发展潜力，制定长城旅游演艺品牌人员管理方案，以安排与其相匹配的工作和项目，从而激发员工的潜能和创造力。

第五，建立员工奖励机制。长城旅游演艺品牌管理可以建立员工奖励机制，通过表彰和奖励优秀员工的业绩，激发员工的工作积极性和主动性。

通过以上措施，可以构建一个出色的人才队伍，为长城旅游演艺品牌管理提供有力的支持，从而推动企业的发展。

长城旅游演艺品牌管理是一个企业品牌管理的模式，它包括人才建设、终端建设、渠道管理、品牌维护和创新发展等方面。人才建设对于企业的长远发展非常重要，长城旅游演艺品牌管理可以通过加强企业文化建设、建立员工交流平台、提供培训和学习机会、充分发挥员工潜能和建立员工奖励机制等方式进行人才建设。通过这些措施，长城旅游演艺品牌管理可以打造一个优秀的人才队伍，为企业的发展提供强有力的支持。

### （二）终端建设

长城旅游演艺的终端建设指的是在旅游景点或演艺场馆等终端场所建设和完善相关设施和服务，以提高游客体验和演艺表现效果。具体包括但不限于以下方面。

1. 建设和改造演艺场馆

提升场馆的舞台设备、音响灯光、座椅舒适度等方面的设施和服务。

2. 建设配套设施

在景区内建设或改造酒店、餐饮、购物等配套设施，提供全方位的服务体验。

构建全面的信息化系统，提供在线购票、导览、预订等服务，提高游客便利度和满意度。

3. 加强安全保障

建设监控系统、安全设施等，保障游客和演艺人员的安全。

4. 建立完善的客户服务体系

建立完善的客户服务体系，提供贴心的服务，满足游客的需求和期望。

5. 增强环保意识

在建设和运营过程中，注重环保，采用可持续发展的方式，保护景区生态环境。

6. 加强人才培养

加强人才培养，提高员工素质和服务水平，为游客提供更好的服务体验。

7. 开展文化交流活动

开展文化交流活动，增强长城旅游演艺的文化内涵，吸引更多国内外游客前来参观和体验。

终端建设是长城旅游演艺提升品牌形象、提高市场竞争力的重要手段，也是实现可持续发展的关键环节。长城旅游演艺的终端建设需要全方位的考虑，注重细节，提高服务质量，不断创新，才能实现可持续发展。

### （三）渠道管理

渠道管理是长城旅游演艺提高市场竞争力的重要手段，主要包括价格管理、产品推广、服务质量控制、渠道合作、数据分析、建立合理的销售渠道结构、加强渠道管理人员的培训和管理、与客户保持沟通和互动、注重线上渠道的发展等方面。长城旅游演艺需要全方位考虑渠道管理，注重细节，不断创新，与时俱进，才能实现市场竞争力的提升和可持续发展。具体包括以下方面。

1. 价格管理

对销售渠道的价格进行管理，确保价格合理，同时也要考虑到不同渠道的定价策略，以保证利润最大化。

2. 产品推广

为了提高品牌知名度和产品曝光率，可以采取多种渠道来推广产品，其中包括广告宣传、促销活动以及公关活动等，吸引更多潜在客户，从而扩大市场份额。

3. 服务质量控制

对销售渠道的服务质量进行控制，确保服务质量的稳定性和可靠性，提高客户满意度和忠诚度。

4. 渠道合作

与旅行社、OTA 平台等合作，共同推广产品，扩大销售渠道，实现互利共赢。

5. 数据分析

对销售渠道的数据进行分析，注重数据分析和市场研究，了解客户需求和市场趋势，为产品和渠道策略的调整提供参考，以满足市场需求，提高市场竞争力。

6. 建立合理的销售渠道结构

根据产品特点和市场需求，建立合理的销售渠道结构，避免渠道重叠和资源浪费。

7. 加强渠道管理人员的培训和管理

加强对渠道管理人员的培训和管理，提高其专业水平和工作效率，确保渠道管理的高效运作。

8. 与客户保持沟通和互动

与客户保持沟通和互动，了解客户需求和反馈，及时调整产品和渠道策略，提高客户满意度和忠诚度。

9. 注重线上渠道的发展

随着互联网的普及，注重线上渠道的发展，建立完善的在线销售平台和客户服务系统，提高便利性和效率性。

长城旅游演艺的渠道管理需要全方位的考虑，注重细节，不断创新，与时俱进，才能实现市场竞争力的提升和可持续发展。此外，长城旅游演艺还可以积极与销售渠道进行沟通和协作，以便更好地了解其需求和反馈，及时解决和改善服务质量，进一步加强合作关系，从而有效提高销售效率。最后，长城旅游演艺还需要不断创新和优化产品和服务，提高客户体验，提高口碑和品牌价值。

### （四）品牌维护

品牌维护是企业长期发展的重要保障，对于长城旅游演艺来说更是至关重要。品牌维护需要从多个方面进行，包括品牌形象宣传、品牌标识管理、品牌文化建设、品牌定位、品牌形象塑造、品牌传播、品牌保护、品牌管理和品牌升级等。长城旅游演艺需要注重品牌维护，不断提高品牌知名度和美誉度，打造独特的品牌形象和文化，实现品牌的长期发展和价值最大化。

1. 品牌形象宣传

加强品牌形象的宣传，通过多种渠道进行品牌推广，提高品牌知名度和美誉度。

2. 品牌标识管理

对品牌标识进行管理，确保品牌标识的一致性和准确性，保护品牌形象和口碑。建立品牌标识使用规范，制定品牌标识使用指南，确保品牌标识在各种媒介和场合下的正确使用。

3. 品牌文化建设

加强品牌文化建设，形成独特的品牌文化，增强品牌的吸引力和竞争力。建立品牌文化体系，包括品牌理念、品牌文化、品牌价值观、品牌使命等，通过文化传播提高品牌影响力和美誉度。

**4. 品牌定位**

明确品牌定位，确定品牌的核心理念、目标用户、品牌形象和特色产品等，使品牌具有独特的竞争优势和吸引力。建立品牌定位体系，包括品牌定位策略、品牌定位标准、品牌定位评估等，确保品牌定位的准确性和有效性。

**5. 品牌形象塑造**

通过品牌标识、广告宣传、产品设计、服务质量等方面的整合，打造品牌形象，提高品牌知名度和美誉度。建立品牌形象塑造体系，包括品牌形象设计、品牌形象传播、品牌形象评估等，不断提高品牌形象的吸引力和美誉度。

**6. 品牌传播**

通过多种渠道和媒介，如广告、公关、活动、社交媒体等，进行品牌传播，扩大品牌影响力和市场覆盖面。进行品牌传播，扩大品牌影响力和市场覆盖面。建立品牌传播体系，包括品牌传播策略、品牌传播渠道、品牌传播效果评估等，确保品牌传播的效果和效率。

**7. 品牌保护**

加强品牌知识产权保护，防止侵权和恶意竞争，维护品牌形象和声誉。建立品牌保护体系，包括品牌知识产权保护、品牌侵权维权、品牌声誉管理等，确保品牌权益的合法性和有效性。

**8. 品牌管理**

建立完善的品牌管理体系，包括品牌管理制度、品牌价值评估、品牌绩效考核等，实现品牌管理的规范化和科学化。建立品牌管理体系，包括品牌管理制度、品牌价值评估、品牌绩效考核等，确保品牌管理的有效性和持续性。

**9. 品牌升级**

根据市场需求和品牌发展的需要，及时进行品牌升级和创新，提高品牌的竞争力和市场适应性。建立品牌升级体系，包括品牌升级策略、品牌升级方案、品牌升级效果评估等，确保品牌升级的有效性和成功性。

长城旅游演艺需要全面考虑和实施品牌管理的各个方面，以实现品牌的长期发展和价值最大化。为了增强品牌的市场竞争力和盈利能力，需要同时注重创新和优化品牌策略，以及及时适应市场发展变化和满足客户多元需求。只有这样，才能让长城旅游演艺成为国内外旅游市场中的领军品牌，赢得更多客户的信任和支持。

总之，品牌维护是一个企业长期发展的重要保障，需要从宣传、标识、文化、定位、形象、传播、保护、管理和升级等方面全面考虑和实施。只有通过不断的努力和创新，才能让品牌在市场竞争中脱颖而出，实现长期发展和价值最大化。

**（五）售后保障**

售后服务、客户关系管理、客户服务培训、安全保障和环境保护等方面都是旅游企业提高服务质量和客户满意度的重要措施。只有提供优质的售后服务，建立完善的客户关系管理系统，对客户服务人员进行培训，加强安全保障和环境保护等方面的工作，才能满足客户需求和提高客户满意度，促进旅游业的可持续发展。长城旅游演艺应该重视这些方面的工作，不断改进和优化服务质量和管理体系，提高品牌价值和市场竞争力。

1. 售后服务

提供优质的售后服务，包括投诉处理、客户回访等，保证游客的满意度和忠诚度。定期进行客户满意度调查，了解客户需求和意见，及时改进服务，提高客户满意度。

2. 客户关系管理

建立客户关系管理系统，建立客户档案，实现客户信息化管理，提高客户服务质量和效率。

3. 客户服务培训

对客户服务人员进行培训，提高服务态度和技能水平，提高客户服务质量。

4. 安全保障

加强安全保障措施，确保游客的人身安全和财产安全，避免安全事故的发生。

5. 环境保护

注重环境保护，保护当地的自然环境和文化遗产，促进旅游业的可持续发展。

综上，售后服务包括投诉处理、客户回访等，旨在保证游客的满意度和忠诚度。客户满意度调查可以帮助了解客户需求和意见，及时改进服务，提高客户满意度。管理系统可以实现客户信息化管理，提高客户服务质量和效率。客户服务培训可以提高服务态度和技能水平，提高客户服务质量。安全保障措施可以确保游客的人身安全和财产安全，避免安全事故的发生。环境保护可以保护当地的自然环境和文化遗产，促进旅游业的可持续发展。这些措施都是为了提高旅游服务的质量和游客的满意度，从而促进旅游业的发展。

（六）质量管理

旅游演艺质量管理的目的是确保产品和服务的质量符合标准和客户需求，同时保障安全和环境。为实现这一目标，需要建立质量管理体系，实施全员参与的质量管理，对产品和服务进行质量监控，重视客户反馈，加强员工培训和安全管理等措施。只有全员参与、持续改进，才能提高旅游演艺的质量，满足客户需求，保障安全和环境。

1. 质量管理体系

建立质量管理体系，实施全员参与的质量管理，确保产品和服务质量符合标准和客户需求。

2. 质量监控

对产品和服务进行质量监控，及时发现和纠正问题，提高产品和服务质量。

3. 客户反馈

重视客户反馈，及时处理客户投诉和建议，不断改进产品和服务质量。

4. 员工培训

加强员工培训，增强员工的专业技能和服务意识，确保服务质量和客户满意度。

5. 安全管理

加强安全管理，保障旅游演艺活动的安全性，避免安全事故的发生。

总之，旅游演艺质量管理是为了提高产品和服务的质量，满足客户需求，保障安全和环境，需要全员参与、持续改进。

（七）创新发展

企业的重要发展方向之一是创新，其中涉及创新管理、产品创新、服务创新、技术创新、营销创新、人才创新以及文化创新等多个方面。企业应该不断地寻找新的机遇和挑战，不断地创新和发展，才能在市场竞争中立于不败之地。

1. 创新管理

建立创新管理机制，鼓励员工创新，推动企业创新发展。

2. 产品创新

根据市场需求和消费者反馈，不断创新演艺节目和旅游产品，提高产品差异化和竞争力。

3. 服务创新

建立完善的服务体系，提供优质的服务和体验，满足消费者的需求和期望，提高客户满意度和忠诚度。

4. 技术创新

引进新的技术和设备，提高生产效率和产品质量，降低成本，提高市场竞争力。

5. 营销创新

采用新的营销策略和渠道，拓展市场份额，提高品牌知名度和美誉度。

6. 人才创新

注重人才培养和引进，建立人才梯队，提高员工的专业素质和创新能力，为企业创新发展提供人才支持。

7. 文化创新

建立企业文化，强化企业价值观念和团队意识，营造创新氛围，推动企业文化创新发展。

总的来说，创新发展是企业发展的重要方向，需要从创新管理、产品创新、服务创新、技术创新、营销创新、人才创新和文化创新等方面入手。企业应该不断地寻找新的机遇和挑战，不断地创新和发展，才能在市场竞争中立于不败之地。

## 第四节　品牌扩展

长城旅游演艺品牌在产品线、营销渠道、地域扩展、合作拓展、品牌升级、数字化转型等方面的发展，需要综合考虑和实施。在提高品牌知名度和美誉度、增加演艺项目、扩大演艺场馆规模、提升演艺质量等方面，也是品牌扩展可以选择的方法手段。长城旅游演艺品牌只有继续创新发展，才能为游客提供更加精彩的旅游演艺体验。旅游演艺品牌扩展可以从以下几个方面考虑。

## 一、品牌扩展方式

### （一）产品线扩展

在打造长城旅游演艺品牌体系时，还需要建立完整的产品线，包括不同主题、不同形式、不同规模的演艺产品。可以根据不同的旅游需求和游客群体，推出适合的产品，实现全方位的覆盖和满足。可以开发更多类型的旅游演艺产品，如主题演出、文化展演、游园活动等，满足不同客群的需求。此外，长城旅游演艺品牌可以进一步拓展演艺项目，包括增加不同主题的演出、引入国内外知名演员和剧组、开发互动式演艺项目等。

### （二）营销渠道拓展

在推广长城旅游演艺品牌体系时，需要建立多样化的营销渠道，包括线上和线下的宣传推广、与旅行社、OTA 平台等渠道的合作、与当地政府、商会等组织的合作等。通过多种渠道的联合推广，提升品牌的曝光度和影响力。此外，也可以加强海外市场的宣传和推广，利用国际社交媒体等新媒体平台进行品牌推广，拓展海外市场。

### （三）地域扩展

可以将旅游演艺品牌在更多的城市和景区推广，考虑在不同的旅游城市开设演艺场馆，满足不同地区游客的需求，提供更加完善的旅游服务，进一步扩大品牌影响力。

### （四）合作拓展

可以与酒店、旅行社、景区、航空公司等旅游相关企业进行合作，将演艺项目引入到其他场所，共同推出旅游演艺产品，提高演艺品牌的曝光度和市场占有率，增加产品知名度和销量。

### （五）品牌升级

可以进行品牌升级，提升品牌形象和知名度，利用各种宣传渠道，如网络、电视、广告等，扩大演艺品牌的知名度和影响力，吸引更多的游客前来观赏，加强品牌的差异化竞争优势。此外，要注重提升品牌形象和品质，加强品牌文化建设和品牌价值传递，通过品牌升级，打造具有强烈品牌特色的旅游演艺品牌。

## （六）数字化转型

可以通过数字化手段，如在线预订、移动支付等，提高客户体验和便捷性，同时也能够增强品牌的数字化营销能力。还可以利用 VR、AR 等先进的技术手段，拓展以 3D 数字空间、AR 数字化景区为代表的数字旅游景区，以数字博物馆、数字艺术展览为代表的数字公共空间的应用，提高演艺质量和游客体验，创造更加丰富的演艺体验。例如，上海·国潮"大白兔"拜年 AR 秀、清华版《山海经》数字藏品、虚拟人技术"复活"邓丽君、方糖星球元宇宙会展、韩国旅游元宇宙平台、《夜上黄鹤楼》光影演艺、ARTE MUSEUM 沉浸式艺术馆、中国大运河沉浸式博物馆、无锡拈花湾元宇宙沉浸式实景体验、"张家界星球"景区元宇宙平台，通过数字技术赋能景区、乐园、历史古迹、博物馆等旅游景点的演艺项目，突破传统旅游"时"与"空"的局限，使用户获得沉浸感和科技感体验。

此外，还可以通过建立品牌形象、增加演艺项目、扩大演艺场馆规模、提升演艺质量等方式为长城旅游演艺品牌扩展提供动能。

（1）建立品牌形象。在打造长城旅游演艺品牌体系时，需要注重品牌形象的建立。可以通过统一的标识、宣传语、形象代言人等方式，让品牌形象更加鲜明、易于识别和记忆。同时，还需要注重品牌口碑的塑造，通过优质的服务、精彩的演出、满意的游客体验等方式，提升品牌的知名度和美誉度。

（2）增加演艺项目。可以根据不同的主题和场景，增加更多的演艺项目，如历史文化类、民俗文化类、现代艺术类等，让游客在欣赏演艺的同时，更好地了解中国的历史文化和民俗风情。

（3）扩大演艺场馆规模。可以考虑在现有的演艺场馆基础上，增加座位数或者增加演出场次，以满足更多游客的需求。

（4）提升演艺质量。可以通过加强演员培训、改进演出技术等方式，提升演艺品牌的质量和水平，让更多的游客对演艺品牌产生认同感和好评度。

总之，长城旅游演艺品牌体系的打造需要注重创新、融合、故事性、技术引入等方面，同时建立品牌形象、产品线和营销渠道，实现品牌的全面发展和提升。

换言之，长城旅游演艺品牌需要不断创新发展，提高品牌知名度和美誉度，提供更加精彩的旅游演艺体验，成为中国旅游演艺的代表品牌。

## 二、品牌扩展战略

### （一）密集型扩展战略

企业通过审视某业务自身是否存在改进的空间，寻找未来发展机会。根据安索夫提出的产品－市场矩阵，企业可以采取三种具体的战略来实现密集型扩展。

#### 1. 市场渗透战略

市场渗透战略是指企业通过各种方式，如提高产品质量、降低价格、拓展销售渠道等，来增加现有产品在现有市场中的份额。这种战略适用于市场竞争激烈、市场份额分散、市场增长缓慢的情况下。

在审视旅游演艺产品业务中，如果企业发现自身产品在市场中的份额不够大，可以通过以下方式实施市场渗透战略。

（1）提高产品质量。旅游演艺企业可以通过改进内容设计、提高生产创作方式，提高产品质量，从而提高产品的竞争力，吸引更多的消费者。

（2）降低价格。旅游演艺企业可以通过降低产品价格，来吸引更多的消费者购买自己的产品。

（3）拓展销售渠道。旅游演艺企业可以通过拓展销售渠道，如开设新的专卖店、加强网络销售等，来提高产品的市场覆盖率，增加销售额。

（4）加强营销宣传。旅游演艺企业可以通过加强营销宣传，如广告宣传、促销活动等，来提高产品的知名度和美誉度，吸引更多的消费者。

通过以上方式，旅游演艺企业可以实现现有产品在现有市场中的更多份额，提高企业的市场占有率和竞争力。

#### 2. 市场开发战略

市场开发战略是企业通过开拓新的市场或客户群体，来扩大销售规模和市场份额的一种战略。市场开发战略通常适用于企业已经占据了一定市场份额，但市场增长缓慢或饱和的情况下。企业可以通过市场开发战略来寻找新的增长

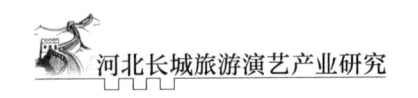

点，实现业务的快速发展。市场开发战略的核心是寻找新的市场机会，采取有效的市场营销手段来开拓新的市场。为了增强企业的竞争力和提高盈利能力，企业应采取多种策略来扩大市场份额和销售规模。在旅游演艺行业，开拓新市场的机会可以通过以下几个方面来实现。

（1）拓展新的目标客户群体。企业可以通过市场调研和分析，了解潜在客户的需求和偏好，以及他们的消费习惯和行为，从而开发针对不同客户群体的演艺产品。

（2）开发新的旅游产品。企业可以根据旅游市场的发展趋势和消费者需求，开发新的旅游产品，如结合演艺和美食的旅游产品、结合演艺和户外探险的旅游产品等。

（3）拓展新的市场渠道。企业可以通过拓展新的市场渠道，如开辟新的销售渠道、与旅游景区合作等方式，来开发新的市场。

（4）加强品牌营销。企业可以通过加强品牌营销，如提高品牌知名度、美誉度等，吸引更多的消费者，从而开发新的市场。

（5）与其他企业合作。企业可以与其他旅游企业、酒店等合作，共同开发旅游演艺产品，从而开发新的市场。

通过以上几个方面的市场开发战略，旅游演艺企业可以开发新的市场，增加市场份额，提高企业的竞争力。

### 3. 产品开发战略

旅游演艺产品开发战略是指旅游演艺企业为满足市场需求和消费者需求，开发新的旅游演艺产品的一种战略。旅游演艺产品开发战略的核心是寻找新的旅游演艺产品机会，以满足市场和消费者的需求，提高企业的竞争力和盈利能力。以下是旅游演艺产品开发战略的几个方面。

（1）市场调研和分析。通过市场调研，企业可以了解市场和消费者的需求、偏好，分析竞争对手产品的情况。通过这种方式，企业可以确定新的旅游演艺产品的方向和定位。

（2）创新产品设计。企业可以根据市场和消费者需求，创新旅游演艺产品的设计和内容，如结合演艺和美食、结合演艺和户外探险等。

（3）加强产品营销。企业可以通过加强产品营销，提高产品知名度和美誉度，吸引更多的消费者，从而增加销售额和市场份额。

（4）与旅游景区合作。企业可以与旅游景区合作，共同开发旅游演艺产品，提高产品的品质和服务水平，吸引更多的游客。

（5）拓展新的市场。企业可以开拓新的市场，如海外市场、高端客户市场等，以满足不同市场和消费者的需求。

通过以上几个方面的旅游演艺产品开发战略，企业可以通过不断创新来满足市场和消费者的需求，从而提高企业的竞争力。

**（二）一体化扩展战略**

除了改善目前业务，企业还可以通过建立或者收买与目前公司业务有关的业务来弥补战略计划缺口。一体化扩展包括前向一体化和后向一体化两种基本模式。

1. 前向一体化

前向一体化是企业将自己的产品销售渠道延伸至下游，直接面向消费者的一种增长战略。这种战略可以帮助企业更好地掌握市场，提高销售额和市场份额。以下是旅游演艺企业运用前向一体化战略的方法。

（1）直接销售。企业可以通过自己的官方网站、微信公众号、App等渠道，直接向消费者销售旅游演艺产品，提高销售额和利润率。

（2）组织活动。企业可以组织各种旅游演艺活动，如演唱会、舞蹈比赛、文化节等，吸引更多的消费者，提高品牌知名度和美誉度。

（3）与旅游景区合作。企业可以与旅游景区合作，将旅游演艺产品与景区门票捆绑销售，提高销售额和市场份额。

（4）扩大产品线。企业可以扩大旅游演艺产品线，推出更多的产品，满足不同消费者的需求，提高市场占有率。

通过前向一体化战略，企业可以直接面向消费者，提高销售额和市场份额，同时还可以提高品牌知名度和美誉度，增强企业的竞争力。

2. 后向一体化

后向一体化是企业将自己的供应链延伸至上游，直接掌握供应链中的关键环节，以提高企业的核心竞争力和盈利能力的一种战略。以下是旅游演艺企业向后一体化战略的几个方面。

（1）拥有自己的演艺团队。企业可以自己拥有演艺团队，从而掌握演艺内容和质量的核心环节，提高产品的质量和服务水平。

（2）建立自己的演艺设施。企业可以建立自己的演艺设施，如剧院、表演场地等，以提高产品的专业性和品质。

（3）建立自己的制作团队。企业可以建立自己的制作团队，从事演艺产品的制作和后期制作，以提高产品的创新性和差异化。

（4）直接采购原材料和设备。企业可以直接采购原材料和设备，以降低成本和提高产品的质量。

（5）建立自己的销售渠道。企业可以建立自己的销售渠道，如直销、代理等，以掌握销售环节，提高销售额和市场份额。

通过后向一体化战略，企业可以掌握供应链的关键环节，提高产品的质量和服务水平，降低成本，提高核心竞争力。

3. 水平一体化

水平一体化是指企业在同一层次上整合各种资源，以提高企业的效率和效益的一种战略。以下是旅游演艺企业水平一体化战略的几个方面。

（1）整合人力资源。企业可以整合人力资源，建立高效的团队，提高工作效率和服务水平。

（2）整合物流资源。企业可以整合物流资源，建立高效的物流系统，提高产品的配送速度和质量。

（3）整合信息资源。企业可以整合信息资源，建立高效的信息系统，提高企业的管理效率和服务水平。

（4）整合财务资源。企业通过整合财务资源并建立高效的财务管理系统，企业能够提升财务效益和盈利能力。

（5）整合营销资源。企业可以整合营销资源，建立高效的营销系统，提高产品市场占有率。

通过水平一体化战略，企业可以整合各种资源，提高效率和效益，增强企业的竞争力。

（三）多样化扩展战略

当企业在目前的业务范围之外发现了在行业中具有很大吸引力，并且企业本身具备成功的组合业务能力的时候，可以采用多样化扩展战略来实现。

1. 同心多样化战略

旅游演艺企业同心多样化战略是指在旅游演艺业务的基础上，通过开展与原业务相关或互补的多元化业务，实现企业的增长和发展。以下是旅游演艺企业同心多样化战略的几个方面。

（1）聚焦核心竞争力。旅游演艺企业在开展多元化业务时，需要聚焦于自身的核心竞争力，如演艺创意、演员培训等方面。

（2）管理协同。旅游演艺企业需要加强不同业务之间的协同管理，确保各业务之间的资源共享和优化。

（3）地域多元化。旅游演艺企业可以在不同的地域开展多元化业务，如在不同的旅游目的地开展不同的旅游演艺项目。

通过同心多样化战略，旅游演艺企业可以在旅游演艺业务的基础上，开展多元化业务，实现企业的增长和发展，同时也可以减少企业的风险，提高企业的竞争力和市场占有率。

2. 水平多元化战略

企业水平多元化战略是指在旅游演艺业务的基础上，通过开展不同水平的旅游演艺项目，实现企业的增长和发展。以下是旅游演艺企业水平多元化战略的几个方面。

（1）高端旅游演艺项目。旅游演艺企业可以开展高端旅游演艺项目，如定制化演出、VIP私人演出等，以满足高端旅游客户的需求。

（2）中端旅游演艺项目。旅游演艺企业可以开展中端旅游演艺项目，如团体演出、主题演出等，以满足中端旅游客户的需求。

（3）低端旅游演艺项目。旅游演艺企业可以开展低端旅游演艺项目，如街头表演、民间艺术演出等，以满足低端旅游客户的需求。

通过采用水平多元化战略，开展各类不同层次的旅游演艺项目，以满足不同客户的需求，增强旅游演艺企业的市场份额和竞争力。同时，企业还需专注于核心竞争力，确保资源的优化配置和协同管理在各项目之间得以实现。

3. 集团多样化战略

旅游演艺集团多样化战略是指在旅游演艺业务的基础上，通过开展不同类型的旅游演艺项目，实现集团的增长和发展。以下是旅游演艺集团多样化战略的几个方面。

（1）垂直多元化。旅游演艺集团可以向上游或下游延伸，开展与原业务相关的多元化业务，如旅游线路规划、旅游酒店等业务。

（2）横向多元化。旅游演艺集团可以开展与原业务互补的多元化业务，如旅游摄影、旅游美食等业务。

（3）地域多元化。旅游演艺集团可以在不同的地域开展多元化业务，如在不同的旅游目的地开展不同的旅游演艺项目。

（4）国际化拓展。旅游演艺集团可以通过国际化拓展，开展海外旅游演艺项目，扩大集团的市场份额和影响力。

通过多样化战略，旅游演艺集团可以在旅游演艺业务的基础上，开展多元化业务，实现集团的增长和发展，同时也可以减少集团的风险，提高集团的竞争力和市场占有率。

综上所述，品牌不仅仅是一个名称或标识，它还代表着企业的价值观、文化和信仰，是企业形象和声誉的重要体现。品牌构建、品牌营销、品牌管理、品牌扩展是河北省长城旅游演艺品牌运营的重要组合部分。品牌构建是基础，品牌营销是推广，品牌管理是保障，品牌扩展是发展。只有在这些方面都做好了，才能够使品牌更加稳健地发展，提高品牌的知名度和美誉度，吸引更多的游客，实现品牌的长期可持续发展。此外，品牌是消费者在选择产品时的重要考虑因素，一个好的品牌可以引起消费者的共鸣和认同，增强品牌忠诚度和口碑效应，在品牌策划和推广中，除了强调品牌的视觉形象和功能特点，还需要注重品牌的象征意义和情感价值，让消费者在使用产品或服务时能够感受到品牌背后的品质和价值观。

因此，河北省长城旅游演艺品牌运营需要全面考虑这些方面，不断优化和完善，才能够在市场竞争中立于不败之地。

# 第六章　旅游演艺个案研究

## 第一节　实景类旅游演艺

### 一、《印象·刘三姐》实景演出

总策划：梅帅元

总导演：张艺谋、王潮歌、樊跃

编剧：张仁胜

舞美设计：刘朝晖

音乐设计：刘彤、窦唯、孟可、程池、严俊

灯光设计：王宇钢

服装设计：董韬

参演人员：600多名当地村民与张艺谋漓江艺术学校的学生

剧场设计：清华大学建筑学院

#### （一）作品概述

《印象·刘三姐》公演于广西壮族自治区桂林市阳朔县，是中国首部大型山水实景演出，由梅帅元总策划，张艺谋、王潮歌、樊跃导演，演出舞台以漓江水域，书童山为背景，开启了山水实景演出的先河。

《印象·刘三姐》的灵感来源于刘三姐的传说。它采用中国国画的构图和手法，将真实的山水融入其中，结合少数民族歌曲的独特节奏和韵调，将漓江沿岸的自然风景、渔民和村民的生活劳动以及少数民族的民俗风情融合呈现。通过视觉效果和艺术编排，展示了广西民族元素的美丽和独特之处。《印象·刘三姐》由七部分构成，第一部分《序》，第二部分《红色印象》，第三部分《绿色印象》，第四部分《金色印象》，第五部分《蓝色印象》，第六部分《银色印象》，第七部分《尾声》。

1. 序·山水传说

山水舞台点亮，刘三姐乘竹筏而来。

"唱山歌嘞，这边唱来那边和……"山歌缘水而起，纵穿峦峰，夜空谱写着传说的梦境。歌仙刘三姐，乘船而来，放声歌唱，自山水间诞生。以传统的山歌旋律为基础，将桂林的美丽山水文化与刘三姐山歌文化、服饰文化进行融合重组。《印象·刘三姐》序幕的主要作用是为整部实景演出烘托意境。

2. 红色印象·对歌

少数民族男女挥舞火把，隔岸对唱山歌，抒发着对山川和江流的敬意，也表达了年轻人之间的绵绵情谊，代表着当地少数民族对歌的传统文化。

渔民们穿着蓑衣和斗笠，挥舞着竹竿在漓江上畅游。舞动的红绸象征繁密而沉重的渔网，结合竹筏多样的阵列变化，将漓江渔民们每日的辛苦劳作尽情展现，传递出当地人文生活与自然山水和谐共存的印象。《印象·刘三姐》红色印象·对歌的主要作用是营造热烈、浪漫的劳动盛典，展示阳朔人民的热情、好客以及人与自然和谐相处。该段运用对歌、红绸舞两种艺术元素，展现了广西人民追求"天人合一"的精神境界。

3. 绿色印象·家园

落霞伴着炊烟，牧童蹦跳着引领牛群，鱼鹰乖巧地坐在竹筏上和渔民一同捕捞，河边洗衣的村妇、村口嬉笑玩耍的少年……勾画出漓江人民的日常生活景象。一幕幕乡村图景映射出刘三姐的生活情境，让观众感受到山歌故乡的美丽与悠然。《印象·刘三姐》绿色印象·家园的主要作用是表达返璞归真田园牧歌的真实场景。该段以山水画创作观念为切入点，运用白描手法，描绘田园生活景象，实现了人民对美好生活向往的时空重构。

4. 金色印象·渔火

渔民们竹筏上长明的油灯，好似天上闪耀的星光，被称为漓江渔火。夜幕伴随暖光，记录着渔民们辛勤的汗水与丰收，呈现着古朴劳作方式的自然传承。《印象·刘三姐》金色印象·渔火表现了欢快悠远的江上景物，孕育着渔民对理想生活的向往。该段落融入了中国古典艺术渔舟唱晚的典型意境，展现"道法自然"的宇宙观。

5. 蓝色印象·情歌

守护山水的精灵在月牙上舞蹈，照亮了夜幕中的漓江，温柔地庇佑着万家灯火。少女们在江水旁沐浴更衣，迎送着待嫁的姐妹，为她缓缓穿戴嫁衣、依依惜别；新娘穿戴整齐，挥别家人，登上新郎的小船，三鞠躬致山水敬亲人，深情挥别。《印象·刘三姐》蓝色印象·情歌主要表达了神秘而执着的爱情誓言。

该段通过月牙精灵舞蹈、沐浴、嫁娶等元素，展现唯美爱情的纯真，生命传承的真谛。

6. 银色印象·盛典

黑暗中，少数民族姑娘穿着特制的银灯服饰（苗族盛装），手拉着手，缓缓步入漓江之上。她们周身闪耀着节日的华彩，或整体，或交替，或三两一群，或独自一人，通过队形变化与灯光的明暗组合，与山水成画，同天地舞蹈，抽象地展示出本地文化风俗的绮丽华影与节庆气氛。《印象·刘三姐》银色印象·盛典主要呈现了少数民族的热烈风情，该段通过刘三姐传说中民间盛典场面，运用苗族银络舞以及舞蹈中队形调度，展示生命的勃勃生机。

7. 尾声·天地唱颂

渔火渐远，灯光熄灭，黑色又重新笼罩江面，刘三姐深情婉转的歌声萦绕在青山绿水间："多谢了，多谢四方众乡亲。我至今没有好茶饭，只有山歌敬亲人……"《印象·刘三姐》尾声·天地唱颂主要表达了感恩山水、感恩四方宾客之情。该段通过五个村子的人将村旗高高举起游街的方式，再次用情托物，以景生情，用质朴的动作与歌声感动观众。

（二）经验借鉴

《印象·刘三姐》的成功，开启了我国山水、文化、旅游融合发展的模式。深究其成功原因，对于旅游演艺方面具有重要的价值意义。

1. 受众感知主导创作

刘三姐，是壮族民间传说中的美丽"歌仙"，关于她，流传着不少美丽动人、充满传奇的传说。刘三姐的故事在 20 世纪 50 和 60 年代，曾经被改编为戏剧。1961 年长春电影制片厂拍摄了彩色故事片《刘三姐》，影片上映后，美丽的山歌、美丽的山水、美丽的刘三姐征服了观众，吸引了当代受众的注意力，成了那个时代的银幕偶像，毫无疑问这些"中国情调"已经成为那个时代中国人记忆的一个组成部分。

在当今文化市场，创作需要根据市场需求来进行，否则作品难以被接受和推广。《印象·刘三姐》的创作也是按照市场需求来进行的，因为它是一场大型实景演出，需要投入大量的资金和人力，如果没有市场需求，就难以获得足够的收益和回报。

在市场需求的基础上，创作团队对刘三姐的故事进行了深入挖掘和研究，将其经典情节和人物进行了现代化的表现和呈现，更能引起当代观众的共鸣和兴趣。同时，演出中还加入了音乐、舞蹈、灯光等现代艺术元素，使得演出更具有观赏性和娱乐性，更能够满足当代观众的需求和期望。

因此，市场需求在创作中的重要性不言而喻，只有创作符合市场需求，才能够得到观众的认可和喜爱，才能够在文化市场中占有一席之地。因此，必须以市场需求为导向进行创新设计才能真正实现其价值，把"受众"作为中心，是实景演出成功的关键所在。

2. 非遗传承典范意义

彩调剧作为广西的地方传统戏剧和国家级非物质文化遗产，发源于广西北部的广大农村，广为流传，名目繁多。其内容丰富，形式多样，风格独特，具有浓郁的民族风情和乡土气息。彩调剧目多以劳动、爱情、家庭生活为题材，民间口传及手抄本较多，如《王三打鸟》《三看亲》。新中国成立后，柳州市彩调剧团率先编演了《刘三姐》，国家也非常重视彩调文化发展，曾先后举办过多次全国范围内的学术研讨会，为提高彩调艺术水平作出了贡献。不过，随着时代的变迁，观众审美心理的差异，科技手段逐渐丰富，使得这一非遗艺术逐渐淡出了人们的视野。

而《印象·刘三姐》正是根据彩调剧《刘三姐》改编而成的，它不仅保留了彩调剧的剧本内容，还在其基础上融入了崭新舞台、表演技艺等，从而使得在传承与发展彩调剧时，使其与桂林旅游产业结合了起来，《印象·刘三姐》也成为桂林彩调剧的名片，桂林的名片，也使更多的人了解了这门优秀的艺术。

因此，为了保护和传承非遗文化，需要当代文化人、旅游人、艺术家等各个方面的人才，通过创造性转化和创新性发展，使得非遗文化得以在当代社会中焕发新的生命力和活力。这种创造性转化和创新性发展，可以是在传统文化的基础上，加入现代元素，使其更具有现代感和时尚感；也可以是在传统文化的基础上，进行深入挖掘和研究，发掘其更深层次的内涵和价值。

3. 多元文化兼收并蓄

从主题角度来看，该表演取材于刘三姐经典传说，以壮族"歌仙"刘三姐之歌，少数民族之情和漓江捕鱼之火为主要内容，通过山歌对唱、壮族山歌、音乐舞蹈等形式，创意性地将传统文化融于桂林这片山水，完美诠释人与自然相生相融，反映出当地百姓的生活状况。

从色彩角度来看，张艺谋将色彩运用到了极致，从红色—绿色—金色—蓝色—银色的不断变换中，将张氏色彩美学展现得淋漓尽致。

从舞蹈角度来看，《印象·刘三姐》舞蹈动作自然、生活化。从演出本身看来，效果更加体现民族化，原生态化。舞蹈以壮族、瑶族、苗族舞蹈动作为元素，加以现代音乐处理，体现原始与现代的对位冲击。

从听觉角度来看，《印象·刘三姐》采用了当时最高端的音响电器设备，利用漓江独特的地形优势，以达到视觉、听觉效果的统一、纯正。

从声乐角度来看，《印象·刘三姐》在歌曲的改编上加入了流行文化与西洋音乐，将现代与传统巧妙地结合起来，形成了一场真正的"视听盛宴"。全剧配乐比较少见，山歌唱于山水之间，舞蹈于仙境之间。

从配乐角度来看，《印象·刘三姐》是一部反映广西桂林地方民族风情的作品，配乐也不算繁杂。多为号子，弹奏乐（古筝、竖琴），民族打击乐器等，音色接近大自然，响亮质朴，节奏多散板。比如第一幕配乐"船夫号子"就直截了当地反映出当地人的生活状况；随后以"山歌好比春江水"为背景音乐，比较容易抓住听众的心弦，乐曲有时缠绵悱恻，有时热情奔放，唱腔绕山绕水，听众听得陶醉。

其实旅游演艺并不拘泥于传统表演艺术的边框，只要能为我所用，就可以揉进各种艺术形式和技术。这也是中国文化中"以文娱人""文以载道"的一种体现，它与西方戏剧表演方式有本质不同。

4. 开放空间大胆突破

《印象·刘三姐》所呈现的，是一种令人叹为观止的"空间"氛围，它是由演员、灯光、布景、实景等构成的一种艺术形式。随着时代发展，现代剧场逐渐向开放式转变，《印象·刘三姐》通过运用国内最大规模的环境艺术灯光工程和独特的烟雾效果工程，为观众营造出一种如梦如幻的视觉体验。远眺漓江之水、桂林之山、化中心之台，给人以开阔之眼界、超脱之情怀。具体地说，《印象·刘三姐》以漓江水域为舞台，以山峰为背景，以河湾小岛为观众席。演员在此表演时可以通过呼吸直接进入大自然中去感受到山水之美；山峰河谷，清风流水，复合在一起，形成音响空间，产生音响效果；观众坐在座椅上欣赏着大自然美景，感受着山水之间的灵气与生机，享受着回归自然的愉悦与轻松。纯自然水光山色，月明星辉，配合现代化灯光，创造出迥异于传统剧场的光影视觉效果。山水自然不再作为舞台与布景存在于这一表演之中，而是被给予生命与灵魂，山水自然不仅为观众创造出一种全新的视听感受，而且还使他们在欣赏艺术时获得了精神上的愉悦和享受。

旅游演艺与传统艺术最大的不同就在此处，旅游演艺将自然造物的山水实景作为演出舞台，打破了观众对于传统表演空间的概念，使演出氛围更具渲染力。换言之，传统舞台演出是人类的创造，"山水实景演出"等则是人类和大自然的创造，它的出现打破了剧场中时空上的局限。因此，旅游演艺将地方文化结合表演艺术更深地根植进了观众的脑海。这种开放性的空间将演绎付诸了更多可能性，也可以为观众带来独一无二的享受，这是传统表演空间所不能给予的一种视觉冲击。

## 二、《长恨歌》实景演出

总策划：张小可

总导演：李捍忠

舞蹈总监：马波

编剧：合谷

旁白：张家声

演出团体：长恨歌艺术团

经营单位：陕西长恨歌演艺文化有限公司

出品单位：陕西旅游集团

## （一）作品概述

中国首部大型实景历史舞剧——《长恨歌》，由陕西旅游集团倾力打造，它为观众呈现了一个真实而深刻的历史场景。

该剧斥资亿元，阵容强大，气势恢宏，整场演出为 70 分钟，由 300 名专业演员组成强大阵容。它以骊山山体为背景，以华清池为舞台，以传统元素为舞美素材，运用领先世界水平的高科技手段，将三组 LED 软屏和全隐蔽式可升降水舞台机械完美融入演出，营造了唯美意境。《长恨歌》包括《序幕·杨家有女初长成》《第一幕·一朝选在君王侧》《第二幕·夜半无人私语时》《第三幕·春寒赐浴华清池》《第四幕·惊破霓裳羽衣曲》《第五幕·玉楼宴罢醉和春》《第六幕·仙乐风飘处处闻》《第七幕·渔阳鼙鼓动地来》《第八幕·花钿委地无人收》《第九幕·天上人间会相见》等十幕，具体内容如下[①]。

### 1. 序幕·杨家有女初长成

在清波荡漾的九龙湖上，一朵美丽的荷花绽放着。突然，披着长纱的杨玉环从花丛间优雅地走出来。她娇柔的身影、如玉的容颜，璀璨了苍翠山峦，朦胧了烟树龙榭。在夜色中，杨玉环宛如一位仙女，轻盈地飘来，带领着观众穿越时空，回到那段遥远的历史。

### 2. 第一幕·一朝选在君王侧

杨玉环因宠幸而被召入宫中，她千娇百媚，美艳绝伦。唐明皇凝视着她花容月貌，心头荡漾。他赐予杨玉环一枚定情之物，金钗钿盒。随后，在金殿举行的册封大典上，朝臣前来贺喜，歌舞伎出，乐舞妙曼，宫殿气象万千，壮观非凡。

### 3. 第二幕·夜半无人私语时

星空璀璨，月牙婆娑。七夕之夜，长生殿中无人，明皇与贵妃抬头仰望银河，倾吐衷肠，点燃香烛，发誓相爱。在牡丹花丛中，二人嬉戏追逐，倾诉深情，缠绵爱意。

### 4. 第三幕·春寒赐浴华清池

杨贵妃身穿罗裳薄纱，被众多宫女簇拥着。她的上身半遮，站在薄薄的水

---

[①] 此部分参照《长恨歌》节目单编写。

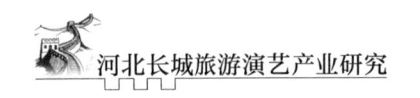

帘下,与宫女们一起形成了一幅妩媚的洗浴图,仿佛温泉水滑洗凝脂。在透明的水中,贵妃娇柔的身影轻摇慢舞,丰腴美艳,宛如雨中梨花,玲珑剔透,宛如含露玉枝。这晶莹柔妙的温泉浴,为国色天香的杨玉环增添了更多的魅力。

5. 第四幕·惊破霓裳羽衣曲

安禄山在见到唐明皇和杨贵妃时,带来了流行于胡人社会的胡旋舞和胡腾舞。这种强劲狂放的胡风为大唐文化注入了旺盛的活力。杨贵妃感到非常开心,与其他胡旋舞女一起跳着华丽而奔放的舞蹈,在溢彩流光的胡风劲舞中陶醉。

6. 第五幕·玉楼宴罢醉和春

杨玉环在玉楼宴席结束后,身姿摇曳,婀娜多姿,宛如春风中醉舞的杨柳,柔情似烟霞般缭绕着。她的妩媚姿态令人陶醉。高贵的侍从们左右侍奉,毫不敢怠慢。

7. 第六幕·仙乐风飘处处闻

在骊山脚下,皇宫高耸入云。梨园内灯火辉煌,华丽的帷幕流动着光芒,优美的歌曲和舞蹈缓缓展开,仙音飘荡,场面十分热闹。杨贵妃带领着梨园弟子在芙蓉花丛中翩翩起舞,众多舞女展开宽袖,展示出缤纷多彩的肩膀,唐明皇和杨贵妃共同跳起了欢快的舞蹈,两人深情对视,沉浸在爱情的海洋中。

8. 第七幕·渔阳鼙鼓动地来

安禄山起兵叛乱,潼关失陷,京城面临着巨大的危机,这一消息打破了唐明皇美好的春宵梦。山间战火不断,皇宫内丽人四处逃窜,熊熊大火吞噬了唐明皇的华美帐幕,也摧毁了他作为皇帝的梦想。

9. 第八幕·花钿委地无人收

唐明皇和杨贵妃匆忙西逃至马嵬坡,士兵们哗然起义,逼迫唐明皇下令处死杨贵妃。他们无助孤独,难以割舍,白绫无情地缠绕在贵妃身上,贵妃在惨淡的月光下凄美地离世。悲壮、凄凉的歌声在空旷的山野中长久回荡……

10. 第九幕·天上人间会相见

在寒风凛冽的雪天,唐明皇回到了长安城,杨贵妃的容颜和笑容在他的脑海中挥之不去,让他痛苦不堪。在梦中,他进入了蓬莱仙境,与杨玉环相遇。两人泪眼相视,倾诉相思之情,再次续写前世情缘。仙女们手持彩绸起舞,优美的"霓裳羽衣舞"仿佛仙袂飘动,为这对有情人在仙境相聚而欢喜,无数白鸽在空中翱翔，许下"愿天上的鸟儿成双成对，在地上的树枝上相依相扶"的美好心愿。

《长恨歌》带领观众穿越时空之隧道，领略千余年前发生在骊山之麓、华清池之畔的凄婉动人的爱情故事，深刻感受盛唐文化的浓郁韵味。

（二）经验借鉴

1. 历史背景为创作精髓

以唐代的音乐、唐代的舞蹈、唐代的服饰、唐代的园林，引领观众切身感受大唐风韵和魅力，充分展现了大唐盛世的恢宏气势和千古绝唱的爱情传奇。隔着一千多年的时空，将帝王和贵妃的爱恋和纠缠、细语和醉舞、相聚和离别一一呈现。

《长恨歌》实景历史舞剧讲述了杨玉环和唐明皇的爱情故事，从贵妃独舞—杨玉环入宫—宫廷盛宴—贵妃沐浴—贵妃醉酒—宫廷趣事—马嵬坡事变—七七重逢—谢幕，深情地演绎了杨玉环的一生。通过灯光、舞美等手段，传承演艺历史故事。实景演出70分钟，全程舞蹈＋灯光秀＋特效舞美效果和谐统一。如前期杨贵妃进宫时灯光的排场，与后期马嵬坡事变后灯光的凄凉，对比鲜明，演出效果惊艳。此外，通过精美的唐朝服饰，把唐朝文化栩栩如生地展现在眼前，让我们感受到了西安对于唐朝文化的传承，是文化认同，也是文化自信。旅游演艺所体现的就是旅游目的地的历史文化背景，这也是与传统演出的最大不同。

2. 专业团队的强力保障

李捍忠担任《长恨歌》的总导演，舞蹈总监由马波担任，而张小可曾在陕西旅游集团担任董事长，并担任总策划一职。此外，享有"国家一级演员"称号的张家声老师，为该剧的演出提供旁白服务。长恨歌艺术团也融入了舞剧的演出阵容，为观众带来了一场精彩绝伦的演出。《长恨歌》这一庞大的表演团队一共由300名专业演员组成，每一场演出都由两组贵妃与皇帝组成，其次是服饰、化妆，道具等方面的保障，如技术设备保障、引导服务保障、安保服务工作人员等，共200余人。正因为有了如此专业的团队，使得《长恨歌》以舞蹈的方式，在华清池这个故事的发源地，让我们得以欣赏到四个不同层面的十幕场景，这些场景完美而巧妙地再现了一段动人心魄的爱情故事。演员们以精湛的演技和细腻的情感将这一爱情传奇演绎得淋漓尽致。

《长恨歌》演出管理团队还以华清宫景区企业文化为导向，针对各种突发状况制定应急预案，通过《华清宫服务业标准化知识宣传册》培训服务人员管理，真正做到人性化服务，随着《长恨歌》受到大家的欢迎，不断提升服务。这也应该成为艺术工作者在创作旅游演艺作品时所应考虑的问题，若不对旅游演艺市场的服务流程进行更加精细、规范的管理，长期下去，将会导致市场发展逐渐失去规律。

**3. 高科技成就舞美盛况**

《长恨歌》运用世界先进的技术手段，打造科技舞台。不管是灯光、音响、视觉特效还是舞台机械等方面，都给观众带来了更加震撼的体验感。比如"火海"的那个场景，是把燃料通过高压输入到湖里的喷油阀上，到音乐点后，高压把燃料雾化，再由电子点火，一瞬间将火引燃，创造了一场空前的视觉奇观。再如演员吊威亚，需要实现前后走的动态，因此演员身上使用的两条绳子，由36个人对威亚进行操作，一方面为了调度更加精准，另一方面也是为了安全，两者并重，才能将最完美的效果呈现给观众。歌舞在绚丽的色彩、恢宏的音乐、震撼的视觉冲击力下给观众带来愉悦的感官享受，战火来临时扑面而来的那种炙热，映衬在虚化的骊山下，将观众带进了万年的历史下，代入感极强。

《长恨歌》建造了一个历史新场景，不仅调动视觉，它也调动人的听觉，更调动了人的嗅觉，包括春寒赐浴华清池飘过来的香味。可以说，《长恨歌》在实景演艺中，是具有非常唯美艺术化的代表，达到了内容和艺术的完美统一。因此，作为实景演出最成功的例子之一，我们也可以从中窥探到，科技对于舞蹈艺术来讲，已经愈发上升到了一个更加重要的位置。在创作过程中，利用好科技手段，布置出互通的场景，再迎合受众者的审美心理，才能实现内容与艺术的高度统一，因而呈现出一部优秀的作品。

**4. 细节品质上精益求精**

实景演出《长恨歌》加强了全隐藏式舞台及座椅的安全，还以游客为核心，通过加大座椅脚轮宽度及轴承直径来规避电流入水及其他各种危险因素的影响，从而有效杜绝水中用电及其他安全隐患，使游客享受起来舒适安心，也确保了2 600余名观众的安全和体验感。它以"长"为核心，将唐代文化元素融到舞台上，使其具有浓郁的盛唐气象和诗情画意，成为一部集文学、音乐、舞蹈于一体的优秀剧目。演出在进步，观众也在进步，所以对于旅游演艺来说，在演出细节上下功夫是很有必要的。

此曲只应天上有，人间难得几回闻。《长恨歌》从2007年公演到现在，俨然成为游客来到陕西后的一场精品演出，陕西文化旅游的一张金边名片。2016年10月31日起，根据舞剧《长恨歌》编写的实景演出管理服务规范正式公布为国家标准，给全国各地旅游演艺带来勃勃生机，竖起发展大旗，已经走出国门的《长恨歌》受到了越来越多的国内外游客的喜爱。2022年，冬季版冰火《长恨歌》在华清宫景区恢复演出。

### 三、《大宋·东京梦华》实景演出

总策划兼制作：梅帅元

总制作人：周旭东

总导演：张仁胜

编剧：张骁

作曲：张骁

出品单位：清明上河园

#### （一）作品概述

《大宋·东京梦华》是由国家5A级旅游景区"清明上河园"出品，其主题是再现大宋的繁华与文化盛世景象。由"影响世界的中国文化旅游名人"梅帅元策划的大型实景水上演出。该演出由张仁胜导演，耗资1亿多元人民币，演员700多名，于2008年正式公演。作为实景演出的又一名作，展现了鼎盛时期的北宋王朝，再现了《清明上河图》和《东京梦华录》的悠久历史。整场演出共70分钟，分别为《序·虞美人》《第一幕·醉东风》《第二幕·蝶恋花》《第三幕·齐天乐》《第四幕·满江红》《尾声·水调歌头》。

1. 序·虞美人

春花秋月何时已逝，往事又有多少人知晓？"春风"带来了一个王朝哀怨了千年的叹息，《序·虞美人》这首诗歌预示了南唐文化的繁荣和大宋王朝的兴起。

2. 第一幕·醉东风

《醉东风》以北宋名画《清明上河图》为开端，展现了汴河繁忙的漕运盛况以及东京浓郁的民俗风情。在勾栏瓦肆、汴河之畔，夹杂着纤夫号子的繁华市井中，这些场景成了中国历史中永恒的印象。

3. 第二幕·蝶恋花

苏轼的《蝶恋花》通过描绘少女们在春天踏青和荡秋千的生动场面，展现了北宋王朝生机勃发的气息。《雨霖铃》中弥漫着婉约派词人柳永和情人难以割舍的离别与愁绪。多情才子和妩媚少女，在晓风残月下一曲小令中，勾勒出一个艺术王朝的浪漫情怀……

4. 第三幕·齐天乐

《齐天乐》展现了鼎盛时期的北宋东京曾有过的万国来朝的空前盛况……

《少年游》则描写了北宋皇帝宋徽宗和京城歌妓李师师缠绵悱恻的恋情……

5. 第四幕·满江红

《破阵子》描述了杨门女将们不畏强敌，渴望与敌人进行殊死搏斗的英勇壮志，表现出满门忠烈、一世征战、巾帼不让须眉的气概。而岳飞的《满江红》则雄壮激昂地再现了宋朝军民为收复大好河山而奋勇决战的场面，经历了金戈铁马、风雨征尘的洗礼。

6. 尾声·水调歌头

一段辉煌的王朝走进了历史画卷之中，远处传来浅吟低唱，让人感慨历史的轮回。北宋曾经照亮过的月亮如今又照亮了开封的今天，温暖的歌声缅怀昨日，祝福今朝。尽管辉煌已逝，但往事并未消散如烟。在古城厚重的历史之上，开封今日正在书写一幅比清明上河图更加壮丽的画卷。

《大宋·东京梦华》每幕每场有相应的音乐陪衬，它那奢华的场景，经典的宋词，耀眼的舞美，真实地再现了北宋时期的京都——汴梁的繁荣盛世，带给了游客震撼人心的视听体验。

(二) 经验借鉴

"去开封不得不看的演出"——《大宋·东京梦华》，作为一种新兴的舞台演出形式，《大宋·东京梦华》也为以后的实景演出提供了一定的借鉴意义。

1. 历史与现代完美结合

《大宋·东京梦华》演出把历史文化与现代科技进行了完美的结合，带领观众穿越时空隧道，在古代与现代之间来回穿梭。《大宋·东京梦华》把宋词作为故事背景，与现代灯光、焰火技术等结合，把一幅壮丽的历史画卷呈现在观众眼前，使观众沉浸在大宋文化的魅力之中，尤其那色彩斑斓的柳树，是根据《清明上河图》复原而成的。

《大宋·东京梦华》展示了地域文化自信，把中原文化牢牢地刻进了每个观众的心里，为今后实景演出更好的发展铺设了道路。在科技日新月异发展的今天，大型实景演出作为当下最新兴的舞台表演模式，更离不开高新科学技术手段的加持，因此，作为艺术工作者、艺术创作者的我们，不应单一地为创作出一部作品努力，而不去顾及作品的质量或是受众者的感受，应学习多方面知识，融合多元文化，才能够让作品在多方的加持下，呈现出完美的演出效果，在观众的支持下结出硕果，更好地传播中华优秀传统文化。

2. 形式内容细腻通俗

在整场演出中，导演组成功塑造了四位主人公，它们分别是现代男童、古代女童、书生与少女。在这四幕戏里，男童与女童是主要角色，他们分别代表着不同时代的两种生活状态，在戏剧结构上也具有鲜明的特点。在《虞美人》的开场第一曲中，男童身穿西服，手捧菊灯，悄然从观众身旁走过，将菊灯轻轻放进水中。在《水调歌头》中，女童将菊灯归还给了男童，象征着历史的传承和延续。书生与少女这一形象主要出现在《蝶恋花》中，而如今在《青玉案》《蝶恋花》《雨霖铃》和《满江红》等作品中，这一形象得到了更加精彩的表现。此外，还有一首名为《浪淘沙·咏汴州》的诗歌被加入，通过朗诵的方式展现了中国人的自豪感。

当《醉东风》的最后一声大锣接近尾声时，观众将在后方的观众席上欣赏到一场名为《王员外招亲》的节目，其中抛绣球的环节也将随之展开。通过这种形式拉近与观众的距离，让大家感受宋朝时人们的生活状态和精神面貌。

此外，借助中国传统节日的元素，演员们根据不同节日派发不同珍贵礼品，让观众在演出中真正沉浸其中。或许今日，我们只能透过历史的记载来探寻大宋王朝的历史脉络，但《大宋·东京梦华》却将大宋的历史在音乐中得以重现，在宋词的变换下体会历史变迁、朝代更迭。

3. 市场导向增加价值体现

《大宋·东京梦华》不仅仅是文化演艺活动，在提升市场消费中也不容小觑。既为实景演出，就不能忽略其市场性和商业性所带来的价值，因为它所带来的是经济效益和社会效益双丰收的局面。只有被市场所认可才能成为实景演出赖以生存与发展的关键所在。

据数据统计，在 2023 年五一假期期间，单日演出 4 场突破历史新高，5 天 14 场的视听盛宴，5 晚近 4 万人的热情狂欢，《大宋·东京梦华》的演出吸引了众多观众前来观赏，吸引了大量短期停留旅游的游客，同时酒店的入住率也得到了显著提升，这不仅有效促进了城市经济的发展，也推动了当地晚间消费水平的提高，同时也解决了当地部分就业问题。

除此之外，也推动了文化事业的发展，在节目的编排上，处处透露着宋文化气息，《大宋·东京梦华》得到政府的支持，不仅传承了历史文化，也推动了当下文化的繁荣发展。它激发了观众的民族自豪感和爱国热情，而演出所蕴含的历史文化内涵也对推广开封和河南形象具有重要的促进作用。

4. 宣传空间有待拓展

在科技日新月异发展的今天，艺术传播手段也逐渐丰富，网络成为人们获取信息的最便捷途径，当然，也是宣传推广的最快途径。当今社会物质生活极为丰富，精神生活也愈加多姿多彩，令人眼花缭乱的信息出现在人们眼前时，受众者也会出现一些短暂的记忆，因此，再好的作品如果不重视前期的宣传工作，"酒香"也怕"深巷"。尽管在演出初期，《大宋·东京梦华》曾在传统媒体上投放过广告，如《人民日报》《大河报》进行了演出的宣传，但效果却不尽如人意。渐渐地，导致现在对演出的宣传只基于一些旅行团，或是观赏过的游客的口头相传。因此，实景演出若想拥有可人的知名度，除了运用传统媒介进行宣传外，应借助一切可用的宣传载体，同时运用多种形式，吸引一切可能到来的潜在受众，让实景演出被更多人知晓。

**四、《鼎盛王朝·康熙大典》实景演出**

策划/总导演：梅帅元

编剧：张仁胜

导演：严文龙

艺术顾问：于丹

史学顾问：纪连海

音乐设计：赵晓

灯光设计：广州市珠江灯光科技有限公司

参演人员：近 1 000 名京津冀地区高校学生及专业团体演员

**（一）作品概述**

《鼎盛王朝·康熙大典》依托避暑山庄外元宝山景区的独特山水风光，形成一个自然而又壮丽的实景剧场，配合专业的舞台设备与上百组灯光影片，达到了亦真亦幻的舞台效果。

整场演出由《序幕·逐鹿》《第一幕·天问》《第二幕·天籁》《第三幕·天命》《第四幕·天下》《尾声·满汉全席》六幕组成，全长 80 分钟，由梅帅元、于丹、纪连海主创。该作品以大手笔、大制作和大视野为特点，展现了清王朝鼎盛时期的历史风貌，生动表现了康熙大帝的一生。

1. 序幕·逐鹿

在木兰围场，一场皇家围猎开启了承德避暑山庄的历史。八旗兵纵马追逐猎物，犹如当年入主中原那种马背民族的豪迈气概再次席卷山河。然而，就在少年康熙准备射猎之时，他突然意识到这只小鹿象征着天下，并非弓箭所能驯服，于是引发思考。

2. 第一幕·天问

康熙在少年时期努力学习汉民族文化，研习治世之学。他熟悉杏坛、孔子、六艺和庄子的梦蝶，这些经典画面徐徐展开，跨越千年的对话描绘了这位少年皇帝在寻求治国之道的思与辩。

3. 第二幕·天籁

江南的美丽曾多次吸引年轻的康熙，他数次阅读有关江南美景的诗文：烟雨中的浅绿，水墨画中的桃红。这些描绘中国美学最典雅的诗篇，让他感受到江南之美。少女们从唐诗音律中款款走来……

4. 第三幕·天命

康熙年过知天命之年，夜间观察星象，翻阅古今历史，探寻天命奥秘，最终明白自己并非主宰天命之人。在他看来，所谓天命是指作为一位好皇帝对黎民百姓的责任。

5. 第四幕·天下

将儒、道经典藏入袖中，这为王朝奠定了牢固的基石；将江南的烟雨纳于胸襟，大清便有了美丽的建筑；将西洋的技术收入视野，国家便有了科学的窗口；最终，为了确保大清朝今后不再有战争和杀戮，康熙以佛教信仰为基础，构建了民族大融合！

6. 尾声·满汉全席

为多民族团结统一的维护者，康熙大帝修建了避暑山庄。在康熙的心中，避暑山庄象征着中华民族的团结统一，是中华文明强大的象征。

### （二）经验借鉴

《鼎盛王朝·康熙大典》作为全球首部皇家文化主题的旅游演艺，充分展现出康乾盛世独有的历史文化价值。深究其成功原因，对于旅游演艺方面具有重要的价值意义。

1. 大团队重现传奇历史

《鼎盛王朝·康熙大典》为了重现历史现实，将木兰围场皇家围猎场景设计其中，为了表现皇家威严气势，这场演出由二百匹进口战马、超一千名演职人员参加演出。演出时，通过神鹿指引—修建山庄—金戈铁马—确立版图等场景，将康熙时代的恢宏历史场面演绎到极致。观众置身其中，瞬间"穿越"到康熙年间，深度体验演出独有的震撼与恢宏。最后一个章节"满天星斗"的画面是整个演出最有特殊美感的画面，也是最纯粹的一个画面。用南怀仁引出中西天文学的殊途同归，讲了康熙皇帝在天文学上的一个研究成果，说到底讲的是康熙皇帝的科学精神。承德的康熙大典再现了一代帝王的雄风，值得人们用心感悟。作为中国首部以皇家文化为主题的大型实景演出，《鼎盛王朝·康熙大典》背靠着独具特色的丹霞地貌景观，500多名演艺人员凭借着高科技的灯光特效，依托真山真水、真人真马，再现木兰秋狝、修建避暑山庄以及周围寺庙、巡视江南、收复国土等壮观场景。

### 2. 大文化造就视觉盛宴

大文化是这部剧最大的亮点。所谓大文化就是这部剧是皇家文化、历史文化以及承德本地自然以及传统文化的有机融合。在《鼎盛王朝·康熙大典》中所述，满族入主中原后，深深被以汉文化为代表的中华文化所吸引，从而形成了一种独特的文化魅力。他们想通过这样的仪式来表达一种民族认同感，希望能够让更多人了解满族文化。剧中展示了清代政治文化的发展与变迁。避暑山庄并非仅仅是一座皇帝行宫，而是一座文化的熔炉，它以承德为支点，将康熙的胸怀和情感巧妙地融入其中，为观众呈现出一场精彩的演出。《鼎盛王朝·康熙大典》以其恢宏壮阔的画面和跌宕起伏的情节设计给人留下深刻印象。在高科技声光电的舞台效果下，观众沉浸于激情澎湃的情感之中。

### 3. 大舞美营造独特效果

承德被称为北京的后花园，远近闻名的避暑山庄及外八庙建筑群成了游客们流连忘返的旅游胜地。可是这些景物都只能在白天欣赏，晚上游客们没有什么去处，只有到宾馆休息了，这就形成了"白天看庙，晚上睡觉"的现象。为此，鼎盛文化公司花2亿元巨资打造了这场视觉盛宴和文化盛宴。在实景演出的舞台上，通过舞台机械设备，以及超大型灯光景片，呈现出一种真实与虚幻并存的舞台效果。演出场面自不必说，恢宏、震撼，演出呈现出的场景设计、灯光设计和演出阵容，无不令人惊叹，令人心潮澎湃，令人叹为观止，绝对给人一种视觉冲击，这种冲击直抵观众内心。为了逼真地再现历史场景，这部剧是由中国实景演出创始人梅帅元亲自率领的团队制作。演出场地选在承德名山元宝山，该山山体区域面积达9 000平方米，非常具有特色。团队搭建了2 000平方米的实景艺术舞台。通过现代高科技声、光、电系统的渲染，打造一个奇幻多姿、空前壮观的艺术舞台，形成巨大的视觉冲击，呈现出令人震撼的舞台效果。

### 4. 大投入实现服务营收双突破

《鼎盛王朝·康熙大典》自2011年6月公演，迄今为止累计演出1 749场，接待游客近240余万人次，综合收入54 242万元。2023演出季，经过历时数月的焕新升级，对演出灯光、音响设施还有舞台结构再次进行整体升级，演员进行大调整，经过打磨使演员与角色更加融合，并对服装进行重新缝制，更加精美的服装在舞台巨幕灯光的衬托下更加鲜艳华丽，使演出的视觉效果更进一步。为践行"为客户提供最佳服务"的企业核心价值观，剧场内增设了 1 400 平方米的多功能服务大厅，为观众在观演之余提供休憩、问询、饮水等更多贴心服务。2023 年《鼎盛王朝·康熙大典》实景演出预计接待游客 40 余万人次，实现服务营收双突破。承德，一座拥有世界文明影响力的城市，正拥有一台城市文化大秀让人流连忘返，承德历史文化的个性与创造力在《鼎盛王朝·康熙大典》中体现得淋漓尽致，大典所呈现的恢宏、包容的皇家文化底色，是承德的夜经济文化名片，《鼎盛王朝·康熙大典》立足传统文化，延伸产业链条，已成为京畿地区文化产业典范，曾荣获"全国文化创意产业示范基地"和"全国五一劳动奖状获得者"称号。以演艺为中心所呈现出的全产业链正释放着承德旅游新活力，已经成为全景感知承德的重要窗口。

《鼎盛王朝·康熙大典》是中国黄河以北首个实景演出，并且经历了长达十年的演出的印证，通过这部剧，你能一窥清代皇家文化的内容。

### 五、《浪淘沙·北戴河》实景演出

出品人：王有奇

总策划：王有奇 李建强

总导演：付智涛

执行导演：唐巍峰

导演：葛田 刘颖 朱星翰 李亚龙

编剧：古柳

作曲：刘礼民

视觉总监：朱胜

技术总监：孙鲁兴 张艳龙

舞美设计：董凤龙

服装设计：徐攀

灯光总设计：郭巍

音响总设计：李亚楠

全景声设计：郭国彤

视频制作：高澄罡 徐娜 敦文亮

视频设备总监：刁景升

舞美制作总监：郭振江

剧场技术总监：曾一凡

造型设计：吴昊林

威亚设计：赵如华

特效设计：张娟

演员：燕山大学舞蹈表演专业、秦皇岛职业技术学院

**（一）作品概述**

《浪淘沙·北戴河》作为中国海上首部裸 3D Mapping 实景演出，于 2019 年 7 月 1 日晚，在著名避暑胜地秦皇岛北戴河的碧螺塔海上酒吧公园震撼首演。该剧以毛泽东诗篇为主线，在"鬼才导演"付志涛和著名诗人古柳一次次的交流和反复斟酌碰撞下，最终决定以海边女孩碧螺姑娘的视线为剧情发展的主要线索，带领观众走进大海的最深处，走进这片海的前世今生，感受北戴河的文化魅力。《浪淘沙·北戴河》由六部分构成，分别为《第一幕·天开海岳》《第二幕·叩问秦皇》《第三幕·追问日月》《第四幕·试问波涛》《第五幕·无问西东》《第六幕·换了人间》。

**1. 第一幕·天开海岳**

一个海边的女孩——碧螺姑娘作为贯穿全场的人物，带着观众走进每一滴水、每一粒沙，走进大海的最深处，走进这片海的前世今生。让观众有很强的剧情代入感。

碧螺塔成为影像介质，开天辟地，浩瀚海洋，以裸眼 3D 的技术震撼呈现。该段落用碧螺姑娘诠释天开海岳，天开海岳是秦皇岛的城市写照，也是北戴河之所以能够艳压群芳的大背景。人与大海，星辰与大海，海洋生物与大海构成人与自然的和谐画卷。把古人的诗意和今天的浪漫完美嫁接，直达心扉。天开海岳，铸幽燕形胜之地。碣石巍巍然而峙，东临之沧海，漭漭然而津。山呼海应，是为登泰山而小天下，登碣石而小沧海。这一幕幕文治武功、影响华夏历史走向的画卷，都被永远镌刻在山海关的挺拔与老龙头的绵延中，历经岁月，依然生辉。

2. 第二幕·叩问秦皇

该段落由两部分构成，一是统一六国，二是求仙之路。秦始皇有三个愿望，第一是统一六国，第二是千秋万代，第三是长生不老，但他只实现了第一个愿望。他一生统一华夏，修筑长城、秦始皇陵、阿房宫。功过参半，只能留给后人评说。第一段落用靠旗舞描绘战争的宏大场面，以及统一六国的雄心壮志。这时期也是秦始皇武治天下的高光时刻。

第二段落刻画千古一帝秦始皇的求仙之旅，此幕极尽舞台手段铺排出人们想象中的仙境。三座仙山忽而为背景，忽而游弋向前，奇珍异兽、仙女仙童徜徉舞蹈。衣袂飘飘，仙乐袅袅，秦始皇徘徊其间，如痴如醉。

3. 第三幕·追问日月

乌桓一战，曹军大获全胜。此战役也让分割多年的北方暂时实现统一，人民得以休养生息。得胜回朝的曹操途经碣石山，登山观海，踌躇满志，写下千古名篇《观沧海》。

该段重点感叹："日月之行，若出其中。星汉灿烂，若出其里。"在日月星辰和大海的对应关系上进行铺排，无相舞表现曹操内心的挣扎，作为一代枭雄，他奉行"宁可我负天下人，不可天下人负我"，一将功成万骨枯，他的丰功伟业是无数鲜血染成的，在高压状态下，他的人格是分裂的，无相舞用无面之形，铸曹操之心。而演员手中的红扇，象征着希望，那一丝希望是他成为千古一帝的雄心壮志。

4. 第四幕·试问波涛

该篇章是演出的高潮段落，由霓裳羽衣舞和海边汉子组成。

第一段霓裳羽衣舞体现的是唐朝太平盛世。唐贞观十七年，唐太宗李世民率军由此东渡，谋求华夏统一，并在此留下极富大国气象的诗篇《春日观海》。唐太宗的统一大业，大唐初年的国力鼎盛，为开元盛世揭开序幕，也让四海之内平定安宁。繁华锦绣，万国来朝，天海一色，齐声唱和。

第二段海边汉子是对水能载舟亦能覆舟的诠释。唐太宗一生多次提到"水能载舟亦能覆舟"的治世为政之理，这个旷世的名言深层内涵，让人有所体悟。

唐太宗毕驻写下《春日观海》，面对波涛又提出"载覆论"，"霓裳非本意，端拱且图王"以及"水能载舟亦能覆舟"是一代君主的治国之问。

5. **第五幕·无问西东**

盛大的海滨舞会激情上演,凝固百年的北戴河历史鲜活起来。人们载歌载舞,用最浪漫的方式亲近新生事物。用四个国家舞蹈表现北戴河作为第一批旅游城市的开放性与包容性。

6. **第六幕·换了人间**

这是毛泽东于 1954 年秋天在北戴河开会时创作的一首词。作品充盈着一代无产阶级革命家前无古人的雄伟气魄和英雄主义的浪漫情怀。

新中国成立 70 多年来的沧桑之变,各项成就,追梦历程一一呈现,新时代秦皇岛和北戴河的自然景观、城市景观……大浪淘沙,历史和人民选择了中国共产党,选择了崭新的时代和梦想,党带领全国人民正在走向中华民族伟大复兴。该段落用 3D Mapping 诠释现代北戴河的发展速度。碧螺塔影像时空更迭,和舞台形成对应。新时代的内容,飞速呈现,把"换了人间"具体化。

(二)经验借鉴

1. **明暗对比的舞台表现**

明暗对比与舞台造型。光的明暗对比可分为人与人、人与道具、人与景、景与景、表演前区与表演后区、舞台中央与舞台边缘等多种对比方式。具体来说,在舞台演出中,无论是舞剧、戏剧还是现代话剧,其主要人物角色都有着鲜明的性格特点,并贯穿始终,对演出的情感表达和情节推展起到必不可少的作用。因此,为更好地刻画舞台中角色形象,就需要借助灯光从多角度对演员进行照射与塑造。第一幕用一个海边的女孩碧螺姑娘作为贯穿全场的人物,带着观众走进每一滴水、每一粒沙,走进大海的最深处,走进这片海的前世今生。通过明暗对比的舞台造型,让观众有很强的剧情代入感。

明暗对比与舞台节奏。如果说"造型"是静态的,是空间形象的塑造,那么"节奏"就是动态的,是情感流动的旋律。在舞台灯光中,"节奏"是指灯光的线性变化,不管是整体氛围还是个体情感,所有的发展都是线性的。《浪淘沙·北戴河》整场演出的灯光都是围绕主题进行"节奏"设计。

2. **色彩对比与舞台造型**

色彩对比是指在两种不同颜色对比下,产生的一种较为新鲜的视觉效果。

色彩对比不仅体现在色相上，同时也体现在明度和纯度等方面。灯光的色彩运用，好似一幅绘画作品，通过色彩的对比，体现画面的张力，表达画中的情感。在立体的舞台空间里，不论是模仿自然环境状态的写实，还是表达意向中虚境的写意，灯光色彩都可以运用它独有的表达方式，描画和雕刻出剧中所需要的特有环境及情感。

如果说节奏快慢是音乐的旋律，那么色彩转换则是舞台的旋律。灯光对舞台造型来说，完成的是个体的、静态的空间塑造，而色彩转换则是空间造型之间的连接纽带。舞台色光需要根据剧情的变化而转换，紧促的情感色彩转换强烈，舒缓的情感色彩转换柔和。色彩的变化能给人带来强有力的视觉冲击效果，使观众根据色彩的变化而生发出某种情绪的迁移，达到剧情推展的目的。在《浪淘沙·北戴河》六幕中，从"天开海岳"的蓝、"秦皇一统"的红、"东临碣石"的白到"大唐盛世"的黄，每一幕都有其主体色彩。每一幕之间都有剧情过渡的颜色。色彩转换与剧情发展相统一，与音乐变化相统一，与舞者动作相统一，以更好地成就了舞台时间艺术。

3. 技术加持的舞台呈现

数字灯光是综合多媒体服务器、电脑等功能、高亮度投影机、LED 染色模块或红外线摄像模块等等多种高科技为一体的舞台灯光设备，是舞台表演创作中的一个全新的工具。在数字灯具的发展及应用下，通过 3D 投影，激光灯等技术，打破舞台的限制，更好地营造剧中所需要的环境，展现出富有感染力的光效，进一步提升舞台表演效果。

在《浪淘沙·北戴河》中，裸眼 3D Mapping 是整台实景演出的制作亮点。编导运用光屏障式裸眼 3D Mapping，通过与多媒体 LED 屏、立体环绕声效等多种技术手段相结合，打造出极具特色的沉浸式实景演出。在裸眼 3D 的推动和渲染之下，完成了从秦皇一统到大唐盛世的时间穿越以及从海底到天空的空间转换。放眼整场演出，舞台已经不局限于眼前的三层台，碧螺塔在 3D 效果的投影下，与舞台融为一体，与大海融为一体，让观众从"旁观者"转成"剧中人"，感受身临其境的舞台魅力。

综上所述，不论是从传统技术上的明暗、色彩的变幻，还是现代技术下裸眼 3D、激光灯等技术的运用，不管是艺术表现手法下的时空营造，还是光影雕刻下的形象塑造，灯光对舞台的前期编创、剧情推演、视觉营造等，都有着其独特的作用。在实景演出《浪淘沙·北戴河》中，编导在光影方面的构想与应用，成功地将整部演出推向高潮。通过光、乐、舞、声的融合，打造出一场视听盛宴，尤其是裸眼 3D 的运用与配合，令观众仿佛置身于场景之中，能够切实感受到舞台演出带来的魅力。当然，目前的灯光技术也不尽完美，许多技术还有待进一步挖掘研究，灯光设计也应进一步地与实践结合，应用于实践，与舞台擦出新的火花，打造更好的审美体验。

## 第二节　沉浸类旅游演艺

### 一、《又见平遥》

总导演：王潮歌

总策划：王潮歌

编剧：王潮歌

执行总导演：丛明玲、张冬

舞美设计：刘朝晖

音乐总监：王崴

灯光设计：王宇钢

音响设计：代旭

服装设计：左环宇

舞蹈编导：于海洋、王丹等

戏剧排练编导：易硕

文学：杨浥堃

置景设计：翁世峰、王曙伟等

创意舞台设计：阮小华、倪乐村

#### （一）作品概述

《又见平遥》大型实景演艺项目是"又见系列演艺项目"在中国北方地区的首个项目，也是山西省在"十二五"期间由能源大省向文化大省转型跨越的

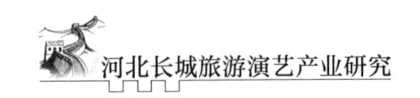

重要旅游发展项目之一,该剧由王潮歌导演策划。是"又见"团队致力创新并取得重大突破的独创性项目。

"又见"团队作为中国大型实景演出的创始者、引领者,其创作的《又见平遥》实现了新创意、新突破、新跨越,由室外实景演出走向室内情境体验,《又见平遥》不仅仅是"又见"团队在北方打造的第一台节目,而且将成为中国第一部大型情境体验演出项目。

这个故事讲述了一个血脉传承和生生不息的故事:在清朝同治年间,平遥城内的一位票号东家赵易硕得知,赵家在沙俄分号的掌柜王家罹难异国,导致王家13口惨遭灭门,只留下一个年幼的儿子,他决心要为这个孤苦无依的孩子做点什么。于是赵易硕散尽家财,凑了30万两白银,雇用当时城内最负盛名的同兴公镖局,一起到沙俄保回王家这条独苗。不料,一场意外让他遭遇血灾。过了七载,赵东家与232名镖师同归于尽,但王家的血脉得以延续至今。平遥人的道德传统在《镖师洗浴》《灵魂回城》《赵家娶妻》《祭祖·面秀》等片段中得到了生动的展现,同时也展现了这种传统所带来的悲壮情感。王潮歌导演通过这一故事,表现了平遥人的仁义精神和国人对于血脉传承的重视,展现了我们这个民族生生不息的文化精髓。

1. 镖师洗浴

跟着人群走在一百年前的平遥城里,街道两旁商铺林立,镖师"死浴"的水可能会不小心溅到旁边的你,不要怕,这是镖师出征最高的仪式。

2. 灵魂回城

客死他乡的魂魄无处安息,在若隐若现的灯光里挣扎,回忆着无法再回去的家乡,想念着无法再触碰的亲人。这段演出交代了故事发生的背景,也奠定出整部演出的氛围。

3. 赵家娶妻

跟着人流进入赵家大院,几个女人并排站立,由年龄大一点的妇人检查她们的手脚,她们的皮肤,她们丰满的胸臀和她们柔软的腰肢。被选中的女人随后凤冠霞帔入洞房,十月怀胎难产而逝,为赵家留下血脉,似乎成了她这一生唯一的使命。

4. 祭祖·面秀

说到山西,永远也离不开面食,山西是中国面食的代表,中国又是世界面食的代表。最后一节,所有观众来到了一个剧场,静静地坐了下来。舞台上的人物扮演着一位位寻根者,他们来自海内海外五湖四海,他们同样走过万里路有着同样的乡愁,他们发现离家越远对家乡那份热爱却有增无减,无论身在何处,唯有家乡的那一碗面能满足他们味蕾深处的那一抹惦念。

(二)经验借鉴

相较于实景类旅游演艺产品,"又见"系列不仅不拘泥于传统表演空间,更是大胆舍弃山水实景背景,将演出搬到室内,带给观众更深层次的沉浸式体验。

1. 晋商文化凸显创意内容

在主题上,《又见平遥》作为一个文化产品,它所表达的内容和主题体现了"中华文化看山西"思想,将"儒家思想"作为创作核心,该作品讲述了票号东家赵易硕及233名镖师为保护王家一条血脉的故事,体现了平遥人浓厚的晋商精神和中华民族的传统文化。镖师们和东家赵易硕灵魂回归故土,彰显了即使死去也要回到故乡的情感。

在文化呈现中,运用传统文化符号,彰显地域特色,如一碗热腾腾的面、祖先、牌位等元素。这些文化元素加深了观众对于山西传统文化的认识与了解,更容易引起共鸣,成为作品的重要象征。

2. 展演空间交融传统文化

平遥古城,位于山西省晋中市平遥县,始建于周宣王时期,明洪武三年(1370年)扩建,距今已有2 800多年的历史。平遥古城内,保存着300余处文物、近4 000处传统建筑。这些建筑集中体现了公元14至19世纪前后汉民族的历史文化特色,对研究这一时期的社会形态、传统思想等方面有着重要的参考价值。

平遥古城是19世纪中后期中国金融业最发达的城市之一,曾对近代中国金融业进行过操控与控制。平遥古城票号繁荣100余年来,对近代中国经济的发展起到了积极的作用。所以《又见平遥》是以和平遥古城相结合的方式来奠定自己发展的坚实基础。

在舞台空间、剧场设计等方面均以平遥古城为基础，它打破原有用山水实景布景的做法，而移至室内，将古城元素与表演有机结合。迷宫般的剧场在空间上分割复杂，与传统剧场截然不同。观众可以看到祖先生活的场景，如清末的平遥城、镖局等，在纷纷扰扰的残片中窥见故事端倪⋯⋯

这样的设计使得观众在"行走"中边看边感受，他们身临其境，仿佛剧场演出与平遥古城如对话般，创造出了一场真实的历史场景。

3. 情景模式引领沉浸式体验

在沉浸式旅游演绎产品中我们可以体验到与实景类旅游演绎产品不同的"观演"体验。《又见平遥》除了将舞台挪到室内，还首创了"行进式"的观演模式，在演出中，剧场没有提供固定座位，而是通过现场演员对参与观众的引导，让观众在流动的过程中去观看、了解故事演出，并且不同于其他演出，《又见平遥》可以按照观众的意愿，去选择不同的观演顺序。因此，观众在这里不仅是一位旁观者，创作者更是将他们视作一位位参与者。这种新颖的观剧模式，更好地诠释了"把观众作为创作中心"的观念。

因此，在沉浸式旅游演艺中，要让观众产生沉浸体验，就必须让观众真正融入到故事中，扮演剧中角色，成为故事的一部分。而演员的出色表演能够激发观众的角色感，让他们更加深入地融入到故事中去。

4. 政治、经济、文化创造发展

《又见平遥》从创作之初就一直得到政府的大力支持，并以市场为主导，融合文化生产，因此，演出的成功离不开三者融合共生。

在政府顶层设计方面，政府规划了《又见平遥》整体设计方案，将文化旅游产业区划分为剧场演出区、旅游服务功能区和主题步行街展示区三个部分，通过品牌化、产业化有效地推动了该项目运营模式的不断拓展与创新。

在社会经济效益方面，《又见平遥》不仅在经济方面带来了可观的收益，而且还为我们打开了了解山西文化的大门。在《又见平遥》演员结构中，平遥地方演员约占60%，这其中包括当地戏校的毕业生，为当地就业和发展作出了贡献。

在文化传播方面，在山西这片土地上，三晋儿女的生活习俗和精神风貌在历史文脉的传承和时代特征的反映下，孕育了山西儿女独特的人文特征。以

《又见平遥》为代表的旅游演艺项目，通过多元艺术手段在特定的景观空间中实现了旅游景观与文化元素更为紧密的互动融合，为晋商文化、旅游景观和景区的结合发展提供了新的体验模式。

总的来说，《又见平遥》首次创作出室内情境体验剧，这一成就归功于它准确的品牌定位和大范围的宣传。然而，鉴于当下我国旅游演艺行业仍处于初级阶段，为了在这一领域取得优势，企业必须持续探索，深入挖掘文化内涵，并且紧跟市场趋势，以此来构筑属于自己的品牌发展道路。

## 二、闽南传奇

总策划：夏春亭

总导演：夏春亭

导演：杰克阿和、甘露

制作人：张重祥

撰稿：韩伟

音乐制作：董刚

舞美／灯光设计：任冬生

音响设计：孙洪飞

演唱歌手：林依轮、郭祁

### （一）作品概述

《闽南传奇》是厦门老院子景区的灵魂之作，它是世界领先的360度超大室内实景演艺秀和世界最新秀文化的代表。无论是剧场规模、设备投资、技术含量，还是水、陆、空全方位三维立体交叉表演的形式，在演艺界均可称得上是一枝独秀，无可比拟。《闽南传奇》秀场以闽南文化为主题，融地方特色于一体，将民俗、民族风、民族音乐及人文历史等元素，运用高科技展示手法，并与最新国际旅游演艺剧目相结合，其表演震撼力堪比世界级高端表演秀场，完全突破拉斯维加斯的表演神话，成为集舞蹈、音乐、杂技、武术、柔术于一体的表演盛宴。

这是首台均为中国人创意设计、编剧、导演、谱曲、创作的演艺秀——该剧主创班子均为国际、国内各大演艺秀场的资深制作专家，展现给观众的是一部用神话传说的故事讲述，用地域民俗风情的铺陈，用传奇人物的史实串联，让观众眼花缭乱同时又能屡屡参与其中，高端大气又美妙惊艳的六幕闽南风情实景秀。六幕依次为《天造鹭岛》《岛城大战》《南洋历险》《渔村人家》《龙的传人》《福佑华夏》。

1. 天造鹭岛

混沌世界，洪荒之神开天辟地，呈现在眼前的是瑰丽恢宏的史前世界。

远古巨兽恐龙称霸地球，然而，看似热闹喧嚣的热带雨林，其实暗流涌动，星际陨石成群结队"入侵"地球，毫无征兆的火山喷发，蓝色星球上的霸主在这场浩劫中永远消失。沧海桑田，世界初定，一个世外桃源般的海岛上，白鹭与蛇大战，白鹭大胜，它们世代栖息在这座迷人的小岛上，史称鹭岛。第一幕通过各种大起大落的沧桑巨变，机械白鹭展翅9米迎面飞来寓意鹭岛的形成。

2. 岛城大战

沉寂的海面突然灯火闪耀，偷袭大战开始了。

乐声转换中水面上升腾着城墙，郑成功带领士兵们浴血奋战，英勇抗击荷兰军的进攻，惨烈的海战，寸土不让，悲壮而又震撼人心，让人感受海峡两岸同仇敌忾的骨肉情深，共筑盛世华夏中华梦。

3. 南洋历险

下南洋的歌从浪花中飘出，诉说了亲人的离别、故乡的思念。路上遭遇火山喷发、盗匪洗劫。海风狂啸，人类与大自然之间的游戏惊心动魄，闽南儿女在海上丝绸之路上开辟商埠、建设码头，他们用鲜血和汗水书写着一部爱拼才会赢的奋斗历史。这段表演中，特技演员的高台特技跳水表演将场内气氛推向了高潮。

4. 渔村人家

繁星、弯月、石桥、古厝、婉约甜美的渔家女子，唯美精致的画面编织出一幅恬静安闲的闽南渔村日常画卷。美人鱼妖媚动人的舞姿惊艳了全场，高空绸吊男女的缠绵悱恻，闽南人迎亲场面的欢快活泼，这幕表演无不在浓墨重彩地描绘闽南人生活得幸福美满、富足安康。

5. 龙的传人

中华民族是龙的传人。祭祀祈福，鼓声阵阵，载歌载舞，玄幻梦幻。

2 000吨水从天而降，翻起滔天巨浪，营造出"黄河之水天上来"的磅礴气势，17米的巨型金龙腾空而起，水雾喷出，欢声雷动。

6. 福佑华夏

花之精灵翩翩起舞，开启华夏盛世大联欢。

雄浑悠扬的歌声响起，高达18米的妈祖圣像缓缓升起，令观众激情澎湃，感慨万千，情不自禁心生膜拜，虔诚感谢妈祖，福佑我华夏，天佑我中华。这幕表现了独立自主闽南人自强拼搏的奋斗精神和吉祥如意的美好生活愿望。

（二）经验借鉴

1. 旅游演艺必须要有独特的特点和文化融合

《闽南传奇》秀创造了世界首个室内360度实景舞台以及360度旋转行走巨轮观众席，这一设计完全颠覆了传统的观看形式。上千位观众共同坐在巨轮观众席上，在行进路中转动360度，边走边转，大约270度的角度拓展了他们的观赏视野，再配上水、陆、空三位一体的表演，完全打破了传统剧场舞台表演模式与传统观看形式，这一奇妙的设计既是中国首创，也是世界首创。

2. 高科技与极限表演的奇妙融合，演艺效果才能震撼人心

在表演上，神游华夏演艺之《闽南传奇》秀将高新科技和极限演出效果的完美结合，创造出的绚丽耀眼，极限刺激的震撼效果，给观看者带来了独特的娱乐体验。如世界极限的高台跳水、2 000吨水从20米的高空而降、17米长的巨龙腾空而起、18米高的妈祖像在水中升腾、大型设备从水底30米升起……每一个数字都是一个奇迹。

在创作上，《闽南传奇》秀是首部完全由中国人创意设计、编剧、导演、作曲、制作的演艺秀，传播真正的中国文化，打造一场真正属于中国人的秀。《闽南传奇》秀创意团队是由具有丰富国际、国内大型演艺秀场制作经验的资深专家组成，该团队中聚集了众多国内文化、旅游、传媒以及新兴技术等各个行业的专家，深耕文化土壤，运用顶尖技术和极致表演诠释中国文化。

在舞美设计上，其舞台机械设备使用的规模比拉斯维加斯单一秀场大了5倍，还具有各类发明专利及舞台实用新型专利28件，演出场地上总占地面积

3 000平方米的LED屏幕被分置于实景中,从而形成了视频与实景虚实结合的效果。水、陆、空全方位三维立体的交叉表演形式给观众营造出一种震撼人心、惊心动魄、酣畅淋漓的观演效果。

因此,对于沉浸式旅游演艺产品而言,在认知体验方面,不仅要让观众了解并认同当地的文化,还要让他们在演出体验之后产生深刻的思考。

**3. 创新旅游演艺体验方式,打造舞台艺术化的旅游演艺产品体验**

《闽南传奇》秀将闽南民俗文化和中国传统文化内涵相融合,将神话传说故事叙事、地域民俗风情铺陈、传奇人物史诗串联,使观看者在一个小时之内体验到了妈祖文化、南洋文化、闽南文化和中华文化。将舞台艺术化,将艺术舞台化。

因此,旅游演艺产品在表现节目内容和表演风格上需要展现与观众所处地方不同的文化色彩,以满足异地观众求新、求异的猎奇心理,并客观地推广不同区域的文化。

## 三、丽江千古情

导演:黄巧灵

演出团体:宋城演艺

演出剧院:丽江千古情大剧院

### (一)作品概述

《丽江千古情》是丽江千古情景区的核心产品。丽江千古情景区由宋城演艺开发建设。以丽江民族地域文化为主题,以大型歌舞《丽江千古情》为核心内容,展现了丽江的千年文化和历史风情。景区主要包括茶马古街、那措海等多个主题区域。而《丽江千古情》全剧综合了纳西民间传说、舞蹈、纳西音乐、杂技、威亚等元素,通过舞台机械、装置艺术等上万套高科技产品,结合纳西族艺术,勾勒出一段段灵肉交织、血泪交织、生死与共的文化传奇故事。

《丽江千古情》是纳西文化的精髓,通过重现《纳西创世纪》《泸沽女儿国》《马帮传奇》《古道今风》《玉龙第三国》《寻找香巴拉》等长达千年的历史与传说，带领观众穿越雪山，领略洪荒之域的纳西风光、摩梭花楼的湖畔景色、茶马古道的险峻路程、古道重镇的欢歌舞蹈、玉龙第三国的浪漫凄美、香巴拉的世外桃源，共同感受这一美丽瞬间，度过一段难忘的风花雪月之旅。

1. **纳西创世纪**

一开始出现的是一个白色的大鹏鸟，羽毛做得特别逼真，然后音乐立刻换调，这个大鹏鸟立马变成了几个人，这个时候观众才反应过来，之前的大鹏鸟翅膀是演员叠在一起组成的，前后的视觉冲击很大。而且所有人都是被钢索吊在空中，不能不出现漏洞。这段交代出了纳西族的古老文明。

2. **泸沽女儿国**

在泸沽女儿国的演绎中，舞台直接引入了天降瀑布的设计，是真的水流，而观众则是透过这个薄薄的瀑布欣赏演员的表演，这也让表演了有了朦胧的感觉。居住在女儿国的摩梭人属于纳西族支系，是世界上唯一一个保持母系氏族关系的民族，这里男不娶亲、女不出嫁，都采取走婚风俗。

3. **马帮传奇**

表演讲述的是一个马帮人，舍弃了儿女情长，为了护送官粮，跋山涉水，智斗山贼，最后牺牲了的故事。《马帮传奇》就是用一个马帮小伙的一生来演绎马帮文化的兴衰。

4. **古道今风**

古时，丽江此地一直是与外国人开展贸易的重要门户，这茶马古道又叫"南方丝绸之路"，如今，丽江中转贸易的作用仍具有举足轻重的地位，带动了国内与国外的经济往来。这一段欢快的音乐，加上活泼的舞蹈，无不体现着纳西人民对当下生活的热爱。

5. **玉龙第三国**

这一幕是和纳西族的爱情故事有关。纳西族人一直遵循的是走婚习俗，也反映出他们对自由恋爱的向往，然而就是这种走婚，导致三万多名纳西族年轻男女为了爱情而壮烈殉情。这一幕主要通过杂技、特效等元素，表现纳西族人民对于爱情圣地的渴望。

#### 6. 寻找香巴拉

随着时间的流转，四季的更替和星空的变幻，历史的长河从古至今，唯一不变的是人们都在寻找"香巴拉"。每年都有数以百万计的游客聚集在丽江，感叹昔日的"殉情"故事，探寻属于自己内心深处的"香巴拉"。在这段表演中，演员们穿着少数民族的衣服，载歌载舞，用歌舞的形式展现出少数民族的文化，让观众去感悟"香巴拉"的真谛，为"丽江千古情"画上了一个完美的句号。

### （二）经验借鉴

#### 1. 地域特色与人文内涵相融合

旅游演艺产品的成功在于深度挖掘地域文化内涵，实现文化演艺产业与旅游业的有机融合。这不仅能凸显当地民族文化特色，还能为游客带来全新的旅行体验。

第二幕中生动展现了"赶马人"及其亲友们的勤劳勇敢，深刻描绘了"赶马人"所处的传奇世界。同时，强调了丽江作为茶马古道的代表性地区的价值。

在结尾处，展现青年藏族姑娘在人间仙境香格里拉草原上尽情欢歌起舞，白塔从空中落下，经幡万道迎面招展，散发着浓郁的藏族文化气息。使观众感受多民族融合、民族大团结的祥和氛围。

此外，观众在欣赏这场演出时，会不禁感叹于数字化科技带来的视觉震撼，感受到纳西族创世神话传说和史诗故事所带来的心灵震撼。

#### 2. 文化创意与娱乐互动相融合

《丽江千古情》的独特之处在于，通过现代的舞台表现手法，将纳西文化、摩梭文化、滇少数民族文化、马帮文化和雪山文化重新塑造，呈现出一种别样的魅力。

在第一幕《泸沽女儿国》中，融入了摩梭人独特的习俗，即走婚习俗；在第二幕的《马帮传奇》中，展示了茶马古道上马帮文化的兴衰，这些文化因素都被巧妙地融入了剧情之中……

此外，丽江千古情大剧院是一座典型的文化主题剧院，也是最大的东巴文化"艺术墙"。丽江千古情大剧院的外观也以中国人最喜欢的大红色为主色调，设计灵感来自"玉龙第三国"的爱情和东巴象形文字。

### 3. 科技特效营造视听盛宴

全息影像：把曾经被称为"南方丝绸之路"的茶马古道融入表演中，通过全息镜像，纱幕投影和3D动画特效，让台上演员犹如被唯美幻境所裹挟，与亦假亦真的舞蹈互动相结合，把观众带入虚幻而浪漫的故事性空间里，完美地展现了"丝路"全息秀。

舞美设计：与以往全息舞台为了避免视觉穿帮而把设备隐藏在地板下不同，《丽江千古情》是在原有剧场舞台的基础上，经过精确的空间测算后，利用5米宽、17米长的车台摆放全息设备，并结合利用地面轨道水平移动至舞台上进行全息成像。在全息膜的背后，一幅黑幕投影与车台LED屏完美融合，呈现出令人叹为观止的影像深度。整个演出过程中都可以看到舞台四周和后方投射到银幕上的全息画面。这样的舞台美学设计不仅不会对原有的舞台框架造成任何破坏，反而能够保持其完整性，不用挖地板藏下庞大全息屏的设备，而且还能通过显示器的特殊倾斜处理使观众的视觉聚焦到全息影像上，增添了视觉立体感。

实时播控：《丽江千古情》在增加全息成像手段的同时，还对视频播控系统进行了优化，做到了一键播放、操作方便，节约了现场工作人员的费用；并且还利用实时播控播放的方式实现音乐和画面的完美搭配，这是系统安全稳定的最重要的保障。与此同时，设计团队还对硬件设备进行了再优化，对屏幕画布和播出等切割方案进行了再设计，提高了播控系统清晰度。

### 4. 产业联动提升经济效益

首先，该演出涉及了多个产业，如旅游、文化、餐饮、服装等，这些产业之间相互依存、相互促进，形成了产业联动效应。例如，演出吸引了大量游客前来观看，这就带动了当地旅游业的发展，同时，游客在观演的同时也会产生其他消费，促进了当地餐饮、服装等产业的发展。

其次，该演出还通过创新的方式提升了当地文化产业的价值。演出融合了丽江古城的文化元素，如纳西族的音乐、舞蹈、服饰等，将传统文化与现代技术相结合，呈现出独特的视听效果，吸引了更多游客前来观看。这不仅提升了当地文化产业的价值，还为游客提供了一种全新的文化体验。

最后，该演出还促进了当地经济的发展。演出不仅为当地带来了大量游客,还创造了就业机会,提高了当地居民的收入水平。同时,演出还带动了当地相关产业的发展,增加了当地的税收收入,为当地经济的发展作出了积极贡献。

综上所述,《丽江千古情》中体现了产业联动,通过多个产业之间的相互依存、相互促进,提升了经济效益。这种模式不仅适用于丽江,也可以为其他地区的文化产业发展提供借鉴。

## 四、又见敦煌

出品人:王儿将

总导演:王潮歌

总编剧:王潮歌

建筑设计:朱小地

主题曲:《一瞬间》

演唱:黄绮珊、权振东

演职阵容:全国各地专业院校演员

### (一)作品概述

《又见敦煌》是甘肃省首部大型室内情景体验剧,由甘肃四库文化发展集团有限公司斥巨资打造,著名导演王潮歌执导,采用"行进式"空间体验方式演出,以"回溯"为主线,打破了时空,重建了距离,让观众在行走中观演,在体验中感悟"敦煌"。

《又见敦煌》选取六个线索人物作为故事脉络,借助五个典型的场景,把莫高窟飞天壁画的前世今生和一代代敦煌人以青春奉献大漠的故事讲给大家,向世界展示东方文化的深厚底蕴和神秘魅力。使古人千年的智慧在现代重绽光芒。在创新传承中展现敦煌的自信与风采,再现古丝绸之路的繁华与美丽。

1. 第一幕

张骞开路、索靖出师、乐僔悟佛、大漠飞天、张议潮之忠、王源路之悲、常书鸿之志、无名氏之歌,配合灯光的切换,每个历史角色仅以短短数句台词描述自己的背景。恢宏壮阔的背景音乐,由静到动的人物展示,名不见经传但是演技精湛的演员,一年600多场的演出,在大漠之中,上演着千年历史真人秀。这一幕剧情是对敦煌千年历史的概括。

**2. 第二幕**

这一幕讲述的是清代末年王源路的故事。故事伊始，是河西风土人情的展示，千里荒漠之中顽强的人民合唱之歌更显凄凉。接着是王源路夜运经书的故事，先是以小人物的视角呈现贪婪之态，然而实际运书的时候再三犹豫，几经挣扎，内心矛盾表露无遗，搬运夫以红漆涂身，为了生计做羞于祖宗之事。敦煌飞天，或称之为敦煌守护神，以一个母亲姿态，包容着这片土地的人民、忍受着屈辱的历史，个人语言难以描绘的精彩舞台表演，震撼人心的背景音乐，仿佛令人置身于观音现世、如来讲经的庄重肃穆抑或盛世梵音的仙境，沉浸其中、忘乎自我，仿佛自己就生活在百年前，正是那飞天之下的一个凡人。那直击灵魂的旁白，更是绕梁三日，余音不绝。这段表演是整部剧中最具观赏性、最具历史情怀的一幕。同时，也将剧情在此处推向高潮。

**3. 第三幕**

这一幕讲述了几位美人的故事。

第一位是宋国夫人，讲述的是敦煌壁画受到环境和人为破坏，逐渐失去往日鲜艳色彩，她呼吁人们保护历史文物。

第二位是米薇，寄予未来丈夫的情书，历经千年的等待，最终由斯坦因发现这封信，现存于法国，尺素传情，故事安逸美好。

接着便是九曲回廊，一幕幕历史场景展示的是第一幕中关键历史人物的经典故事。这一段作为第二幕和第四幕剧之间的承接，让人舒缓地从第二幕的情感中走出来，走向最后半小时的盛典。

**4. 第四幕**

第四幕剧偏向于展示敦煌对于历史、国家、文化的巨大贡献，场景更为宏观，洋溢着一种文化自豪感。分为三个故事，穿插着千年跨度的对话，仿佛历史就在眼前。

第一个讲述的索靖的故事，他作为书法家名垂千古，然而使他引以为豪的，是对河西走廊领土的守护，是做个国家尺寸之土不让外人之手的忠贞之士。

第二个讲述的是张议潮的故事，他驱逐了河西地区的吐蕃守将，使瓜、沙等十一州又重新回归唐朝，派遣十支队伍分路向唐宣宗送报，然而仅有高进达一支抵京，何其壮烈。

第三个是故事合集，张骞历经十三年开辟河西走廊，诗人王维经典诗句"劝君更尽一杯酒，西出阳关无故人"，乐僔和尚于鸣沙山崖壁上的悟佛开窟，常书鸿留学法国惊叹敦煌文物之美后远赴荒漠建立敦煌研究院等等。千年一瞬，一瞬千年，浩瀚历史，一夜梦醉。这一段通过经典的历史人物视角，串联起了恢宏壮阔的千年历史。

（二）经验借鉴

1. 文化内涵拓展演艺内容

旅游演艺的题材与内容是演出的核心，精品演艺要在所要反映的历史文化上下功夫，就必须肯于发掘，善于展示，凸显历史文化内涵。

莫高窟作为当今世界历史延续时间最长、保存最为完好、内容最为丰富、艺术最为精湛的佛教艺术遗存之一，涉及了文化、艺术、科技、政治、宗教和日常生活等多个层面。《又见敦煌》是敦煌文化自我表述之作，旨在借助敦煌文化现有审美资源把古老敦煌引入当代审美视域。敦煌创意空间的多重表征获得新生，文化创意时代的敦煌文化和丝路精神通过情境体验被改写。

此外，《又见敦煌》是大型室内沉浸演出，与山水实景演出相比，缺少自然环境渲染，观众会更关注演艺作品本身，他们会将重点放在演艺所讲故事、所展现历史文化上，对剧情体会上也更有深度。所以，我们有必要重新关注旅游演艺的文化性、故事性、表演性与感染力。

2. 多重元素展现极致效果

《又见敦煌》的沉浸式演出成功抓住了游客求新探奇的旅游心理。

在《又见敦煌》的戏剧场景中，众多象征着历史和时空的物品将过去的光阴引入当下的时间体验之中。在这一过程中，观众与舞台上呈现出来的场景形成了互动和共鸣。以身体为媒介呈现的壁画、服饰等元素，不仅是文化符号，更是创意空间中的实体。

黄沙是贯穿全剧的视觉符号，与西部地理的独特特征相互呼应，形成了一种独特的视觉风格。

此外，"T"形舞台所呈现的形式，不仅仅是一种时间向度的象征，更是对丝路精神表意符号的高度凝练和传承，具有深远的历史意义。"T"形舞台，作为一种极具现代性的审美符号，为丝路精神的当代性提供了一种无形的象征。

3. 服务质量提升受众感知

有序地组织管理，提高服务质量是沉浸式旅游演艺活动得以顺利开展的保障。在《又见敦煌》的观演过程中，游客的满意度受到了"拥挤""混乱"和"带孩子太累"等因素的影响，不止在这部产品，其他产品演出现场也多少会有这类游客反馈，这表明在旅游演艺产品的生产和消费过程中，工作人员的服务质量尤为重要。

为了让沉浸式旅游演艺活动能够成功举办，我们需要有序地组织和管理。如果在观看过程中，游客感到不满意，这不仅仅是这个产品的问题，更深层次是服务意识出了问题。因此，在生产和消费旅游演艺产品的过程中，我们需要更加注重剧场工作人员的服务质量，提供更加贴心的服务，以满足游客的需求。

4. 专业人才诠释演艺作品

在沉浸式旅游演艺中，演员不仅是扮演角色的表演者，更是引导观众参与演艺节目并推动剧情发展的关键人物。评论显示，观众欣赏演员的颜值、敬业精神和演技等方面。一位优秀的演员不仅能够激发观众的参与热情，还能够让观众自然地扮演剧中角色。演员出色的演技能够吸引观众进入故事情境，并与演员互动，最终忘却自己是观众的身份。因此，在选角时必须关注演员的综合素质，同时也要着眼于演员的可持续性。这种可持续性不仅可以节约成本，还可以让演员的演技更加娴熟。最有效地实现演员可持续性的方法是定期进行培训。

## 五、又见五台山

导演：王潮歌

建筑设计师：朱小地

音乐总监：王崴

服装设计：左环羽

### （一）作品概述

《又见五台山》作为国内首部佛教题材大型情境体验剧，创新演出形式，通过沉浸式演绎几个普通人的平凡故事，巧妙地带领观众进入情节，与舞台上的演员一同感受喜怒哀乐，解构"一天、一年、一生、一念"，体悟人生，是五台山景区深入推进文旅融合，"讲好五台山故事、传播五台山声音"路上的优秀代表作品。

《又见五台山》情景剧完全突破以往的舞台剧形式，采用 1 500 人旋转观众席，用全新的舞台创意，采用交互性极强的高新科技，将艺术与佛教理念融合，使不同的生活故事、佛教典籍的情景和仪规在戏剧中演绎再现，阐释百态人生在沉浸互动的观演中树立起文旅演艺的新标杆。

在该剧中，观众目睹了佛教在五台山的融合之路，以及它与普通人的日常生活的交融之处。通过不同人物的对话和表演，展示出佛教与世俗之间的矛盾冲突。在该剧中，普通人的日常琐事得到了生动的呈现，同时也展现了每个人对生活的深刻感受和思考。此外，该剧也是一部展现历史文化内涵和艺术魅力相结合的作品。随着时间的流逝，观众与剧中人物共同沉浸于生活的禅思之中，并以独特的视角领略五台山所蕴含的智慧。在长达 90 分钟的演出中，演员以不断变化的舞台为载体，诠释了世间万象。此剧的亮点在于舞台旋转所带来的虚幻空间与现实的融合，呈现出一种令人陶醉的视觉效果。演员们身临其中，仿佛进入了一个奇妙的境界。

**（二）经验借鉴**

**1. 表现上：深挖文化内涵**

《又见五台山》以五台山讲经说法法会的形式呈现。王潮歌在创作这部作品时，延续了《又见平遥》关于"生命追问"的模式：第一部作品（即《又见平遥》）回答"我是谁，我从哪里来？"第二部作品（即《又见五台山》）回答"我是谁，我到哪里去？"

《又见五台山》中直接选用开坛讲佛诵读佛经的表现手法，让佛家的思想以直观、可感的仪式呈现在观众面前，正是对佛教经典释义的整体观照，让人们真正体验佛教思想的本原。

《又见五台山》由"诵经"和"祈福"构成，通过经典故事阐释人们应当如何理解天地、世俗和众生。观众在亲身的交互中，可以看到佛教在五台山如何与现代与普通人的生活融合，引发观众的感受与思考，使现场观众以别样的视角体会五台山所蕴藏的智慧。

### 2. 形式与结构上：不同角色体验

在形式上：导演王潮歌认为："佛教在中国不仅仅是信仰，它是我们文化中的一部分，是流淌在我们血脉中的一部分。无论你信不信佛，我们每个人在生活中，都会产生与佛教相关的行为。"① 在演出中，演员在不停旋转的舞台上呈现了人生的各种境遇。观众可以随意移动观看，或者闭上眼睛感受剧中氛围。他们可以从室内情境体验区穿梭到360度全景旋转舞台区，通过观演形式的变化，使观众近距离体验生命的"变化"以及佛祖的"点化"。

在结构上：剧场以连绵不断的山形状的建筑组成，"山体"刻有经文，沿着主路可从"山体"内穿行而过。导演以科技、灯光、声音、经文的穿插的结合的表现形式去表达现在人内心中都会遇见的三件事，即嫉妒贪嗔他人之心，父母远去才想要尽孝心，羡慕他人之心。

### 3. 美学角度上：不同情感体验

历经十个月的创作，最终呈现在观众面前的该剧，讲述了一个世俗人"上山—问佛—顿悟"的故事。

在创作上，导演通过与得道高僧的交流，获得了顿悟，最终，所呈现出来的浓郁佛教氛围、超常主题诠释也得到了高僧的认可，整场演出用舞台语言、情境营造把佛教典故和仪规演绎得发人深省。

近年来，沉浸式旅游演艺产品通过对舞台空间场景、文化内容叙述和技术应用的创新，带给了观众更加直接的旅游文化获得感和身临其境的体验满足感。目前国内涌现了以《又见五台山》为代表的优质沉浸式旅游演艺产品，这类产品正在充分发挥"文化＋旅游"的载体作用，成为区域特色文化的品牌IP，是文旅深度融合发展的重要表现。

以王潮歌为代表的导演团队结合中国文旅资源特色与优势，运用沉浸式表现手段，打造新型文化场域呈现空间。在《又见五台山》中，我们得以窥见我国在沉浸式旅游演艺创作中，从舞台时空设计上由实景演出到情境体验演出再到行进式实景演出的转变和多维融入式演艺的创新，也为后疫情时代的沉浸式文旅演艺提供了新的发展思考。

---

① 杨慧琪. 文旅融合背景下"大型室内情境演出"研究[D]. 北京：中国艺术研究院，2021.

# 第七章　旅游演艺相关问题

## 第一节　数字技术赋能文旅融合发展研究[①]

数字技术指借助一定的技术设备将图、文、声、像等各种信息转化为电子计算机能识别的二进制数字"0/1"后，进行运算、加工、存储、传送、传播、还原的技术。随着大数据、量子计算、区块链、物联网、人工智能、AR、VR、MR、CR、XR等数字化新技术、新应用的融合与演进，新一轮科技革命和产业变革正在重塑经济结构。数字技术的蓬勃发展也改变了文化产业和旅游业的发展格局，为文旅融合赋能了新动力。

2012年至2022年的十年间，我国出台了多项文旅产业发展政策文件。2019年8月，科技部等六部委印发了《关于促进文化和科技深度融合的指导意见》，推动中国文化科技产业进入新的阶段。2020年11月，文化和旅游部出台《关于推动数字文化产业高质量发展的意见》，提出"培育数字文化产业新型业态"，从促进优秀文化资源数字化、培育云演艺业态等方面，明确新型业态培育的主要措施，引导业界对新兴领域开拓创新，让创新潜力充分涌流，形成更多新增长点、增长极。2021年4月，文化和旅游部发布的《"十四五"文化和旅游科技创新规划》提出："要高度重视科技创新在推动旅游业高质量发展中的重要作用。"2021年12月，国务院印发《"十四五"旅游业发展规划》，提出要充分运用数字化、网络化、智能化科技创新成果，升级传统旅游业态，创新产品和服务方式，推动旅游业从资源驱动向创新驱动转变。这些政策的出台说明国家对新兴的数字文化产业作出顶层设计，将引导产业发展方向。数字

---

[①] 高永鹏，刘伯书. 数字技术赋能文旅产业融合发展研究[J]. 产业创新研究，2023，111（10）：83-85.

技术的发展和日益增长的高层次的文化旅游需求倒逼文旅产业供给侧结构性改革，倒逼文旅产业相关政策的制定与实施。

加强数字科技应用是实现中国式现代化文旅产业场景建设的关键举措，以数字技术为文旅产业的突破口，加速旅游业的生态融合和业态创新，势必为文旅业态增长带来新机遇，也是秦皇岛市"建设国际一流旅游城市"新的增长点。

### 一、拥抱"云时代"，拓宽宣传平台，聚集浓厚人气

数字化技术在文化和旅游行业广泛而深度的应用，潜移默化地改变着游客的需求、行为与体验，打破了传统供应链下各类旅游企业的边界，大幅提升了文化和旅游的智能基础设施建设和公共服务效能。秦皇岛市十三次党代会确立了"加快建设一流国际旅游城市"的目标定位，进一步提出"推进旅游数字化转型，加快旅游信息基础设施升级，构建全数据赋能旅游治理和服务的新模式"，为秦皇岛市文化旅游产业发展指明了路径和方向。

步入云时代，大数据已引起越来越广泛的关注，人们的工作和生活方式受到互联网技术的影响产生了巨大变革，"云旅游"应运而生。疫情防控期间，江苏镇江、山东泰山、龙门石窟、成都等地都开放全景直播，通过云直播平台架构等技术研发，成功实现"云旅游"。

河北省共有景区 420 家（资料来源于河北省文化和旅游厅官网），其中 5A 级景区 9 家。《人民日报》公众号在 2020 年 2 月 11 日曾刊发全国"云旅游"省份、城市及景点信息一览表，上千个线上开放旅游景点中，河北省只占 12 个，而秦皇岛只有金沙湾沙雕大世界榜上有名。在疫情影响下，"云旅游"是秦皇岛市文旅企业发展的一个盲区，国家主流媒体对秦皇岛市旅游景区的报道偏少，直接带来的后果就是宣传方式亏缺、品牌影响骤减，以及疫情过后信息辐射与客流后劲不足等连带问题。

为破解秦皇岛对外宣传数据共享滞后方面的问题，建议加快构建网上网下一体、内宣外宣联动的主流舆论格局，构建全数据赋能旅游治理和服务的新模式，推进旅游数字化转型。

第一，加大在主流网站对外宣传力度，保障相关数据及时发布，利用政府相关权威部门的数据信息发布，提高秦皇岛市的曝光率与传播度。

第二，加快 5G 建设利用，增加"云旅游"平台建设，增强视频平台（微信视频号、抖音、快手等）和文旅产业主体的创新协同，拓宽视频业态赋能旅游行业的适用场景，加快新技术的创新和文旅产业应用。

第三，鼓励景区转型升级，打造旅游 IP 景区。政府除了传统的政策引导外，要建立和完善旅游创新平台，聚集各类资源，引导其开发独具特色的主题 IP，对关键创新资源进行相应补贴，以创新带动整个产业的发展，为景区的转型升级创造条件。

第四，鼓励和支持各类媒体、旅游企业增加线上文化和旅游产品供给，强化文旅创新营销模式，做好本地游、深度游开发，保障旅游产品供给。

第五，建设秦皇岛数字旅游体验展览馆，通过数字创意设计与艺术空间的完美结合，将秦皇岛市悠久的历史文化、自然风光、民俗风情用数字场景展现出来。

## 二、培育"直播秀"，发展网红经济，助推产业发展

数字技术对于文旅产业已经产生了深远的影响，特别是人与人、人与物的"时空耦合"已然发生变革。当务之急是要对数字技术在文化和旅游产业中应用的发展方向进行前瞻性预测。正如新冠疫情期间，在数字技术的加持下旅游景点、旅游文化已经搬到"线上屏前"。事实上，线上旅游已经成为许多人生活中了解世界的一种方式。旅游直播不仅能实现"流量变现"的新模式，还能提升"消费扩容"的新动能。秦皇岛有着得天独厚的资源优势，文旅从业者应进一步探索虚拟现实边界融合问题，进一步转化传统文化资源数字化建设，进一步凸显数据要素赋能文旅优势，为数字技术在秦皇岛文化旅游产业数字智能化、网络信息化、互动体验化、虚拟现实化的应用场景提供支持条件。

在"中国式现代化"踔厉奋发的新阶段，在"数字强国"万物互联的新时代，在建设"国际一流旅游城市"新目标引领下，发展旅游直播正当时。秦皇岛市文化旅游企业应该拥抱科技，融合发展数字经济，加快文旅产业网络化、数字化、智能化建设，助力文化和旅游业恢复振兴。在数字技术推动下，加大培育"直播秀"力度，发展"网红经济"，助推数字文旅产业发展是建设中国式现代化秦皇岛场景的必由之路。

第一，挖掘深层文化内涵。在一些人文景区，通过旅游直播，为线上观众深入讲解秦皇岛市历史文化内容，借鉴"大咖说"讲师团模式（专注博物馆讲解的职业直播旅游从业人员），充分利用直播优势，将音频、视频、图片等内容结合对文物、景观、历史人文等知识进行整合，直观地展示给观众。培养潜在消费群体，增加消费黏性。

第二，增加线上互动。通过旅游直播带来更加多维"虚拟互动"交互形式，利用传播媒介的社交属性，使"在场"与"他者"跨时间、空间相融合，满足潜在消费者差异化"心流"需求，拓展旅游用户黏性与粘连度，为旅游复苏积累用户数量。

第三，文旅企业深挖自己的"流量明星"。以秦皇岛碧螺塔景区为例，平时只能在舞台观众席上看的演出，现在可以进行线上直播；对观众好奇的后台，可以进行幕后直播；对于排练、新剧目创作，可以进行花絮直播。

第四，要培育发展一批"网红"人才，推动"网红"覆盖文化旅游行业领域，成为秦皇岛对外宣传的主力军，加大"网红"培训力度，增强社会责任感与自豪感，在宣传家乡的同时，传播正能量。

第五，集中力量更广泛地通过互联网平台推广艺术家、推本土明星、推广演艺项目、推演艺品牌、开展艺术教育，吸引和培育更多的年轻群体成为舞台艺术的受众，打通跨文化交融，积极探索秦皇岛市旅游演艺产品内容线上传播和线下增值的新模式。

### 三、打好"技术牌"，赋能文旅演艺，彰显文化魅力

作为国家文化数字化战略中最重要的组成部分，国家文化公园建设至关重要。2020年10月，《中共中央关于制定国民经济和社会发展第十四个五年规划和二〇三五年远景目标的建议》将建设长城、大运河、长征、黄河国家文化公园列入议题，标志着国家公园建设进入实质性推进阶段。建设国家文化公园的关键，是推进保护传承工程和文旅融合工程，而旅游演艺作为文旅融合的重要载体，是促进文旅融合和保护传承的有力抓手。

秦皇岛市在长城文化领域有着无可比拟的优势，以山海关为代表的长城文化得到学界高度认可。在硬件设施上，山海关中国长城博物馆（暂定名）

是国家重点打造项目，此项目是国家文化公园第一批重点建设项目，也是秦皇岛市融入国家文化战略标杆项目。在软件配套上，如何展现长城文化，如何把长城文化视觉化、符号化推向世界，急需一个以长城文化为主题的旅游演艺项目集群。

秦皇岛市十三次党代会提出："大力实施文艺作品质量提升工程，推出一批具有燕山底蕴、大海气魄、长城风骨、港城韵味的文化精品力作。"建议以国家重大文化工程建设为契机，以山海关长城景区为重点，通过数字媒介、虚拟现实、全息投影、数字交互等技术在文旅产业中的运用，培育数字文旅、演艺体验、夜间旅游等产品形式，以"演"促"经"，推出长城国家文化公园业态样板工程——《天下第一关》大型长城实景演，构建长城旅游演艺产业集群，打造北方沉浸式长城实景演出新业态，积极培育世界级文化古城。

第一，运用"数字技术"加持旅游演艺。用数字技术制造沉浸式艺术场景，如邀请世界顶级"team lab"团队在山海关景区建立数字互动装置，使得受众能够跟环境发生互动，进一步强化用户的沉浸式体验。用虚拟现实技术打造沉浸式交流场景，如邀请微景天下团队开发的全媒体沉浸式交互展示系统在古城搭建互动平台，展示虚拟现实技术下的沉浸式艺术互动。

第二，利用"夜间巡游"打造沉浸式夜间演艺新场景。推出大连博涛文化有限公司开发的大型高科技仿生机械巡游演艺巨兽，结合山海关历史，借鉴《山海经》内容，打造"巡游文化"主题夜游演艺，通过山海关古城特色夜游街区，打造"夜间经济"新的增长极。

第三，善用"亮化"手段拓展长城文化演绎。实施古城"数字化亮化工程"，以"天下第一关"光影秀为核心，对城墙、鼓楼、门关灯源进行网络化布局，形成联动机制，建立古城"智能化、艺术化、数字化"亮化格局，运用亮化、全息投影等技术手段，将长城文化进行演绎，打造"亮关"仪式，增加古城仪式感。

第四，施用"沉浸技术"赋能长城博物馆。利用 AR、VR、MR、XR 等技术，打造数字化沉浸式山海关中国长城博物馆（暂定名）。通过数字技术进行场景营造、故事构建、互动设计等方式，将场景感、体验感、互动感、沉浸感赋能长城博物馆，推进数字技术与文博艺术高度融合，从而实现长城文化可视化呈现、互动化传播、沉浸式体验,打造沉浸式精品山海关中国长城博物馆 IP。

第五,加强长城文化品牌 IP 建设。大力引进长城国际艺术节、长城国际马拉松比赛等赛事、艺术节活动,争取活动主办权,擦亮长城名片,打造"万里长城"品牌 IP,利用长城文化基地,传播古城"必游""必看""必购"的旅游消费新场景,增强旅游核心竞争力。

综上所述,文化与旅游产业深度融合发展是当代经济社会发展中最具活力的新兴产业之一。场景化、体验式、互动性、综合性是新时代文化旅游产业发展的新方向。作为文化与旅游融合的重要载体,在文化产业被高度重视的当下,旅游演艺在文化旅游中的地位也逐步上升。进入数字时代,技术在其他领域展现已久的巨大能力,终于全面进入文化领域,文化产业的创作、生产、传播、交易、消费各个环节全面转型,呈现出技术密集特征,生产效率明显提升。这些变化推动着文化消费结构、文化生产结构、文化市场结构的快速转变。数字科学技术的迅猛发展促使传统文化和旅游产业持续迭代升级。基于此,本节通过三条实践路径,提出利用新媒体打造产品精准营销,运用新技术实现景区智慧化转型,善用新演艺打造提升城市品牌价值,实现数字技术赋能文旅产业融合发展新模式。

## 第二节 秦皇岛旅游演艺产业发展路径研究[①]

为推动我国文化产业与旅游业的进一步融合发展,2018 年 3 月,原国家旅游局和原文化部合并,组建文化和旅游部。这说明文旅融合已经成为我国文化产业与旅游业的现实发展方向。从文化和旅游部独立出台以及联合出台的政策文件可以明显看出文化和旅游在产业培育和产业发展各个方面融合发展的趋势,"宜融则融、能融尽融、以文促旅、以旅彰文"正逐一得以体现。"十四五"期间,在推进文物和文化资源创造性转化和创新性发展中,中央明确提出鼓励有条件的地方发展旅游演艺。在文化产业被高度重视的当下,发展文旅产业,打造实景演出,秦皇岛有着得天独厚的资源优势。在"建设国际一

---

① 高永鹏. 文旅融合视阈下秦皇岛旅游演艺产业发展路径研究 [J]. 旅游纵览,2022(9):77-79.

流旅游城市"目标引领下，发展旅游演艺产业正当时。以文旅融合的发展政策为依托，以发展区域经济和文化艺术产业为目标，以文旅资源的传承与保护为基础，以山海关长城景区为重点，构建秦皇岛旅游演艺产业体系，把秦皇岛打造成为北方演艺之都。

## 一、打造北方演艺之都"三个一工程"

2019年7月24日，中共中央总书记、国家主席、中央军委主席习近平主持召开中央全面深化改革委员会会议，审议通过了《长城、大运河、长征国家文化公园建设方案》。2020年10月，《中共中央关于制定国民经济和社会发展第十四个五年规划和二〇三五年远景目标的建议》将建设长城、大运河、长征、黄河等国家文化公园列入议题，标志国家公园建设进入历史建设新阶段。2021年8月，为深入学习贯彻习近平总书记关于国家文化公园建设的重要指示精神，加快推进国家文化公园建设，国家文化公园建设工作领导小组印发《长城国家文化公园建设保护规划》，该方案出台标志着长城国家公园建设进入快速推进时期。2022年4月，秦皇岛市政府的新闻发布会介绍长城国家文化公园（秦皇岛段）建设情况，按照《秦皇岛市长城国家文化公园建设工作领导小组2022年工作要点》，全力打造一批长城国家文化公园标志性项目。

在长城国家公园建设阶段，秦皇岛市已入选长城国家文化公园重点建设区，山海关区有得天独厚的历史、自然、人文资源优势，挖掘、提炼、整合山海关长城文化势在必行。长城文化的呈现需要一个载体，而旅游演艺就可以将文化和旅游结合在一起。我们可以借助国家大力建设长城国家文化公园的历史机遇，通过"三步走"，打造秦皇岛市北方演艺之都。

"三步走"就是"三个一工程"：短期打造"一剧"（实景演出），中期塑造"一城"（山海不夜城），远期缔造"一都"（北方演艺之都）。

### （一）打造"一剧"

以长城国家公园建设为契机，以长城文化为依托，在长城国家文化公园内，以实景剧场为载体，通过沉浸元素的艺术呈现手法，讲述山海关的历史人文，打造《天下第一关》沉浸式实景演出。

所谓"沉浸式实景演出"是当今最先进和前沿的实景演出方式。旅游演艺产品在舞台和场景营造层面的创新性发展，促成了旅游演艺过程中的主客交融。目标在于寻求作品与观众间更深刻的联结方式。"沉浸式实景演出"的艺术特点是：第一，匠心独运的剧场搭建；第二，游客可以根据自己的需求选择行进观看演出路线；第三，多线索叙事结构。沉浸式是一种体验方式，这种体验方式可以和任何一种艺术形态进行嫁接，甚至可以和任何一种商业形态进行嫁接，其核心是重在体验。《又见平遥》的成功，可以为山海关"沉浸式实景演出"提供有力的借鉴和支撑。另外，秦皇岛市要想发展全域旅游就必须解决冬季旅游短板的难题。这个难题主要包括气候和流量，笔者认为可以借鉴"又见平遥"模式，在长城国家公园选址，搭建独立剧场，以此来补足冬季旅游短板。

旅游演艺设计需突破传统旅游演艺对内容表达的限制，让深刻的思想浸透在形象化的演出场景表达中，产生写意象征和虚拟联想，生成具有现代性的人文观察和生命思考，形成意义体验。关于主题，可以围绕长城文化，以历史人文为主线，重点关注孟姜女（爱情）、戚继光、吴三桂（历史人物）、闯关东（民族迁徙）、山海关保卫战（革命文化）等元素，梳理山海关长城的文化脉络，加以挖掘整理，提炼山海关长城文化IP。

### （二）塑造"一城"

以山海关古城为中心，大力发展夜间经济，塑造"山海不夜城"。2019年是夜游经济的元年，夜游经济将改变旅游产业的消费格局。在众多夜游经济中，西安"大唐不夜城"所创造的价值需要学者们深入研究。对于山海关古城的开发应该重点关注长城文化的IP研发，打造"明清文化体验城"。实行"1+N模式"，从艺术与产业两个维度进行开发。

"1"即为IP内容。艺术是旅游演艺产品的核心，也是文化和旅游产业发展的"灵魂"。挖掘长城文化IP，以演艺为依托，对古城进行艺术布局，打造"本土乐队舞队表演区"（打造本土艺术家，流量明星，增加在地话题度）。增加表演与数字多媒体技术融合，如新媒体技术与舞蹈艺术已经有了相互渗透、融合与共生的发展，舞蹈艺术可以通过新媒体技术不断实现突破、创新，而新媒体技术可以在舞蹈表演中发挥自身的优势，由此产生的审美效应也使人们对舞蹈艺术、新媒体技术有了更深的认知与体验。"明清文化体验区"（用数字技术制造沉浸式艺术场景），如邀请世界顶级"team lab"团队在山海关景区建立数字互动装置，使得受众能够跟环境发生互动，进一步强化用户的沉浸式体验。"非遗手工制作区"（用虚拟现实技术打造沉浸式交流场景），如邀请微景天下团队开发的全媒体沉浸式交互展示系统在古城搭建互动平台，展示虚拟现实技术下的沉浸式艺术互动。"人偶彩车巡游区"（用"夜间巡游"打造沉浸式夜间场景），如利用大连博涛文化有限公司开发的仿生机械打造全新古城巡游"夜间演艺巨兽"，结合山海关历史，及借鉴《山海经》内容，打造"巡游文化"，通过特色夜游街区，提升城市空间格局，带动"夜间经济"新的增长极。同时，打造两大主题演出，一是迎宾情景表演，中小型实景演出，强调互动式和多点式；二是改进天下第一关光影秀，通过动态影像仿真、幻影特技、全景式数字影像技术、3D Mapping 等手段，将第一关城墙与其他城墙、鼓楼等进行串联，打造全方位、立体式光影秀。

"N"为多业态产业集群。产业是根基，是文旅融合的"命脉"。以古城为中心带动周边文创、酒店、餐厅、酒吧等商业设施，实行基于目标受众的长城品牌联合营销，并对商品（IP）衍生授权、空间衍生授权，为旅游演艺衍生艺术作品和品牌本身创造更多价值。

（三）缔造"一都"

秦皇岛旅游演艺产业的终极目标是缔造"北方演艺之都"，通过布局旅游演艺，将秦皇岛缔造成北方演艺实验区。笔者认为，未来的秦皇岛可以构建成四大片区：以山海关为中心的古城演艺片区；以海港区为中心的邮轮演艺片区；以北戴河为中心的滨海演艺片区；以昌黎为中心的民俗演艺片区。

随着大众文旅消费需求大幅增长，旅游演艺正成为目的地新标配。许多游客将旅游演艺作为旅游过程中，体验当地文化必不可少的环节。口碑好、名声大、有特色的旅游演艺成为游客的首选。目前提出演艺之都的有上海、杭州、西安、张家界、海口、桂林、横店、合肥、重庆、甘肃等城市，这些城市大部分为南方城市。北方市场的空缺，为秦皇岛旅游演艺的发展留下无限可能。

因此，笔者认为本市要以建设国际一流旅游城市为契机，推进文旅融合，打造秦皇岛"北方旅游演艺产业之都"。

## 二、旅游演艺产业未来展望及其发展战略

通过上文的梳理和分析，秦皇岛市要实现旅游经济跨越式发展，一定要大力发展文化旅游产业，而旅游演艺是文化旅游产业的重中之重。因此，要将发展旅游演艺提升为带动文化旅游产业发展的战略高度，依托"一个核心、三维创新"打造新型旅游经济增长点。

### （一）一个核心

聚焦旅游演艺产业，夯实秦皇岛文化 IP 系统开发与经营能力，注重秦皇岛文旅产业链布局与渗透。积累本土文化资产，打造一批具有燕山底蕴、大海气魄、长城风骨、港城韵味的文艺精品，掌握核心内容 IP 生产，构建旅游演艺产业化认知系统，促进商业变现。

### （二）三维创新

一是文化生产新思维，要转换文化生产的方式方法，借鉴当下前瞻技术，将文化转化成资本要素，发展新型旅游演艺项目；二是文化产业新协作，布局产业链，关注艺术与产业融合，创造商业价值；三是文化科技新生态，注重新科技在旅游演艺中的应用，自主研发与之匹配的硬件设施与服务体系，加大自主知识产权的研发，掌握话语权。

## 三、结语

文化与科技推动旅游业的升级，旅游又能够推进在地文化的传播，通过旅游演艺产业融合研究，打造"1+N"的互联模式，构建专业化、品牌化、规范化、平台化、有层次的文化旅游体验运营模式，是推动中国旅游演艺发展开拓创新的根本动力，更是构建旅游演艺产业体系的关键部位，可为筑造北方演艺之都提供必备的基础。本节以国家的重大文化工程建设为出发点，以文旅融合的发展政策为依托，以发展区域经济和文化艺术产业为目标，以长城文化带的传承与保护为基础，以山海关长城景区为重点，构建秦皇岛旅游演艺产业体系，把秦皇岛打造成为北方演艺之都，就秦皇岛地区旅游演艺产业的开拓创新做出有益探索，为秦皇岛省长城文化战略实施提供支持，为长城国家文化公园建设发展路径提供方案。

## 第三节　旅游演艺在高校的文化传播与实践探索[①]

旅游演艺肇始于外事接待，发展于主题公园，兴盛于实景演出。旅游演艺称谓首次在 2006 年《中国文化报》上使用，随后李幼常在 2007 年硕士学位论文上再次将其定义为"在旅游景区现场进行的各种表演活动，以及在旅游地其他演出场所内进行的，以表现该地区历史文化或民俗风情为主要内容，且以旅游者为主要欣赏者的表演、演出活动，统称为旅游演艺"。在此基础上，学者毕建认为，"旅游演艺是基于旅游产业与演出产业的深度融合大背景，以旅游者为主要观众，以地域文化为主要表现内容，在旅游城市、旅游景区内或其附近选址推出的，能对当地旅游业发展带来积极影响的中型及大型演出活动"。从两位学者的归纳我们可以看出，旅游演艺称谓在继续传承"人"及"地"的基础上，突出了其"艺"的价值属性。笔者认为，旅游演艺是将"旅游"与"演艺"相结合的新型旅游产品，融合新媒体技术与舞蹈艺术，是兼具旅游与文化的双重魅力，主要依托著名旅游景区景点，表现地域文化背景、注重体验性和参与性、形式多样的主题商业表演活动。其中，"舞蹈艺术与新媒体技术之间的融合与共生，是当前艺术经济融合发展过程中较为常见的现象，二者融合共生往往也能够带来非常好的表演效果与审美效应"，旅游演艺通过以自然景观和人文景观相结合的多元化的审美感受形式，营造新的感官体验消费模式。

### 一、旅游演艺在高校的文化传播路径

#### （一）与专业课程接轨

2018 年 9 月 10 日，习近平总书记在全国教育大会上指出，新时代新形势，改革开放和社会主义现代化建设、促进人的全面发展和社会全面进步对教育和学习提出了新的更高的要求。社会对人才需求的标准在不断提高，大学培养的学生不仅要具备良好的专业技能知识，更要具备人文素质、艺术修养、创新能

---

① 高永鹏. 旅游演艺在高校的文化传播与实践探索 [J]. 文化产业，2021（16）：48-50.

力和团队协作意识。将旅游演艺相关实践要求引进高校专业课程建设，将会为高校人才培养提供可行性方案。

以笔者所在单位燕山大学为例，与旅游演艺相关的学院有艺术与设计学院、经济管理学院、文法学院，与之相关的专业有舞蹈表演、音乐表演、视觉设计、环境设计、旅游管理、电子商务等，按照旅游演艺前期策划、项目组织、剧目排练、演出合成、宣传策划等相关环节要求，企业相关部门与高校教师进行系统开发开设相关课程，如舞蹈表演专业开设旅游演艺排练、主要角色分析、舞台表演实践等课程，视觉设计专业开设实景演出 logo 设计、旅游演艺手办开发、旅游演艺项目包装等课程，环境设计专业开设旅游演艺项目规划、实景演出舞台设计、实景演出舞美设计等课程，旅游管理专业开设旅游经济、旅游发展战略、旅游资源开发规划、现代旅游企业管理（含饭店与会展方向，旅行社与电子商务方向，景区景点经营与管理方向）、旅游人力资源管理、智慧旅游与旅游营销传播、旅旅文化等课程。

通过高校专业课程开发，编写相关课例，共同打造应用型课程体系，不仅能够拓展旅游演艺产业链条，而且还能服务于地方经济发展。

**（二）与通识课程接轨**

2020 年 10 月 13 日，中共中央、国务院印发的《深化新时代教育评价改革总体方案》指出，改革学生评价，促进德智体美劳全面发展，提出七点要求，其中第三点改进美育评价中，要求把艺术类课程以及艺术实践活动情况纳入学业要求，促进学生形成艺术爱好、增强艺术修养，全面提升学生感受美、表现美、鉴赏美、创造美的能力。同时，推动高校将公共艺术课程与艺术实践纳入培养方案。由此可见，除专业课程外，通识课程作为必要补充，是高校课程组合不可缺少的一部分，也是学生扩展知识，完善认知结构的重要平台。

旅游演艺可以和通识课接轨，在通识课程中可以开设中国大型实景演出鉴赏课程，根据综合类大学特点，在培养大学生文化修养基础之上，以全新的视角接触中国实景演出形式，并进行片段式复排演出。通过调动学生积极性，让学生参与课堂教学，提高学生的实践能力与创新力，最终达到学以致用的目的。将课程打造成实用性较强的通识课程，顺应当今社会倡导学生德智体美劳全面发展的方针及高校美育意见的工作要求。在课程中，通过艺术理论基础知识，实景演出分析鉴赏、团队组合编创以及舞台表演实践等环节，将课程教学中的艺术性、团队性、实践性、创新性结合在一起，提高理工类学生的艺术素养，开辟音乐、舞蹈、戏剧表演等多元知识面，培养学生与人交流合作以及团队协作能力。

"中国大型实景演出"课程可以设计四个教学章节，分别是旅游演出相关理论、中国实景演出模式与演变、实景演出鉴赏和团队项目实践。从广度与深度两个层面体现教学内容。

1. 课程广度

从理论、鉴赏、实践三个维度支撑其研究广度。

理论是基础平台，这部分主要从实景演出的概念、特征、模式、演变以及鉴赏理论五个方面进行阐述，将理论知识结合案例进行讲解，使学生掌握鉴赏的基本理论知识。

鉴赏是核心平台，这部分主要从国内四大实景演出系列进行论述。鉴赏四大系列包括张艺谋的"印象"系列，梅帅元的"山水"系列，王潮歌的"又见"系列，以及地方系列（如浪淘沙·北戴河），这四大系列覆盖面广，代表着国内最高实景演出水平。

实践是检验平台，这部分包括项目讨论、项目编排、项目指导、项目呈现四个部分，项目讨论激发学生的沟通能力与想象能力，项目编排考查学生的组织能力与执行能力，项目指导是教师根据每组不同的节目设定进行个性化指导完善工作，最终进行项目呈现，汇报演出，检验教学成果。

2. 课程深度

课程深度主要从文化内涵和艺术本体两个方面探讨，文化内涵作为横向轴，涉及历史文化、民俗文化、地域文化、旅游文化等知识，是学生要掌握的背景知识；艺术本体作为纵向轴，涉及舞蹈、音乐、剧本、舞美等方面，这部分是课程的关键部分，通过艺术呈现，使学生懂得实景演出的运作方式。

## 二、旅游演艺在高校的实践探索

### （一）增强高校和旅游演艺企业的交流合作

旅游演艺企业要加入高校创新人才培养模式。依托高校资源，建立人才培养基地，将课堂所学知识运用在舞台表演实践中，将实践中遇到的问题，在课堂中得以解决。既能帮助企业提高演出质量，又能促进形成良性的教学模式同时，对接高校深入开展项目教学、案例教学、场景教学、模拟仿真教学和岗位教学等教学方式的改革，新建具有鲜明专业特色、岗位职业特点、植入企业文化的实践基地，通过定期与高校座谈研讨、互访交流，深度开发合作资源，拓展合作领域，形成校企合作人员互通机制、人才共育机制、基地共建机制。把思政教育、课堂教学融入社会实践、志愿服务、实习实训等活动中，创办形式多样的合作形式。推动构建社会、企业、学校联动的"实践育人共同体"。实现与高校双赢局面，打造校企合作示范基地。

### （二）提高高校艺术教育服务地方能力建设

#### 1. 将课题研究和服务地方结合

坚持理论联系实际，以课题为导向，将科研成果落地体现其社会实践价值，要探索形成一套科学服务地方的方法，特别是在申报各类科研课题时，除了基础研究以外，给予政策支持，鼓励更多教师与研究人员关注地方需求较紧密的实用型课题研究，撰写咨政报告，参加省市智库建设，积极献言献策，通过全方位配合，形成一套全方位有利于服务地方的科研体系。

#### 2. 将人才培养和服务地方结合

燕山大学长期坚持培养复合型专业人才。在保障学生完成理论、专业知识的前提下，尽可能多地为学生提供实践平台，例如燕山大学艺术与设计学院与碧螺塔旅游有限公司、秦皇岛市歌舞团、捌拍未来歌舞团等专业演出团体都建立了良好的联系。在碧螺塔景区上演的大型实景演出《浪淘沙·北戴河》中，艺术与设计学院的教师全程参与剧目创作，并带领学生参与省级精品剧目演出，此部演出受到了新华网、河北卫视等多家媒体的宣传报道，经过多方努力，碧螺塔校外实践基地成为省级校企合作示范基地。此外，艺术与设计学院舞蹈专业先后参与了 2020 年央视元旦晚会、2020 年春节联欢晚会、燕山大学 100 周年校庆等多场演出任务，为社会、地方服务作了极大的贡献。

#### 3. 将文化传承和服务地方结合

高校一定要担负起地方文化传承的责任，秦皇岛有丰富的文化资源，多年以来燕山大学在地方文化保护中，特别是非物质文化遗产的传承和保护方面做出很多努力，除了河北省非物质文化遗产研究基地，河北省民间音乐舞蹈研究所，长城文化与民间美术研究所坐落在艺术与设计学院外，还不定期聘请传承人到学院开展讲座和教学活动，2018 年学院联合冀东皮影非遗传承人申报了国家艺术基金项目"北方皮影人才培养"。这一结合，填补了燕山大学申请国家艺术基金零的突破，为地方高校非遗的保护实施路径奠定良好基础。此外，"在艺术创作中要统筹兼顾思想性与艺术性，握好传承与创新的度；在关注形式感与美感的同时，一定要尊重艺术创作规律"。

**（三）重视高校艺术实践课程方案措施落实**

在课程方案实施中，重点应对教学模式进行调整，教学模式作为结构框架，突出了教学模式从宏观上把握教学活动整体及各要素之间内部的关系和功能；教师要因材施教，根据实际情况改变教学的方式、方法，提高学生学习的积极性与主动性。在艺术实践课程中，坚持直接与间接参与相结合，专业学生直接参与到景区舞台实践，非专业学生间接参与到景区社会实践。在实践过程中应该加强对地方文化、旅游演艺企业以及少数民族非物质文化遗产旅游开发的研究，通过旅游演艺项目发展中，各相关要素之间的联系、互动，针对非物质文化遗产学术和文化价值以及旅游和经济价值的深入挖掘，落实课程实践方案。同时教育引导学生树立正确的艺术观、创作观，积极弘扬中华美育精神。重点提升大学生的思想道德修养、人文素质、科学精神和认知能力，培养学生精益求精的大国工匠精神和探索未知、追求真理的责任感和使命感。因此，将实践课程方案细化，重视各部分项目统筹，培养全方位人才。

## 三、结语

在全国教育大会上，习近平同志强调，要在坚定理想信念上下功夫，教育引导学生树立共产主义远大理想和中国特色社会主义共同理想，增强学生的中国特色社会主义道路自信、理论自信、制度自信、文化自信，立志肩负起民族复兴的时代重任。旅游演艺在高校的文化传播与实践探索，既要"请进来"，也要"走出去"。

"请进来"是通过旅游演艺企业参与到高校课程建设。在业务课中，通过高校专业课程开发，编写相关课例，共同打造应用型课程体系。将艺术理论基础知识，实景演出分析鉴赏，团队组合编创以及舞台表演实践等环节，将课程教学中的艺术性、团队性、实践性、创新性结合在一起，提高专业学生的艺术素养和人文情怀，培养学生与人交流合作以及团队协作能力。在通识课中，开设相关鉴赏课程，通过教学熟悉背景文化、鉴赏理论，开辟音乐、舞蹈、戏剧表演等知识层级，通过启发构思创造产生新的作品。让学生参与课堂教学，提高学生的实践能力与创新力，用全新的教学方法培养学生的综合能力，最终达到学以致用的目的。

"走出去"是让学生直接或者间接参与到舞蹈实践和社会实践，增强高校和旅游演艺企业的交流合作，提高高校艺术教育服务地方能力建设。当代大学生不仅要仰望星空，还要脚踏实地，要学会用艺术的眼光去观察美，发现美，创造美；使其了解民族文化，增强文化自信，提升人文素养。艺术的真正魅力就是以"情"感人，以"艺"化人。

## 第四节　印象系列对秦皇岛市文化旅游产业的启迪[①]

习近平总书记在党的十九大报告关于"坚定文化自信，推动社会主义文化繁荣兴盛"一章中指出，推动文化事业和文化产业发展，健全现代文化产业体系和市场体系，创新生产经营体制，完善文化经济政策，培育新型文化业态。由此可见，文化自信必定带动新型文化业态的高速发展，而文化产业发展将成为文化体制改革重要革新力量。

2016年2月，秦皇岛市国民经济和社会发展"十三五"规划纲要提出，挖掘文化旅游内涵，充分利用秦皇岛市历史文化、长城文化、民俗文化、红酒文化等资源，提升管理水平，丰富文化内涵，打造历史探秘、名人名迹寻访等旅游精品，培育城市文化个性与魅力。政府将旅游资源进行"片区化"分类，秦皇岛旅游2.0版本正逐步形成。

无论是国家还是地方，文化产业的发展都提上了绿色发展的快车道，旅游行业应以此为契机，发展文化旅游产业。将文化和旅游两元素有机结合，共同

---

[①] 高永鹏.《印象大红袍》模式对秦皇岛市文化旅游产业的启迪[J]. 福建茶叶,2018,40（7）：117-120.

塑造城市名片，打造城市形象，提高观光者的旅游活动质量。同时在"互联网+"时代背景下，旅游业也应提出"旅游+"的理念，利用地域、人文、历史、民俗文化，打造"旅游+文艺演出产业"。从而使旅游向更高级形式发展，推动秦皇岛市旅游业的提升与改造。

## 一、《印象大红袍》旅游演艺要素分析

《印象大红袍》实景演艺于2010年3月上演，是由著名导演张艺谋、王潮歌、樊跃共同领衔主创的。该场演出以武夷山茶文化为演出主线，讲述了武夷岩茶大红袍的由来以及茶的制作工艺等，整场演出共分五个篇章：神话传说、盛唐空歌、竹林群舞、炒茶表演和竹筏漫游，充分地呈现了武夷山天、地、人、山、水、茶之间和谐共融的美好意境。该项目直接投资1.5亿元人民币，总概算2亿多元人民币。

### （一）运用实景电影手法

运用实景电影手法，以自然山水作为电影银幕，构成"矩阵式"联动放映的新概念。

### （二）创新观众观看方式

在全球范围内首次研发360度旋转观众看台，观众可以全方位观看演出。同时搭建世界上第一座山水环景剧场。

### （三）多区域表演

由仿古民居、沙洲地、高地、河道4个表演区构成整部实景演出，充分利用自然与人文环境，达到统一和谐。

作为旅游城市的秦皇岛，在转型升级的环境下，针对秦皇岛市实际情况，加快推进旅游供给侧结构性改革，借鉴《印象大红袍》成功模式，利用文化促进旅游业发展，探索文艺演出，特别是实景演出在旅游产业中的创新发展。

## 二、对秦皇岛文化旅游产业的启迪

实景演出是文化旅游的重要组成部分，如何做好实景演出，应从以下几个方面进行改革创新。

## （一）深度挖掘当地文化艺术，为演出产业提供内容支撑

实景演出是加深旅游者感知和参与度的重要形式，在我国许多城市都已大力发展文化旅游产业，比如福建的《印象大红袍》。实景演出主要依托的是当地的特色文化，由此可见，不断挖掘具有地域特色的表演内容是至关重要的。

秦皇岛是历史文化与民俗艺术兼具的城市。秦皇求仙、老马识途、夷齐故里都存在于这片土地上，艺术方面我们有被列入非物质文化遗产、风格轻快风趣的昌黎地秧歌，表现农民生活情趣，具有浓郁的地域音乐特色。此外，还有历史悠久的抚宁吹歌、太平鼓，青龙猴打棒，这些都为我们的旅游演艺产业提供了内容上的有力支撑。同样，秦始皇求仙、孟姜女哭长城、吴三桂与陈圆圆、戚继光筑长城这样的历史典故都是我们创造的源泉。笔者将其归纳几类主题。

第一，以古国为主题，如孤竹古国。

第二，以爱情为主题，如孟姜女、吴三桂与陈圆圆。

第三，以民族迁徙为主题，如闯关东。

第四，以历史人物为主题，如秦始皇、戚继光。

第五，以历史传说为主题，如天女木兰。

## （二）充分利用当地旅游景点资源，搭建实景舞台

秦皇岛市资源丰富，有众多风景秀美的旅游景点，这些都是搭建实景舞台的有利条件。可以借鉴张艺谋"印象"系列，做秦皇岛自己的大型实景演出。经过调研，依据秦皇岛旅游资源自身特点，可以将实景舞台分为三类：舞台＋历史文化景观，舞台＋自然景观，舞台＋人文景观。（详见表 7-1）

表 7-1 秦皇岛旅游景区分类（以能做实景演出为主）

| 历史文化景观 | 自然景观 | 人文景观 |
| --- | --- | --- |
| 秦皇求仙入海处 | 老虎石公园 | 碧螺塔 |
| 角山长城 | 鸽子窝公园 | 华夏葡萄酒庄园 |
| 天下第一关 | 黄金海岸 | 华侨城滨海国际旅游度假区 |
| 老龙头 | 翡翠岛 | 渔岛温泉度假区 |

首先，历史文化景观主要以"山"文化为主，融合长城、古城元素，打造古城板块。

其次，自然景观以"海"文化为主，利用沙、海元素，将舞台直接搭建在

海面，与海融合，打造滨海板块。

最后，人文景观以"民俗"文化为主，加入秦皇岛地方歌舞元素，以短、精为主，打造人文民俗板块。

山水实景演出是一项立足于当地、富有创意性的文化活动，它通过原创性的艺术思维和艺术创造，不仅充分展示出当地自然景观形式美的一面，而且深入挖掘当地独有的地域性、民间性、传统性文化资源。秦皇岛缺乏的就是山海实景演出，因此要利用好自然景观、历史文化景观和人文景观，借鉴国内外实景演出经验，潜心研究内在文化要素，打造属于秦皇岛的山海实景演出。

**（三）做好演艺产业与其他产业有效对接**

在福建进行调研时，对演出以外的相关产业也进行了走访，留下深刻印象的就是旅游产品"大红袍"，简简单单的广告宣传，典雅素净的包装，非常迎合现代人的消费观。有好产品也要有好包装与好的宣传，这就需要与其他产业相关链接。

1. 演艺产业与文化创意产业

有效与文创产业进行对接，设计相关旅游产品，扩大旅游产品附加值。同时，联系在秦高校，特别是燕山大学艺术与设计学院，借助这方面资源，强强联合，走演艺品牌策划经营道路。

2. 演艺产业与景点

首先，是对旅游景点的带动。实景舞台多依托于著名景点而搭建，优质的舞台演出能够吸引大批游客到相关景点观光。其次，搭建创新实践平台，鼓励大学生创新创业，增加景点活力。

3. 演艺产业与餐饮业

一台演出还可以有效地拉动周边吃喝住行购等多方面的经济效益。旅店、餐厅、商店等都可以因此提高营业额，从而拉动整个旅游产业链的发展。在景区内要打造"秦皇岛小吃一条街"，将秦皇岛的特色美食统一纳入景区，让游客在景区内就能享受到秦皇岛的特色美味，在景区外要对餐饮店位置进行有效布局，提前进行规划与开发，打造产业集群。

4. 演艺产业与金融业

文化要素作为文化旅游活动的内在支撑，必须依托目的地智慧化管理服务、差异化营销宣传和特色化景观要素等得以展现，因此，高质量的文化旅游需要大量资金的支持和保障。资本成为文化旅游生产、经营和消费的核心要素。演艺产业要得到发展，必须依托于金融行业。

**（四）联合相关机构，组建可依托的演艺团体**

演出的开展离不开节目和演员，好的表演内容需要足够的演员进行演绎。在这一板块，我们可以联合相关机构，各艺术团体及学校共同完成。这样不仅能够为演出提供支撑，也能增加艺术团体的活力，互相促进、共同进步。

1. 成立实景演出公司

借鉴《印象大红袍》管理经营模式，成立演艺公司，招聘全职演出人员，搭建日常演出基本班底。政府在参与中要做到：第一，产权清晰。明确实物资产和金融资产的价值量。第二，权责明确。旅游企业对债权债务关系明晰，各经济主体的权、责、利界定清楚。第三，政企分开。企业是经济组织，政府不直接参与企业管理，企业也不用承担行政管理职能。第四，管理科学。旅游企业要按照市场经济规律和组织制度进行经营管理活动。这样，实景演出项目才能良性发展。

2. 建立人才培养基地

可以联合燕山大学，依托高校资源，建立人才培养基地，将课堂所学知识运用在舞台表演实践中，将实践中遇到的问题，在课堂中得以解决。既能帮助企业提高演出质量，又能促进形成良性的教学模式。

在如何提高演出市场的创新与发展上，我们大有文章可做，但一定要遵循事物发展的规律，实景演出是一个突破口，一定要深度挖掘当地文化艺术，为演出产业提供内容支撑，并且充分利用秦皇岛旅游景点资源，尽可能搭建实景舞台，同时要做好演艺产业与其他产业有效对接，联合相关机构，特别是在秦的大学以及艺术团体，组建可依托的演艺团体，为演出产业的发展积攒力量。

## 三、总结

本节主要以文化旅游发展为视角，借鉴《印象大红袍》成功模式，探讨秦皇岛市演出产业的创新与发展，并初步提出构想方案和实施计划，探索文艺演出在旅游产业中的创新发展成为旅游发展新趋势。以此来助力秦皇岛社会与经济发展。

## 第五节　基于文化旅游视角的地方高校艺术人才培养研究[①]

我国经济发展进入新常态，文化产业和旅游产业的发展都面临着转型升级以及实现成为国家战略性支柱产业的目标。两者的融合达到一定程度会形成"文化旅游产业"。可以说，文化与旅游的结合，是强强联合，文化是旅游的根基，旅游是文化的升华。文化旅游产业的快速崛起，催生着新业态的发展。

党的十九大报告也对优先发展教育事业作出重要指示："完善职业教育和培训体系，深化产教融合、校企合作。加快一流大学和一流学科建设，实现高等教育内涵式发展。"由此可见，国家对人才的培养提出新的要求，关于人才的定位也向市场化转变，应用复合型人才将成为市场主流。

如今文化旅游（世界旅游组织对文化旅游的定义是：本质上出于文化动机而产生的人的旅游活动，WTO，1985）已经成为旅游行业的新兴产业，特别是旅游演出市场持续走高，2016年全国旅游演出实际票房收入为43.03亿元，较2015年增长7.16亿元，同比增长20%。仅2016年全国旅游演出场次72 057场，观众人数达到5 391万人次（资料整理于道略演艺）。如此大规模的发展，文化旅游企业面临的最大问题就是没有人。人才的供给制约着行业的发展，一方面地方高校艺术人才培养泛滥，特别是音乐表演专业，就业前景不容乐观；另一方面，文化旅游产业缺乏高质量人才，既懂艺术又懂经营的复合型艺术人才。如何将市场需求转化为高校培养艺术人才改革方向，二者的融合也正是笔者论述的关键。

### 一、改革背景分析

文化旅游作为一种富含人文内涵、注重感知体验的综合性旅游活动，成为文化与旅游融合发展的新趋势。相比传统旅游，文化旅游有助于促进地区经济

---

① 高永鹏.基于文化旅游视角下地方高校艺术人才培养研究[J].芒种，2017（10）：107-108.

结构的转型与发展，为当地带来良好的综合经济与社会效益。可以说，文化旅游作为朝阳产业能够带动其他相关产业发展，促进经济持续增长。同时，文化旅游产业的发展需要更多的人才支撑，对于新兴业态，高校人才培养相对滞后，所以高校要了解市场需求，对市场发展进行预判，才能更好地解决供给侧改革的问题。

首先，什么是文化旅游？广义的文化旅游，是指在寻求和参与全新或更深文化体验基础上的一种旅游形式；狭义的文化旅游，是指基于一种特殊文化现象的旅游活动。从这一层面看，文化旅游是更加强调个人参与与体验过程，突出人的主观能动性。

其次，文化旅游最大的载体是什么？是旅游演艺（包括剧场类、实景山水类、主题公园类演出），旅游演艺是人们参与文化旅游认知度最高的项目，也是最直接了解当地文化特征的活动方式。文化是旅游的核心，演艺是文化的载体，通过演艺，向观众传递地方文化风格特征。

最后，文化旅游需要什么样的人才？很多国内知名旅游演艺公司到安徽艺术职业学院进行招聘，但找不到旅游与艺术都通晓的人才，他们的遭遇告诉我们，文化旅游行业需要的是复合型人才，文化旅游是融合性产业，需要的是旅游（旅游知识）与艺术（专业技能）兼备的复合型人才。

根据 2017 中国旅游演艺年报披露，2016 年旅游演出票房维持在较快增长的水平，同比增长 20% 至 43 亿元；旅游演出观众人数增长 14% 至 5 391 万人次；旅游演出场次增至 72 057 场，同比增长 14%；2016 年全国旅游演出剧目有 232 台，较 2015 年增加 12 台（资料整理于道略演艺）。面对如此井喷式扩张的旅游演艺产业，地方高校应以此为契机，利用区位优势改革人才培养模式，使艺术人才真正服务地方和社会。

## 二、调整培养方案目标，服务地方城市发展

目前，地方高校艺术类学生培养目标过于学院化，基本上是按照专业音乐、舞蹈院校培养模式发展，其培养人员也是向"高精尖"看齐。另一方面，地方政府因留不下人才而苦恼，笔者认为，在确立培养方案的时候，就应该立足于地方城市，核心是为地方城市发展培养人才。以培养学生人文素养、专业

能力为基础，以地方市场需求为导向，以促进城市发展为核心，培养服务地方城市发展复合型艺术人才。

### 三、整合课程教学体系，完善教学内容

地方高校艺术类课程教学体系过于同质化，交叉学科涉及较少，在文化旅游产业发展中，特别是旅游演艺行业，针对艺术人才培养，需要跨学科整合课程。

（一）发展交叉学科

文化旅游产业需要两个方面知识体系支持，一是经济类学科，二是艺术类学科，目前没有哪一个学院能把这两个学科整合到一起，因此，应打开壁垒，联合经济管理学院，将经济类、管理类、营销类、旅游类、艺术类、实践类课程协调统一，形成旅游演艺交叉学科。

（二）重组教学内容

将艺术专业课教师与旅游专业教师组织起来，研发旅游演艺试行课程，课程应包括：艺术概论、旅游学概论、旅游心理学、旅游市场学、管理学、经济学、市场营销学、旅游演艺的理论与实践、艺术实践、剧目排练、视唱练耳、钢琴基础、声乐基础、形体训练、台词、戏剧表演、文化旅游项目书写作、商务礼仪、旅游演艺经典案例解析等。

（三）完善教学方法

在授课中，应合理选择教学方法，注重学生实际操作性，以实战为导向，采用模块授课，运用讲授法、案例分析法、课堂讨论法，创新情景模拟法、课外实训法、任务驱动法等进行知识输出。

（四）优化考核办法

以实战为检验平台，创新考核办法，注重培养学生动手能力，鼓励学生创新创业，以项目考核为主，重点考核学生组织力、创新力、协调力以及再学习能力。

笔者认为课程体系的建设和教材内容的革新是教学改革的重中之重，在没有更多参考经验的初期阶段，一定要创新思路，大胆革新。多接触市场，了解企业需求；多与行业专家沟通，尽量少走弯路；多与家长沟通，让家长也参与

到课程改革。

### 四、创建实践基地，联合培养人才

校企合作教育是一种以市场和社会需求为导向的运行机制，是学校和企业双方共同参与人才培养的过程，用学校和企业两种不同的教育环境和教育资源，采用课堂教学与学生课外实践有机结合，培养应用型人才的教学模式。

在校内，培育文化产业人才队伍，积极开展艺术实践活动，增加舞台实践，组织学生参加各种各样比赛，锻炼学生的竞争意识，开阔眼界。同时，利用高校平台拓展文化旅游演艺产业相关路径，利用研究生团队收集整理相关资料，为文化旅游定位和文化内涵提供支撑。

在校外，与地方企业联合，建立实习基地，打造产业集群，鼓励学生注册公司，注重与企业交流合作，夯实创新创业实践基地建设。发展文化创意产业园，拓宽文化创意人才发展空间。在创意园内，组建实战演练平台，开发旅游演艺项目，进行小型创作演出，联合其他艺术从业人员，打造文化集市，拓展品牌效应。

### 五、总结

目前，文化旅游产业正处于黄金时期，旅游演艺行业焕发着蓬勃生机，市场对于文化旅游复合型人才需求日益增长，但高校培养此类人才需要的周期较长，因此，在改革前期一定要多做调研工作，注重家长、专家及市场意见反馈，不断优化教学结构，完善相关艺术类课程设置，深入研究文化旅游相关理论及旅游演艺市场业态发展。本节通过介绍地方高校艺术类人才改革背景，提出三方面改革方向：第一，调整培养方案目标，服务地方城市发展；第二，整合课程教学体系，完善教学内容；第三，创建实践基地，联合培养人才。希望通过课程改革，能够构建艺术与旅游交叉学科知识体系，为地方城市社会经济发展贡献力量。

# 参 考 文 献

[1] 中共中央马克思恩格斯列宁斯大林著作编译局.1844 年经济学哲学手稿 [M]. 北京：人民出版社，2018.

[2] 布鲁诺·S 佛雷. 艺术与经济学：分析与文化政策 [M].2 版. 易晔，郝青青，译. 北京：商务印书馆，2019.

[3] 林日葵. 艺术经济学 [M]. 杭州：浙江大学出版社，2009.

[4] 顾兆贵. 艺术经济学 [M]. 北京：生活·读书·新知三联书店，2013.

[5] 王家新，傅才武. 艺术经济学 [M]. 北京：高等教育出版社，2013.

[6] 谢伦灿. 艺术产业运营学 [M]. 北京：人民出版社，2007.

[7] 向勇. 文化产业导论 [M]. 北京：北京大学出版社，2021.

[8] 张国洪. 中国文化旅游：理论·战略·实践 [M]. 天津：南开大学出版社，2001.

[9] 孙亚辉. 文化旅游产业的研究 [M]. 天津：天津科学技术出版社，2017.

[10] 菲利普·科特勒，加里·阿姆斯特朗. 市场营销：原理与实践 [M].17 版. 楼尊，译. 北京：中国人民大学出版社，2020.

[11] 加里·阿姆斯特朗，菲利普·科特勒，王永贵. 市场营销学 [M].12 版. 北京：中国人民大学出版社，2017.

[12] 凯文·莱恩·凯勒，沃妮特·斯瓦. 战略品牌管理：创建、评估和管理品牌资产 [M].5 版. 何云，吴水龙，译. 北京：中国人民大学出版社，2020.

[13] 杨洪涛，张倩，赵忠伟，等. 市场营销：超越竞争 为顾客创造价值 [M].2 版. 北京：机械工业出版社，2016.

[14] 肯尼思·克洛，唐纳德·巴克. 广告促销与整合营销传播 [M].8 版. 王燕，等译. 北京：中国人民大学出版社，2021.

[15] 董耀会. 长城：追问与共鸣 [M]. 秦皇岛：燕山大学出版社，2020.

[16] 中国长城学会,八达岭特区办事处.长城国家文化公园建设推动区域经济发展专题论坛文集[M].秦皇岛:燕山大学出版社,2021.

[17] 董耀会.长城文化经济带建设研究[M].秦皇岛:燕山大学出版社,2021.

[18] 董耀会.长城国家文化公园建设研究[M].北京:研究出版社,2022.

[19] 罗伯特·麦金托什,夏希肯特·格波特.旅游学:要素·实践·基本原理[M].蒲红,译.上海:上海文化出版社,1985.

[20] 杨卫武,徐薛艳,刘嫄.旅游演艺的理论与实践[M].北京:中国旅游出版社,2013.

[21] 邹统钎.中国大型实景演出发展理论与实践[M].北京:旅游教育出版社,2016.

[22] 王欣.中国旅游文化演艺发展研究[M].北京:旅游教育出版社,2017.

[23] 毕剑.基于空间视角的中国旅游演艺发展研究[M].北京:中国经济出版社,2017.

[24] 叶志良.文旅融合时代的国内旅游演艺研究[M].北京:中国旅游出版社,2019.

[25] 陶婷芳.大型城市旅游业与演艺业的融合发展[M].上海:上海人民出版社,2020.

[26] 肖向荣,武萌.2021年中国文旅演艺剧网络传播力报告[M].北京:中国国际广播出版社,2022.

[27] 郑建瑜.大型演艺活动策划与管理[M].2版.重庆:重庆大学出版社,2017.

[28] 容小宁,李格训,花键,等.印象·刘三姐文化产业新视野[M].上海:上海文艺出版总社,2007.

[29] 胡红一.中国式山水狂想:梅帅元与印象刘三姐[M].桂林:广西师范大学出版社,2012.

[30] 黄巧玲.一个王朝的故事 宋城千古情[M].北京:中国戏剧出版社,2017.

[31] 邹一鸣,曾繁华.演艺中国二十人[M].广东:新世纪出版社,2020.

[32] 欧阳正宇,彭睿娟.非物质文化遗产旅游开发[M].长春:吉林出版社,2016.

[33] 高永鹏. 舞蹈创作理论与表演艺术 [M]. 长春：吉林出版社，2019.

[34] 江东，廖燕飞，刘丽. 集思·广议：中国非物质文化遗产传统舞蹈保护文集 [M]. 北京：文化艺术出版社，2020.

[35] 孙健. 非遗保护视野下中国民间舞的传承与发展 [M]. 长春：吉林大学出版社，2020.

[36] 吴晓邦. 中国民族民间舞蹈集成 [M]. 北京：中国ISBN中心出版，2000.

[37] 中华舞蹈志编剧委员会. 中华舞蹈志·河北卷 [M]. 上海：学林出版社，2002.

[38] 周大明. 河北舞蹈史 [M]. 北京：科学出版社，2009.

[39] 邢令果. 河北民间舞蹈的文化生态学研究 [M]. 北京：中国商务出版社，2017.

[40] 李幼常. 国内旅游演艺研究 [D]. 成都：四川师范大学，2007.

[41] 厉建梅. 文旅融合下文化遗产与旅游品牌建设研究 [D]. 济南：山东大学，2016.

[42] 孔令平. 非物质文化遗产视野下的传统舞蹈保护与研究 [D]. 北京：中国艺术研究院，2016.

[43] 王小奇. 原生态民间舞蹈保护与传承的研究 [D]. 杭州：浙江大学，2018.

[44] 唐洁. 实景旅游演艺中的数字影像应用研究 [D]. 长沙：湖南师范大学，2019.

[45] 徐祖莺. 沉浸式旅游演艺游客体验研究 [D]. 武汉：华中师范大学，2020.

[46] 张婧. 基于全域旅游视角的弥勒市游客满意度研究 [D]. 昆明：云南财经大学，2020.

[47] 侯军虎. 论旅游演艺舞蹈的艺术性 [D]. 北京：中国艺术研究院，2021.

[48] 毛艳艳. 文旅融合视角下非物质文化遗产旅游开发研究 [D]. 乌鲁木齐：新疆财经大学，2021.

[49] 徐嘉倩. "非遗"舞蹈进校园的文化价值及教学路径探析 [D]. 沈阳：沈阳师范大学，2022.

[50] 高婧雯. 文旅融合背景下恩施州民俗舞蹈产业价值与开发策略研究 [D]. 武汉：武汉体育学院，2022.

[51] 杰茜卡·安德森·特纳，杨利慧. 旅游景点的文化表演之研究 [J]. 民族艺术，2004（1）：6-11，17.

[52] 麻学锋，张世兵，龙茂兴. 旅游产业融合路径分析 [J]. 经济地理，2010，30（4）：678-681.

[53] 孔永和. 旅游产业与文化产业融合发展的路径选择：以河北省为例 [J]. 社会科学论坛，2016（10）：240-244.

[54] 赵世莹，李立，孟丹娜. 河北昌黎地秧歌的艺术特征 [J]. 北方音乐，2016，36（12）：18.

[55] 高永鹏. 基于文化旅游视角下地方高校艺术人才培养研究 [J]. 芒种，2017（10）：107-108.

[56] 高永鹏. 新媒体技术与舞蹈艺术共生的审美效应 [J]. 新闻战线，2018（20）：156-157.

[57] 高永鹏.《印象大红袍》模式对秦皇岛市文化旅游产业的启迪 [J]. 福建茶叶，2018，40（7）：117-120.

[58] 臧璐，俞俊峰. 贵州省非遗传统舞蹈旅游开发的创新路径研究 [J]. 贵州民族研究，2018，39（1）：67-71.

[59] 潘雨晨，李广宏. 国内外旅游演艺研究综述 [J]. 山东农业大学学报（社会科学版），2018，20（3）：132-137.

[60] 廖燕飞. 2017年度传统舞蹈类非物质文化遗产保护发展研究综述 [J]. 北京舞蹈学院学报，2018（2）：104-108.

[61] 张竹岩，马秦尧. 谈"太平鼓"舞的传承与发展：以京西太平鼓和抚宁太平鼓为例 [J]. 艺术评鉴，2018，560（9）：82-83.

[62] 高永鹏，张南. 溯源·涅槃：男子热巴群舞《布衣者》的启迪 [J]. 四川戏剧，2019（5）：162-164.

[63] 刘晋玮，徐熳. 舞蹈人类学视野下的井陉拉花传承发展研究 [J]. 艺术品鉴，2019（3）：199-200，246.

[64] 周柯宇，肖燕. 文化旅游视阈下岭南舞蹈产品设计概述 [J]. 粤海风，2019（4）：37-41.

[65] 李广宏，潘雨晨，梁敏华. 基于ACSI模型的旅游演艺游客满意度研究：

以"印象·刘三姐"为例 [J]. 西北师范大学学报（自然科学版），2019，55（3）：125-134.

[66] 范周. 文旅融合的理论与实践 [J]. 人民论坛·学术前沿，2019（11）：43-49.

[67] 张朝枝，朱敏敏. 文化和旅游融合：多层次关系内涵、挑战与践行路径 [J]. 旅游学刊，2020，35（3）：62-71.

[68] 徐翠蓉，赵玉宗，高洁. 国内外文旅融合研究进展与启示：一个文献综述 [J]. 旅游学刊，2020，35（8）：94-104.

[69] 张婧. 新媒体技术在民族舞蹈中的应用：评《新媒体舞蹈概论》[J]. 中国科技论文，2020，15（12）：1470.

[70] 白小琼. 文旅演艺的发展现状与优化路径探索 [J]. 四川戏剧，2020，239（7）：167-170.

[71] 高永鹏. 旅游演艺在高校的文化传播与实践探索 [J]. 文化产业，2021（16）：48-50.

[72] 张旭娟，李翠林. 国内文旅融合研究综述 [J]. 河北旅游职业学院学报，2021，26（3）：76-81.

[73] 高鸣. "非遗舞蹈"的场域类型与当代表达 [J]. 北京舞蹈学院学报，2021（6）：86-90.

[74] 林荣珍. 新时期非遗舞蹈的传承保护研究：评《非遗保护语境下的中国民间舞蹈研究》[J]. 中国高校科技，2021（5）：116.

[75] 汤洋. 赫哲族非物质文化遗产的创造性转化和创新性发展 [J]. 黑龙江民族丛刊，2021（2）：115-121.

[76] 邵佳盈，刘燕. 口述史语境下非物质文化遗产的传承与保护：基于河北省"青龙猴打棒"的发展轨迹及现状 [J]. 今古文创，2021，83（35）：70-71.

[77] 燕玉霞. 新常态下文旅融合发展新路径分析 [J]. 海峡科技与产业，2021，34（2）：89-91.

[78] 王春蕾. "十四五"时期河北省旅游演艺发展路径探析 [J]. 经济论坛，2021（10）：87-93.

[79] 黄晓波，张梦. 沉浸其中就可以了吗？：沉浸体验和意义体验对旅游演艺

游客满意度影响研究 [J]. 旅游学刊，2021，36（9）：46-59.

[80] 常佳月，刘爱利. 旅游演艺研究的核心议题及发展趋势 [J]. 资源开发与市场，2023（2），208-216，249.

[81] 高永鹏. 文旅融合视阈下秦皇岛旅游演艺产业发展路径研究 [J]. 旅游纵览，2022（9）：77-79.

[82] 王泽文，高永鹏. 文旅融合视域下旅游演艺发展路径研究：以秦皇岛长城文化为例 [J]. 旅游纵览，2022（10）：123-125.

[83] 刘伯书，高永鹏. 文旅融合视角下旅游文化翻译研究 [J]. 炎黄地理，2023（4）：55-57.

[84] 刘思琪. 文化旅游型城镇规划建设研究 [D]. 甘肃：兰州大学，2021.

[85] 高永鹏，刘伯书. 数字技术赋能文旅产业融合发展研究 [J]. 产业创新研究，2023，111（10）：83-85.

[86] 王雨辰. 中国式现代化对中国现代化难题的解决及其意义 [J]. 贵州大学学报（社会科学版），2023，41（1）：1-10.

[87] 罗曼丽. 国内大型旅游演艺产品开发现状研究 [J]. 黑龙江教育学院学报，2010，29（12）：200-202.

[88] 李蕾蕾，张晗，卢嘉杰，等. 旅游表演的文化产业生产模式：深圳华侨城主题公园个案研究 [J]. 旅游科学，2005（6）：44-51.

[89] 陆军. 实景主题：民族文化旅游开发的创新模式：以桂林阳朔"锦绣漓江·刘三姐歌圩"为例 [J]. 旅游学刊，2006（3）：37-43.

[90] 高尚学，王敦. 艺术传播与艺术的产业化发展关系研究：以广西审美文化为例 [J]. 广西职业技术学院学报，2010，3（6）：83-86.

[91] 范周. 文旅融合的理论与实践 [J]. 人民论坛·学术前沿，2019（11）：43-49.

[92] 杨慧琪. 文旅融合背景下"大型室内情境演出"研究 [D]. 北京：中国艺术研究院，2021.

[93] 黄永林. 党的十八大以来我国文化产业政策引导成效及未来方向 [J]. 人民论坛·学术前沿，2022（19）：72-82.

[94] 黄月玲，刘梓汐. 基于可视化分析的民族文化旅游产业化研究综述 [J]. 广

西民族研究，2021（6）：172-180.

[95] 赵鑫. 新时代视域下河南省旅游业转型升级发展研究 [J]. 中州大学学报，2020，37（1）：32-36.

[96] 刘中华，焦基鹏. 元宇宙赋能数字非遗的场域架构、关键技术与伦理反思 [J]. 浙江大学学报（人文社会科学版），2023，53（1）：19-29.

[97] 刘丽珺，张继焦. 新古典"结构 - 功能论"视角下文化遗产在文旅演艺中的构建关系 [J]. 广西民族大学学报（哲学社会科学版），2022，44（6）：128-136.

[98] 王玉玊，谷卿，刘先福. 长城文化论纲 [J]. 艺术学研究，2021（1）：20-32.

[99] 人民网. 探索新时代文物和文化资源保护传承利用新路 [EB/OL].（2019-12-06）[2023-06-22].http：//politics.people.com.cn/n1/2019/1206/c1001-31492633.html.

[100] 康绍邦. 塑造符合国情和时代特征的国家形象 [J]. 学习月刊，2010（25）：46.

[101] 中国政府网. 中共中央办公厅 国务院办公厅印发《关于推进实施国家文化数字化战略的意见》[EB/OL].（2022-05-22）[2023-06-22].https：//www.gov.cn/zhengce/2022-05/22/content_5691759.html.

[102] 新华每日电讯. 集中打造中华文化重要标志，长城国家文化公园这样建 [EB/OL].（2021-10-28）[2023-06-22].http：//www.xinhuanet.com/mrdx/2021-10/28IC-1310275206.htm.

[103] 人民网. 集中打造中华文化重要标志 科学绘制长城国家文化公园建设蓝图 [EB/OL].（2021-10-28）[2023-06-22].http：//baijiahao.baidu.com/s？id=171480074455791614 & wfr=spider & for=pc.

[104] 人民周刊网. 国家文化公园怎么建 [EB/OL].（2021-09-08）[2023-06-22].https：//www.peopleweekly.cn/html/2021/guojiagongyuan_0908/87767.html.

[105] 长城国家文化公园网. 马头行处即长城：对话长城专家董耀会 [EB/OL].（2021-05-12）[2023-06-22].http：//changcheng.ctnews.com.cn/2021-05/12/content_103867.html.

[106] 深圳特区报. 长城国家文化公园：中华龙跨越十五省区市气吞万里 [EB/OL].（2022-11-22）[2023-06-22].https：//baijiahao.baidu.com/s？id=1750163216724568796 & wfr=spider & for=pc.

[107] 徐少华，李佐彬. 试论艺术生产的价值论维度 [J]. 大众文艺，2012（12）：131.

[108] 祖睿之. 试析卡通形象商业插画中蕴含的情感寄托 [J]. 太原师范学院学报（社会科学版），2012，11（2）：128-129.

[109] 徐灿灿. 河北省长城文化旅游带空间结构优化研究 [D]. 石家庄：河北经贸大学，2022.

[110] 王可心. 河北省非物质文化遗产空间分布特征及保护策略研究 [D]. 成都：成都理工大学，2019.

[111] 计卫舸，秦佩. "非遗"资源开发的多元价值分析：以井陉拉花现代性发掘与产品开发为例 [J]. 艺术评论，2012（5）：150-153.

[112] STIEGLITZ N. Digital dynamics and types of industry convergence：the evolution of the handheld computers market[J].The Industrial Dynamics of the New Digital Economy，2003（2）：179-208.

[113] HUGHES H，ALLEN D. Cultural tourism in Central and Eastern Europe：the views of "induced image formation agents" [J].Tourism Management，2005，26（2）：173-183.

[114] HACKLIN F，Marxt C，Fahrni F. An evolutionary perspective on convergence：inducing a stage model of inter-industry innovation[J]. International Journal of Technology Management，2010，49（1-3）：220-249.

[115] DORIS. Strategic management practices in brazilian dance companies：between art and cultural industry[J]. Revista Ibero-Americana，2013，12（3）：125-150.

[116] CHEE MENG WONG. Intangible cultural heritage of dance as medium for intercultural dialogue：culture assimilator reinterpreted[D].Cottbus：Brandenburg University，2013.

[117] LEE，HEEYOUNG. Market demand analysis of dance performing based on

economic factors[J].The Korean Journal of Dance Studies,2014,50(5):115-135.

[118]TUDORACHE PETRONELA. The importance of the intangible cultural heritage in the economy-sciencedirect[J].Procedia Economics and Finance,2016,39:731-736

[119]CHIARA GARAU. Emerging technologies and cultural tourism:opportunites for a cultural urban tourism research agendaly[J].Tourism in the City,2016(22):67-80.

[120]YANAGI. Analysis of the path and mode of tourism resources innovation in Japan[J].Geographical Research Bulletin,2022(1):2-13.

# 后　记

当您阅读至此，意味着本书的篇章即将落幕。然而，这并非一个简单的结束，而是另一段旅程的起点，它承载着坚持与热爱，诉说着责任与梦想。

作为一名高校舞蹈教师，我的生活和工作与舞蹈紧密相连。在专业课的训练中，我传授舞蹈技能；在公共选修课上，我普及舞蹈文化；在实践课堂上，我激发学生的创意思维；在指导学生参加国家、省级舞蹈比赛的过程中，我与学生并肩作战，追求卓越；在毕业晚会的舞台上，我帮助学生绽放才华。这些充满活力的时刻，铸就了我教学生涯中难忘的篇章。

然而，在这样繁忙的日程中，我仍怀揣着对河北长城旅游演艺产业研究的热爱与执着追求。多少个夜晚，当孩子们都已进入梦乡，我独自坐在书桌前，翻开资料，开始我的写作；多少个周末，当孩子在补课班学习时，我坐在走廊，选择与文字为伴。在这个过程中，我牺牲了无数个节假日，放弃了与家人团聚的宝贵时光，但正是这份坚持，让我得以在这个领域的研究上更进一步。

在此，我要感谢河北省社科基金、燕山大学出版基金对本书的大力支持。感谢我的研究生王泽文、于海宁、阚玉帆、孙雅昕，是你们在资料搜集和文献整理中的不懈努力，为本书的完成打下了坚实的基础。感谢责任编辑刘馨泽老师，您对文稿的细致审阅和耐心指导，让这本书得以更加完善地呈现在读者面前。同时，更要向董耀会老师表达我的诚挚感谢。作为长城学的权威专家，您在百忙之中为本书作序，您的见解和帮助对本书的品质提升有着不可估量的影响。

此外，我最应该也是最想感谢的是我的家人，感谢你们在我研究和写作过程中给予的无条件支持与理解。是你们的爱，让我在疲惫时仍能坚持，让我在困惑时找到方向。特别值得一提的是，本书的出版，恰逢我们二宝的诞生，这无疑是我人生中最幸福的时刻。在此，我将本书献给我的两个宝贝，父亲希望你们知道，无论梦想多远，只要持之以恒，终将触手可及。

最后，我要感谢每一位读者的陪伴。愿本书能为您带来知识和灵感，让我们一起为河北长城旅游演艺文化的传承与发展，贡献自己的一份力量。

高永鹏<br>
2024 年 6 月于燕大